LA ARMADA REGLAMENTARIA DE LA UNIÓN EUROPEA, CIVIL Y MERCANTIL:

INTERACCIÓN ENTRE LOS REGLAMENTOS Y RESIDUALIDAD DE LAS LEYES ESPAÑOLAS

LA ARMADA REGLAMENTARIA DE LA UNIÓN EUROPEA, CIVIL Y MERCANTIL:

INTERACCIÓN ENTRE LOS REGLAMENTOS Y RESIDUALIDAD DE LAS LEYES ESPAÑOLAS

EDICIÓN 2024

Miguel Álvaro Artola Fernández

COLEX 2024

Calle Costa Rica, número 5, 3.º B (local comercial)
A Coruña, C.P. 15004
info@colex.es
www.colex.es

I.S.B.N.: 978-84-1194-299-7
Depósito legal: C 218-2024

A mi amigo Vicente, que me animó a escribir este libro,
y cuyo lema personal es: «Haz bien y no mires a quién».

SUMARIO

4

LOS «BUQUES DE APOYO DIRECTO» AL BUQUE INSIGNIA EN MATERIA DE LEY APLICABLE: LOS REGLAMENTOS «ROMA I» Y «ROMA II»

5

EL «BUQUE DE APOYO INDIRECTO» AL BUQUE INSIGNIA EN MATERIA DE RECONOCIMIENTO Y EJECUCIÓN: EL TÍTULO EJECUTIVO EUROPEO (TEE) Y LA PLENA DESAPARICIÓN DEL EXEQUÁTUR EN LA UE

6

LOS «BUQUES AUTÓNOMOS O AUTOSUFICIENTES» DE LA ARMADA REGLAMENTARIA DE LA UE

7

LOS BUQUES DE «APOYO TRANSVERSAL» A LA ARMADA REGLAMENTARIA DE LA UE

0

ORGANIGRAMA DE «LA ARMADA REGLAMENTARIA DE LA UNIÓN EUROPEA», EN MATERIA CIVIL Y MERCANTIL

ARMADA REGLAMENTARIA DE LA UE (civil y mercantil)

Buque insignia

Rto. 1215/12: **«Bruselas I-bis»**
Competencia/Reconocimiento y Ejecución

Buques de apoyo directo al buque insignia
(en la fase declarativa del pleito)

Rto. 593/08: **«Roma I»**
Ley aplicable obligaciones contractuales

Rto. 864/07: **«Roma II»**
Ley aplicable obligaciones extracontractuales

Buques de apoyo indirecto al buque insignia
(en la fase de ejecución)

Rto. 805/04: **TEE**
Título Ejecutivo Europeo (solo créditos no impugnados

Buques autónomos (autosuficientes)
(abarcan todo: competencia/ley aplicable/reconocimiento y ejecución)

Rto. 4/09
Alimentos

Rto. 650/12
Sucesiones

Rto. 2016/1103
Rég. económ. matrimonial

Rto. 2016/1104
Efectos patrimoniales de las uniones registradas

Buques de apoyo transversal a la Armada

Rto. 655/2014
Orden europea de retención de cuentas

Rto. 2020/1783
Obtención de pruebas

Rto. 2020/1784
Notificación de documentos

Buques independientes
(los dos primeros procesos europeos)

Rto. 1896/06
Proceso monitorio europeo

Rto. 861/07
Proceso europeo de escasa cuantía

Buque aliado
(UE & Países de la Asociación Europea de Libre Comercio)

Convenio de Lugano de 2007
Competencia / Reconocimiento / Ejecución

1

PRÓLOGO

Tradicionalmente, al hablar del Derecho de la Unión Europea en materia civil y mercantil, se hacía referencia a la «cooperación jurídica internacional». Esta terminología ha quedado ya desfasada en la medida en que, a partir de la entrada en vigor, en 1999, del tratado de Ámsterdam, la UE pasó a promulgar sucesivos Reglamentos en materia civil y mercantil cuyo alcance y consecuencias, desde luego, superan ya el marco de la mera cooperación o ayuda entre Estados (lo que sería, por ejemplo, notificar emplazamientos, practicar pruebas o facilitar ejecuciones), para constituir, de modo inequívoco, un Derecho Internacional Privado de la UE. Derecho, cuya misión es desarrollar y fortalecer, progresivamente, el Espacio Europeo de Justicia, apoyándose para ello en dos principios cuya consolidación constituirá la clave para su éxito o su fracaso: el principio de confianza entre los órganos jurisdiccionales de los distintos Estados miembros, y el principio de reconocimiento mutuo de resoluciones.

El actual organigrama de los Reglamentos de la Unión Europea en dicha materia civil y mercantil, presenta, ciertamente, alguna complejidad, al menos a primera vista, por las características propias del Derecho Internacional Privando, en el que, a las dificultades de toda materia jurídica, se añade ese elemento diferencial que constituye su razón de ser: la dispersión, en más de un Estado, de los elementos que conforman la cuestión jurídica a resolver. Por eso hablamos de resolución de cuestiones transfronterizas o transnacionales.

Actualmente somos 27 Estados miembros, y el legislador de la UE ha ido promulgando una serie amplia de Reglamentos que, en base a los principios de primacía y efecto directo, son —con escasas excepciones— vinculantes para todos desde su publicación en el Diario oficial de la Unión Europea (DOUE). Pero, consciente de las dificultades que se implican en su cometido, ha ido respaldando dichos Reglamentos en los formularios que aparecen en sus anexos (a veces también pueden aparecer en otro Reglamento conexo), los cuales no constituyen únicamente plantillas a rellenar, sino que están expresamente diseñados para determinar el camino por el que ha de discurrir, uniformemente en todos los Estados miembros, la interpretación del Reglamento en cuestión. Interpretación dirigida que, a su vez, será finalmente determinada por las sentencias del Tribunal de Justicia de la Unión Europea (TJUE) al resolver las cuestiones prejudiciales que, sobre las dudas que puedan surgir al interpretar el instrumento en cuestión, planteen los jueces o tribunales europeos en materia civil y mercantil.

Bien entendido que, al hablar de jueces europeos, me estoy refiriendo al juez nacional (en nuestro caso al juez o tribunal español) cuando, en el ejercicio de sus funciones jurisdiccionales, tiene que aplicar la normativa europea, supuesto en el que deja de ser juez nacional para convertirse en juez de la Unión Europea.

Así pues, vamos a referirnos en esta monografía una serie de Reglamentos —aproximadamente una docena— que, obviamente, no han sido aprobados como un aluvión desordenado de instrumentos normativos, sino que responden a una lógica jurídica bien estudiada, que, sin camino de retorno, desembocará tarde o temprano en un Derecho común, primero en lo procesal y luego en lo sustantivo, de la Unión Europea. Pero, hasta que eso suceda (creo que faltan todavía muchos años para tal Derecho común europeo: el sueño de la UE unida no puede avanzar con prisa, pero avanza sin pausa), los citados Reglamentos son los pilares sobre los que se apoya la solución de las tres grandes cuestiones que conforman el Derecho Internacional Privado:

- **Competencia** judicial internacional (determinación del Tribunal competente).
- **Ley aplicable** (determinación del Derecho sustantivo que debe aplicar dicho Tribunal).
- **Exequátur** (modalidades de reconocimiento y de ejecución de una resolución en otro Estado distinto del que corresponde al Tribunal que la dictó).

Sobre estas tres cuestiones, que, en definitiva, constituyen la materia que nos va a ocupar, se podrían escribir grandes tratados doctrinales, pero, en el mundo de hoy, lo jurídico tampoco escapa a ese ansia de prontitud en el acceso a la información,. y, sobre todo, de comprensión rápida y de solución de los problemas. Además, no debemos caer, una vez más, en el regocijo de la erudición, en la que se esconde la habitual trampa sobre la que la sabiduría popular ya formuló en su día el refrán apropiado: «No permitas que los árboles no te dejen ver el bosque».

De hecho, hoy día la globalización (con sus convenios internacionales y, en la UE, los Reglamentos), por un lado, y el desarrollo de la normativa individualizada de nuestras Comunidades Autónomas, por otro, dejando en medio al

Derecho común español, nos obliga, en primer lugar, a situarnos en una perspectiva correcta para avistar mejor la solución en ese complejo organigrama.

Por ello, este libro pretende colocar al lector «a vista de *dron*», para poder ver el bosque sin disertaciones superfluas sobre los árboles que lo componen, de modo que pueda guiarse en este nuevo universo normativo y hallar, sin pompa ni aparatosidad, el camino de salida.

En definitiva, el objeto de la publicación, con suficientes explicaciones concertadas sobre cada Reglamento, pero destacando la interacción entre ellos, los ejemplos sobre su aplicación y las citas de precedentes jurisprudenciales que los interpretan, no es el de categorizar sobre cada instrumento europeo, sino que persigue, a través de una metodología didáctica, ilustrar al operador jurídico no avezado en la materia, para que pueda orientarse y desenvolverse con seguridad y prontitud.

Para terminar, diré que, entre los precedentes judiciales que se han usado para ilustrar el texto, hay varios que corresponden al Tribunal del que formo parte, los cuales están traídos a colación como otros ejemplos más, entre todos los que se citan, pero que, a su vez, sirven para evidenciar la idea de que, hoy día, tales materias son tan frecuentes que cualquier tribunal nacional puede ofrecer ejemplos prácticos de su aplicación.

2

SITUACIÓN ACTUAL DE LOS REGLAMENTOS. UN ENFOQUE DIDÁCTICO DE LA CUESTIÓN: LA «ARMADA REGLAMENTARIA DE LA UNIÓN EUROPEA EN MATERIA CIVIL Y MERCANTIL»

Desde luego, la ambiciosa idea de una entidad supranacional europea, con su Parlamento, sus órganos de Gobierno y sus Tribunales de justicia, precisa de un Derecho Internacional Privado que determine el *modus operandi* a seguir en cuestiones transfronterizas que afecten a las personas físicas o jurídicas de los 27 Estados integrantes, e incluso, en determinados supuestos y como iremos viendo, a las relaciones transnacionales entre particulares de Estados de la UE para con los particulares de terceros Estados, ajenos a la UE.

La consecuencia de todo ello es que, ese Derecho Internacional Privado de la UE, en la mayoría de los casos, ha venido a desplazar el Derecho Internacional Privado nacional de cada uno de los Estados miembros, entre ellos España.

Así las cosas, y como iremos viendo, en gran número de casos, tanto las normas de Competencia judicial internacional de los arts. 22 y ss. de la Ley Orgánica del Poder Judicial (especialmente la colección de artículos que podríamos calificar de «veintidoses» —*bis*, *ter*, *quater*, *quiquies*, etc.— de la LOPJ creada por la reforma de 2015), como los arts. 9 y ss. del Código Civil (CC) en materia de normas de conflicto sobre Ley aplicable a asuntos transnacionales, han perdido protagonismo convirtiéndose en preceptos legales residuales. De hecho, muchas veces únicamente pasan a ser aplicables en las cuestiones internas o interterritoriales (que podríamos calificar como *transregionales*), es decir, en asuntos entre particulares con vecindades civiles en distintas Comunidades Autónomas con derechos civiles propios (marco este también regulado por las normas de Derecho Internacional Privado).

En definitiva, esta realidad, que ha venido tomando cuerpo en los últimos 20 años, ha provocado una importante dificultad para todos los operadores jurídicos a la hora de situarse en temas transfronterizos y dar cumplida respuesta a las emblemáticas tres preguntas ya citadas, que constituyen el núcleo central del Derecho Internacional Privado, sobre las que pasaremos seguidamente a pormenorizar.

Recuérdese primero, cómo no, que una cuestión es transfronteriza o transnacional porque están dispersos los elementos de tal situación o relación jurídica en dos o más Estados. Surgiendo, en tales casos, las citadas tres preguntas inexorables sobre las que bascula el Derecho Internacional Privado:

1. Qué tribunal es competente para resolver la cuestión transfronteriza planteada a caballo entre tales Estados.
2. Qué ley sustantiva tiene que aplicar dicho tribunal, una vez determinado este (las normas civiles o mercantiles de un Estado u otro), y
3. Cómo se ejecutará la sentencia, una vez dictada por el tribunal que ha conocido del asunto (tribunal del foro, o tribunal del Estado de origen), en otro Estado (tribunal del Estado de ejecución).

Así, poniendo como ejemplo ilustrativo un contrato de suministro celebrado entre una empresa española (domiciliada en Barcelona) y otra francesa (domiciliada en Versalles) y que, por lo tanto, está a caballo entre ambos países; si en el seno de tal contrato surgen disfunciones entre los contratantes que desembocan en un litigio, las preguntas que nos surgen son las siguientes:

- Es competente el tribunal español o el francés.
- Cuál será la ley que dicho tribunal tendrá que aplicar para resolver el fondo del asunto (la española o la francesa).
- Cómo podré ejecutar en Francia una sentencia dictada por un tribunal español, o en España una sentencia francesa.

En dicho escenario, cuyo decorado de fondo es, por lo tanto, siempre el mismo, esta monografía pretende guiar, en un sentido práctico, al operador jurídico ayudándole a discernir entre los Reglamentos creados *ad hoc* y que constituyen ese Derecho Internacional Privado de la UE, y, especialmente, a mostrarle con ejemplos y precedentes judiciales, la sistemática de integración y funcionamiento, no solo entre los propios Reglamentos, sino también con relación a eventuales Convenios internacionales en la materia, y, finalmente, la interacción de tales instrumentos normativos con el Derecho interno español.

Para ello, se hará referencia en esta exposición a los **13 principales Reglamentos** en materia civil y mercantil, dejando fuera los Reglamentos específicos del que podríamos llamar Derecho de Familia: Reglamentos: 2019/1111, «Bruselas II-ter», y 1259/2010 «Roma III»; y la singular materia del derecho concursal, reflejada en el Reglamento 2015/848 sobre procedimientos de insolvencia.

Como quiera que el conjunto de los citados 13 Reglamentos de la UE constituirían, de modo alegórico, una «Armada Reglamentaria» que navega con el objetivo de desarrollar y fortalecer el Espacio Judicial Europeo, utilizaremos este símil a lo largo del libro para tratar de facilitar la comprensión lectora, que deberá partir de la idea de que cada Reglamento UE es un «buque» de esa «Armada Reglamentaria» dirigido a colaborar con los demás «buques» para obtener, como objetivo principal: la seguridad jurídica en el seno del Derecho Internacional Privado en la UE, facilitando así las relaciones civiles y mercantiles entre los particulares (personas físicas o jurídicas) de los Estado miembros, y, a su vez, entre estos y los de terceros Estados ajenos a la UE.

3

EL «BUQUE INSIGNIA» DE LA ARMADA REGLAMENTARIA DE LA UE

En esta particular singladura en la que nos embarcamos, sin duda el **«Buque insignia»** es el Reglamento 1215/2012, relativo a la competencia judicial, el reconocimiento y la ejecución de resoluciones judiciales en materia civil y mercantil (refundición). Denominado **«Bruselas I-bis»** o «Bruselas I refundido». Este último nombre es el que indica el propio Reglamento, pero en los foros jurídicos se emplea más el término «Bruselas I-bis», por lo que este es el que utilizaremos habitualmente, para referirnos a él, a lo largo de este libro.

De hecho, los predecesores de dicho Reglamento fueron el Reglamento 44/2001, conocido como «Bruselas I», y, antes de este, el legendario Convenio de Bruselas de 1968, del que traen causa ambos Reglamentos y del que, como se ve, heredaron el nombre.

Tal denominación de Buque insignia otorgada al Reglamento Bruselas I-bis (Reglamento que entró en vigor 10 de enero de 2015 y que opera en los 27 Estados de la UE incluida Dinamarca, Estado este que, por lo general, ha optado por quedar fuera de los Reglamentos que nos ocupan, como iremos viendo), tiene su razón de ser en el hecho de que sirve para determinar la Competencia judicial internacional. Por ello, y como quiera que lo primero que tenemos que saber, para plantear un litigio transfronterizo, es qué tribunal —de entre los correspondientes a los Estados implicados— es el competente para interponer una demanda, será precisamente el Reglamento Bruselas I-bis el que nos indique el rumbo a seguir. De modo que, como Buque insignia, encauza una singladura procesal en la que, la segunda escala, será determinar qué Ley sustantiva (*lex causae*) es la aplicable al fondo del asunto para resolver tal litigio transfronterizo.

Dicho lo cual, y tal y como su nombre indica: Reglamento «relativo a la **competencia judicial, el reconocimiento y la ejecución de resoluciones**

judiciales en materia civil y mercantil» (nótese que el nombre de los Reglamentos resume habitualmente, con brevedad y precisión, su objeto), el ámbito de aplicación del Reglamento Bruselas I-bis abarca las dos vertientes siguientes:

- **La Competencia judicial internacional** (tanto en la fase declarativa del pleito como en la fase de ejecución)
- **El Reconocimiento y ejecución de las resoluciones** (discerniendo el Estado de origen frente al Estado de ejecución; lo que constituyen las dos caras de una misma moneda, puesto que en ocasiones España será Estado de origen y en otras será Estado de ejecución)

Como habrá podido apreciar el lector observador, tal Reglamento no abarca, por lo tanto, la determinación de la Ley aplicable al litigio, siendo por ello por lo que el Buque insignia, tendrá que recibir apoyo de los que llamaremos «buques de apoyo directo al Buque insignia», que son los Reglamentos sobre Ley aplicable, a los que haremos referencia en su momento. Seguiremos, por lo tanto y por ahora, con la disección del Buque insignia: Bruselas I-bis.

3.1. EL PRIMER EJE: LA COMPETENCIA JUDICIAL INTERNACIONAL

Para analizar la primera vertiente, la competencial, viene al caso recordar que la competencia judicial internacional sería el conjunto de normas que otorgan potestad jurisdiccional a los tribunales de un Estado concreto, para conocer de un supuesto transfronterizo, y tienen que estar basadas en la existencia de una conexión suficientemente relevante del supuesto con ese Estado, pues en otro caso hablaríamos de competencias exorbitantes o abusivas, impropias de Estados que, como los que conforman la UE, están integrados en el mundo occidental.

Se debe recordar, en este punto, la diferencia entre la competencia judicial internacional y la competencia territorial interna. La primera se entiende en sentido global, para el ámbito internacional, y está esencialmente determinada por los Reglamentos UE, los Convenios Internacionales y la nueva redacción del art. 22 y ss. de la Ley Orgánica del Poder Judicial (LOPJ). Se trata de normas que están destinadas a regular los supuestos de tráfico jurídico externo en situaciones transfronterizas o transnacionales. Mientras que la competencia territorial interna se entiende, en sentido concreto y específico, para el ámbito nacional español, y está esencialmente determinada en las normas internas de competencia de nuestras leyes procesales (esencialmente los arts. 50 y ss. de la Ley de Enjuiciamiento Civil -LEC).

Se debe subrayar también la necesidad de no confundir competencia y ley aplicable, idea básica pero que, en ocasiones, nos baila al analizar un supuesto especifico, al tender inconscientemente a identificar *foro* con *ius*. Cuando, sin embargo, un tribunal puede ser competente en base a las normas sobre competencia judicial internacional, pero puede no tener que aplicar, al fondo (*lex causae*), sus leyes sustantivas internas, a diferencia de las normas procesales (LEC), respecto de las que el tribunal sí aplicará las propias en atención al principio *lex fori regit processum*. Es decir, el cauce procesal sobre el que discurre el procedimiento transfronterizo se rige por la ley del Estado que conoce del litigio, *lex fori*, pero la *lex causae*, que resuelve sobre el fondo del litigio, puede no ser coincidente con la *lex fori* (por ejemplo, porque las partes hayan pactado otra ley como aplicable al fondo del asunto).

Respecto del inequívoco protagonismo del Buque insignia (Reglamento Bruselas I-bis, 1215/2012) en materia competencial, podemos destacar los siguientes puntos:

- **Aplicación prioritaria** del Reglamento frente a la Ley interna española en las materias civiles y mercantiles de la UE, es decir, las materias referidas en el art. 1 del Reglamento, sobre las que ejerce una preferencia fundada en los principios de primacía y efecto directo.
- **Aplicación subsidiara**, por lo tanto, en materia de competencia, de los nuevos artículos 22 a 22 *nonies* de la Ley Orgánica del Poder Judicial (LOPJ), que serán residualmente aplicables cuando la materia no sea civil o mercantil de la UE, o cuando el asunto no sea transfronterizo sino interno, es decir, transregional por afectar a dos o más Comunidades autónomas españolas.

Para mejor ilustrar dicha idea, cabe referir que los requisitos para la aplicación de Bruselas I-bis frente a la LOPJ, son los siguientes:

- **Que se trate de materia «civil o mercantil» de la UE** (concepto autónomo derivado del art. 1 del Reglamento y de la jurisprudencia del TJUE que lo desarrolla; en el que, por ejemplo, se incluye un crédito derivado de un contrato de trabajo). Por lo que la primera conclusión es que, en todos los casos en que el asunto no corresponda a una de esas materias, pero se trate de un supuesto de derecho civil o mercantil según la norma española, se aplicará el régimen de competencia de la LOPJ (ejemplo: filiación, materia en la que la competencia la determina el artículo 22 *quáter* «d» de dicha LOPJ), salvo que, a su vez, se trate de una materia competencial que estuviera contenida en otro Reglamento de la UE (ej. Sucesiones o Alimentos) o en un convenio o tratado internacional.
- Es preciso, con carácter general, **que el domicilio del demandado esté en la UE como segundo requisito** para la aplicación del Reglamento (art. 4, y párrafo 1.º del considerando 14 de la exposición de motivos del Reglamento). Por lo que la segunda conclusión es que, en los casos en que no esté domiciliado el demandado en la UE, incluso aunque se trate de un supuesto de derecho civil o mercantil del Reglamento, se

aplicará el régimen de competencia de la LOPJ. Salvo que, a su vez, se trate de alguna de las **excepciones** que presenta Bruselas I-bis al requisito del domicilio del demandado en la UE (a las que nos referiremos después, pudiendo avanzar que se trataría de supuestos de competencia pactada, o competencia proteccionista de consumidores, trabajadores o beneficiarios de un contrato de seguros, o de competencias imperativas).

3.1.A) LA POSIBLE DISCORDANCIA ENTRE COMPETENCIA Y LEY APLICABLE

A la hora de subrayar la necesidad de no confundir competencia y ley aplicable, dado que un tribunal puede ser competente en base a las normas sobre competencia judicial internacional, y, sin embargo, puede no tener que aplicar, al fondo del asunto, sus leyes sustantivas internas, cabe citar la **sentencia de la Sala de lo Social del Tribunal Supremo, Sala 4.ª, de fecha 20/11/1998 (Pte. Sr. González Peña)**, en la que se resolvía un recurso de casación para la unificación de doctrina.

Esta sentencia analiza la competencia judicial internacional en un asunto social (que, como hemos visto, está dentro del concepto «civil y mercantil» del Reglamento Bruselas I-bis y, a la sazón, lo estaba en el Convenio de Bruselas de 1968), en el que una trabajadora argentina de la Embajada de España en Buenos Aires, formuló demanda en España, y la sentencia de instancia, que estimó su pretensión, fue anulada por la sentencia de la Sala de lo Social del Tribunal Superior de Justicia de Madrid que conoció el recurso de suplicación, y estimó la excepción de incompetencia del orden jurisdiccional español para el conocimiento de su pretensión.

El Tribunal Supremo, que conoció del recurso de casación contra la sentencia de la Sala de lo Social del Tribunal Superior de Justicia de Madrid, revocó esta recordando la necesidad de diferenciar entre el régimen aplicable para la determinación del *foro* y el régimen aplicable para la determinación del *ius*. Es decir, la competencia judicial internacional, regulada entonces por el Convenio de Bruselas de 1968 (del que trae causa Bruselas I-bis) pero ajena a tal litigio transfronterizo España-Argentina (al igual que el Convenio de Lugano —del que hablaremos al final de estas monografía—, también ajeno a Argentina), por lo que se debía aplicar, para determinar la competencia judicial internacional, la norma interna: arts. 22 y ss. de la LOPJ (adviértase que los Convenios y los Reglamentos sobre Competencia no presentan la proyección universal propia de los Convenios y los Reglamentos sobre Ley aplicable). Mientras que, en cuanto a la ley aplicable al fondo del asunto, la sentencia explica que para su determinación sí cabía aplicar el Convenio de Roma de 1980 sobre Ley aplicable (predecesor del Reglamento «Roma I», del que luego hablaremos), el cual sí presenta una proyección universal.

En consecuencia, pese a que la sentencia recuerda el carácter universal del Convenio de Roma de 1980 sobre Ley aplicable, carácter que luego pasó al Reglamento «Roma I» que derogó aquel, de modo que las normas de Derecho internacional privado sobre Ley aplicable (contenidas en el capítulo IV del Título Preliminar del Código Civil) pasan a tener un carácter residual frente a «Roma I», sin embargo, en materia de competencia judicial internacional, resultaba aplicable la LOPJ a un litigio transfronterizo con Argentina, por tratarse de una cuestión transnacional ajena al Convenio de Bruselas de 1968.

Por todo ello, la Sala 4.ª del Tribunal Supremo acordó estimar el recurso de casación para unificación de doctrina, casando y anulando la sentencia dictada por el Tribunal Superior de Justicia de Madrid, de fecha 23 de diciembre de 1997, dictada en recurso de suplicación. Resolviendo el Tribunal Supremo en los términos planteados en la suplicación, es decir, declarando la competencia del orden jurisdiccional español para conocer de la pretensión litigiosa.

Decía, en concreto, la Sala de lo Social del Tribunal Supremo (los destacados en cursiva son siempre añadidos):

> «***La sentencia que se combate incurre en una confusión pues no distingue entre la norma aplicable y orden jurisdiccional competente. Confunde pues dos conceptos, uno de derecho material, que ha de servir de base para resolver la cuestión controvertida, y otro cual es el Tribunal competente para el conocimiento de la litis.*** El problema planteado ha sido resuelto ya por la sentencia de esta Sala dictada el día 29 de septiembre de 1998, en el que se contempla un supuesto idéntico al de autos pues se trata de una trabajadora que prestó servicios en la Embajada de España como asistente social, en virtud de un contrato verbal, siendo su nacionalidad la argentina, y a la que se comunicó su cese en virtud de haber alcanzado la edad de 65 años. ***Dicha trabajadora formuló demanda en España, y la sentencia de instancia que estimó su pretensión fue anulada por la sentencia de la Sala de lo Social que conoció el recurso de suplicación, y estimó la excepción de incompetencia del orden jurisdiccional español para el conocimiento de su pretensión.***
>
> La referida sentencia indica literalmente: ***"Como se ha dicho, existe un error de partida. El Convenio de Roma —vigente en España—, a partir de su publicación en el BOE de 19 de julio de 1993- regula con carácter universal y determina la ley que ha de regir una relación jurídica que tiene puntos de conexión con legislaciones de diferentes estados. Esta regulación, conforme a su artículo 2, es de aplicación preferente, incluso si la ley designada por el mismo es la de un Estado no contratante, de modo que, las normas de derecho internacional privado contenidas en el capítulo IV del Título Preliminar del Código Civil, pasan a tener un carácter residual y solamente son aplicables a las modalidades contractuales no comprendidas en el Convenio de Roma (art. 1.1) y los contratos otorgados con anterioridad a su entrada en vigor***. De este modo y manera el contrato establece, entre otras, normas generales sobre la ley aplicable al fondo del contrato —ley elegida por las partes o, en su defecto, la ley del país con el que presenta vínculos más estrechos (artículo 3 y 4)—, sobre la forma (art. 9), y una norma

específica relativa al contrato de trabajo —ley de elección, y, en su defecto, ley del país en el que habitualmente realice normalmente su trabajo, o, subsidiariamente, ley del país en que se encuentre el establecimiento que haya contratado al trabajador, (artículo 6)—. En definitiva, el contenido y objeto del convenio es determinar en una relación jurídica obligacional, cuyos elementos están dispersos en el espacio, donde se encuentra el centro de gravedad de la relación y la ley que debe ser aplicada, lo cual nada tiene que ver con la jurisdicción que debe conocer y aplicar la ley así elegida. CUARTO. - ***La cuestión, pues a resolver en primer lugar, no es cuál sea la norma sustantiva aplicable a la cuestión litigiosa, sino si la jurisdicción española se extiende a conocer de la pretensión ejercitada, o si dicha potestad jurisdiccional tiene los límites que le impone su propio territorio***. Para el caso examinado, en el que en la relación laboral se inmiscuye un elemento de extranjería argentina —ajeno al ámbito de aplicación de los Convenios de Bruselas y Lugano—, no existe Tratado, Convenio u otra norma internacional que establezca y reparta la competencia entre los órganos jurisdiccionales de los estados soberanos. Ello quiere decir que la norma a considerar ha de ser la española, y esta ha de buscarse en el Título I, del Libro I, de la Ley Orgánica del Poder Judicial, que, justamente, lleva el rótulo 'de la Extensión y Límites de la jurisdicción'. ..."

En el caso que nos ocupa, —en el que el punto de conexión se fija en relación con el estado de Argentina— ninguna limitación se ha establecido por vía de Tratados y Convenios Internacionales y, por ello, habrá que acudir para determinar el ámbito territorial personal y objetivo sobre el que pueden ejercer su jurisdicción los Tribunales españoles, a lo preceptuado en el citado artículo 25.1.º de la L.O.P.J., que, como se ha dicho antes, confiere clara e inequívocamente "competencia" en el orden social, a los Juzgados y Tribunales españoles, en materia de derechos y obligaciones derivadas de contrato de trabajo, entre otros supuestos cuando "el demandado tengan su domicilio en territorio español". .../...».

3.1.B) EL CONCEPTO AUTÓNOMO «CIVIL Y MERCANTIL» DEL REGLAMENTO BRUSELAS I-BIS Y SU ENCAJE EN EL DERECHO INTERNO

La parcial discordancia entre lo que se entiende por materia «civil y mercantil» en la UE, en contraste con lo que se entiende por tal en el Derecho nacional interno (ya hemos dicho que aquella abarca, por ejemplo, los créditos derivados de un contrato de trabajo), genera algunos problemas a la hora de determinar la competencia de los tribunales nacionales, pues esta se basa tradicionalmente en las materias originalmente consideradas en el Derecho interno. Pero hemos de partir de la base de que los Reglamentos no se entrometen en tal régimen competencial interno, por lo que la determinación de las competencias de los tribunales nacionales corresponde a cada Estado UE.

Tal problema, y dicha conclusión, los apreciamos por ejemplo en el **auto de la Sala de Conflictos del Tribunal Supremo (TS) núm. 17/2019, de fecha 16/10/2019**, en el que, frente a un conflicto negativo de competencia entre un juzgado de lo social de Barcelona y un juzgado civil de primera instancia, surgido cuando se solicitó en España la ejecución de un título judicial extranjero en materia civil y mercantil, vía Bruselas I-bis (consistente en una sentencia de la magistratura de trabajo de un Estado de la UE que concedía una indemnización laboral), el TS considera que en la normativa nacional española (LOPJ, LEC, LRJS, Ley 29/2015 de CJIMC) sobre reconocimiento y ejecución de sentencias y demás resoluciones judiciales, decisiones arbitrales y acuerdos de mediación dictados en el extranjero, no hay una atribución de competencia al orden civil con exclusión de los otros órdenes jurisdiccionales. Declarando, por consiguiente, competente al Juzgado de lo Social núm. 30 de Barcelona para el conocimiento del asunto.

Esta decisión, parece chocar con las comunicaciones realizadas por España al art. 76 del Reglamento 1215/12, Bruselas I-bis (ver Atlas judicial europeo civil, entrando al citado Reglamento y picando sobre la bandera de España), así como con las previsiones de la Disposición Final 25.ª de la Ley de Enjuiciamiento Civil (aprobada para adaptar la LEC al citado Reglamento), las cuales, en sede de determinación de qué tribunal es competente en España para la solicitud de reconocimiento y ejecución de resoluciones de la UE en materia civil y mercantil, refiere los Juzgados de primera instancia.

No obstante, hay que tener en cuenta que, si bien el concepto autónomo «civil y mercantil» de la UE debe ser interpretado siguiendo las directrices del Reglamento y del TJUE, sin embargo, ello no tiene que afectar al régimen de redistribución de competencias internas de los tribunales nacionales.

Por ello, como el art. 1 y 20 del Bruselas I-bis abarca el crédito derivado del contrato individual de trabajo, el citado auto de la Sala de Conflictos del TS remite la competencia al Juzgado de lo social por razón del régimen nacional interno de competencias, sin que tal solución tenga que suponer menoscabo al concepto «civil y mercantil» de la UE, dado que el legislador nacional y el Tribunal Supremo no se entrometen en el Reglamento, sino que únicamente encauzan el ámbito de distribución de competencias internas dentro de su propio Estado.

Además, tampoco cabe concluir, como parece a primera vista, que dicha interpretación sea opuesta a las citadas comunicaciones de España al art. 76 de Bruselas I-bis, puesto que los Juzgados de primera instancia, entendidos en sentido amplio, pueden abarcar tanto la primera instancia civil como la primera instancia social.

Parece que tiene interés referir aquí, como evidencia de la influencia en el marco del Derecho nacional español del Derecho de la UE (en definitiva, de la *comunitarización* de Derecho nacional español), que el concepto «civil y mercantil» de la UE ya se ha positivizado jurídicamente en algunos textos legales recientes del Derecho nacional patrio, por ejemplo, nos aparece en el art. 1 de la Ley 29/2015, de 30 de julio, de cooperación jurídica internacional en materia civil (LCJIMC), en la cual, pese a indicarse en su nombre que va referida al ámbito «civil», incluye en su artículo primero los contratos de trabajo y la responsabilidad civil derivada de delito (institutos ambos pertenecientes al concepto «civil y mercantil» del Reglamento Bruselas I-bis).

Tal influencia del Derecho de la UE sobre el Derecho español, además de evidente, es inexorable en la medida en que la inmersión legislativa y jurisdiccional de la UE en el marco de los Estados miembros que la forman, implica necesariamente una aproximación de conceptos e instituciones legales en orden obtener una coherencia interna con el entorno jurídico supraestatal que constituye la UE, la cual es necesaria por razones de concordancia semántica y seguridad jurídica, y, en definitiva, todo ello contribuye a reforzar la idea de Espacio Europeo de Justicia.

3.1.C) EL CONTROL DEL JUEZ SOBRE LA COMPETENCIA JUDICIAL INTERNACIONAL

Este control resultará, en ocasiones, realizado de oficio, y en otras solo a instancia de parte. Podemos ilustrar la materia relativa a la distribución de competencias con el siguiente esquema:

- Las normas de Competencia en Bruselas I bis (siguen similar régimen al anterior Reglamento Bruselas I, 44/2001) las podemos resumir en las siguientes:
  - Normas de competencia generales.
    - » Fuero del **domicilio del demandado**: art. 5 Rto 1215/12
    - » Fueros **alternativos al domicilio**: art. 7 Rto, por ejemplo:
      - En materia de obligaciones y contratos.
      - En materia de responsabilidad civil extracontractual (denominada materia *delictual* o *cuasidelictual*, en la terminología del Rto).
  - Competencia derivada de **pacto expreso** (prórroga competencial) entre las partes (art. 25 Rto).
  - Competencia derivada de **asunción tácita** por el demandado de la competencia elegida por el actor (prórroga tácita del art. 26 del Rto)
  - Normas **proteccionistas** (exposición de motivos punto 18 y arts. 6 y 10 y ss. del Rto, que establecen competencias privilegiadas para la parte más débil en las siguientes materias):
    - » contratos con consumidores,
    - » contratos de seguros,

» contratos individuales de trabajo.

- Normas de **competencia exclusivas de carácter imperativo** e improrrogable, que no admite pacto en contrario (art. 24; se subraya la última de ellas, dado su interés práctico general y habida cuenta de que afecta a la fase de ejecución):

  » Derechos reales inmobiliarios

  » Derechos arrendaticios.

  » Validez, nulidad o disolución de sociedades e impugnación de decisiones societarias.

  » Validez de inscripciones de Registros públicos.

  » Patentes, marcas y análogos.

  » **Ejecución de resoluciones judiciales**: competencia del Estado miembro del lugar de la ejecución.

- Competencia singular en materia de **medidas provisionales o cautelares** (art. 35 Rto): dualidad competencial en orden a propiciar el buen fin de la medida:

  » Podrán solicitarse al órgano que conoce del pleito principal en el Estado de origen.

  » Podrán también solicitarse al órgano jurisdiccional de otro Estado miembro donde la medida haya de practicarse.

– **Comprobación judicial** de la Competencia judicial internacional y admisibilidad a trámite de la demanda: arts. 27 y 28 del Reglamento Bruselas I-bis.

- **Control directo**: en caso de infracción de competencias imperativas del art. 24 del Rto (auto de inadmisión a trámite –concordar procesalmente con el art. 48 LEC).

- **Control subsidiario**: en caso de desatender la parte actora otras normas de competencia no imperativas, el régimen es el siguiente:

  » Inicial admisión a trámite de la demanda, pese a que el foro competencial no sea correcto, siempre que no se violenten foros imperativos del art. 24 Rto.

  » Si no comparece el demandado, y, por lo tanto, no se produce la asunción o prórroga tácita de la competencia, en tal caso el tribunal se declarará incompetente ex art. 28 Rto.

  » Si, por el contrario, sí comparece el demandado y no impugna la competencia mediante una declinatoria, el tribunal será competente ex art. 26, pues se habrá producido la prórroga tácita, o asunción tácita por el demandado de la competencia elegida por el actor.

- No obstante, en el caso de las competencias proteccionistas, es preciso que se cumpla con el nuevo requisito impuesto por Bruselas I-bis (no presente en el anterior Rto 44/2001) de la previa advertencia al demandado, *ex* art. 26.2 Rto, de las consecuencias de no plantear la declinatoria. Es decir, dicha posibilidad de prórroga tácita debe estar prevenida o avisada en tales casos, relativos a los colectivos protegidos (consumidores, trabajadores y partícipes del contrato de seguro).

3.2. EL TERCER EJE: EL RECONOCIMIENTO Y LA EJECUCIÓN, EN LA UE, DE RESOLUCIONES, TRANSACCIONES Y DOCUMENTOS PÚBLICOS EN MATERIA CIVIL Y MERCANTIL

Seguidamente, pasaremos a analizar la segunda vertiente de Bruselas I-bis, relativa al tercer eje del Derecho Internacional privado: el reconocimiento y la ejecución (lo relativo al segundo eje: determinación de la Ley aplicable, lo veremos después, al estar esta materia fuera de Bruselas I-bis); en la que podemos destacar los aspectos siguientes.

Para comenzar, y en orden a analizar los aspectos prácticos de la fase de reconocimiento y ejecución, viene al caso referirnos a las declaraciones o comunicaciones de España respecto del art. 75 del Reglamento (publicadas la página del Atlas judicial Europeo Civil), así como a las previsiones contenidas en la Disposición Final Vigésimo Quinta en la LEC, relativa a las Medidas para facilitar la aplicación en España del Reglamento 1215/12 (Bruselas I-bis).

Dentro de dicho marco normativo es donde se deben situar los aspectos prácticos de la fase de reconocimiento y ejecución del Reglamento Bruselas I-bis, los cuales, al recalar siempre en el Derecho procesal interno para llevarlos a término, permiten, en una interpretación ilustrativa, realizar el desarrollo siguiente: **Pasos que se deberán seguir a instancia de la parte que haya vencido en el Estado de origen y que, por lo tanto, quiera ejecutar su título (certificado) en el Estado de ejecución**:

- **A) La expedición del Certificado** (nombre que se viene dando al formulario, una vez cumplimentado) por el tribunal o autoridad designada en el Estado de origen (en nuestro caso España, cuando a un órgano español se le solicita tal expedición).

  - **En caso de sentencias o resoluciones judiciales**: A petición de cualquier parte interesada, el órgano jurisdiccional del Estado de origen que haya dictado la resolución, expedirá el certificado utilizando el modelo de formulario del anexo I (artículo 53 del Rto). En todo caso, la expedición se hará de forma separada y mediante providencia, utilizando el modelo de formulario al que se refiere dicho artículo (D.F. 25.5. 1.ª LEC).

- Cuando se trate de **transacciones judiciales,** la certificación se expedirá de igual forma, a los efectos del artículo 60 del Rto, pero utilizando el modelo de formulario del anexo II.
- En el caso de **documentos públicos que tengan fuerza ejecutiva,** el modelo de formulario II, al que se refiere el artículo 60 del Rto, lo expedirá el notario autorizante, o quien legalmente le sustituya o suceda en el protocolo. De dicha expedición el fedatario público dejará constancia mediante nota en la matriz o póliza, en la que incorporará copia auténtica, siendo el original del certificado el documento que circulará.

– B) **La presentación del Certificado ante el órgano correspondiente del Estado de ejecución.** Si imaginamos ahora que España es el Estado de ejecución de una resolución extranjera, por ejemplo, francesa. La parte que desee que sea reconocida y ejecutada en España dicha resolución francesa deberá presentar, ante el órgano español, los documentos previstos en el artículo 37 del Reglamento, pudiendo el órgano judicial o la autoridad ante la cual se invoque la misma, pedir las traducciones o transcripciones previstas en el apartado 2 de dicho artículo.

- A efectos de la ejecución de una resolución con fuerza ejecutiva, el solicitante facilitará los documentos siguientes, que habrán sido expedidos por el órgano del Estado de origen: los prevenidos en el artículo 42.1 del Rto, o los previstos en el artículo 42.2 del mismo si se trata de una resolución que ordene una medida provisional o cautelar. Y, si lo exige el órgano judicial competente, la traducción del certificado prevenida en el artículo 42.3 de dicho Rto. Solo podrá exigirse al solicitante que presente una traducción de la resolución si no pueden continuarse las diligencias sin ella.
- **El Tribunal competente en España** para solicitarle la apertura del procedimiento de ejecución del título extranjero son los Juzgados de primera instancia. Los cuales conocerán también del procedimiento de oposición a la ejecución. Así se deriva de las comunicaciones de España al art. 75 del Rto y de la Disposición Final 25.ª de la LEC.
    - » No obstante, en orden a determinar qué ha de entenderse por tales en cada caso, hay que tener en cuenta el **concepto autónomo «civil y mercantil»** derivado del Reglamento 1215/2012 (Bruselas I-bis) y de la jurisprudencia del TJUE.
    - » Ese concepto autónomo abarca el crédito derivado del contrato individual de trabajo, e igualmente abarca las acciones por daños y perjuicios, o acciones de restitución fundamentadas en un acto que dé lugar a un proceso penal, arts. 7.3 y 64 del Reglamento 1215/12.

» Así, en cuanto al crédito derivado del contrato de trabajo, nos remitimos nuevamente a la resolución de la **Sala de Conflictos del Tribunal Supremo: auto de fecha 16/10/2019,** resolviendo un conflicto negativo de competencia entre un Juzgado de lo social y un Juzgado de primera instancia para la ejecución de una sentencia de la Magistratura de trabajo de un país de la UE reconociendo una indemnización derivada de un contrato laboral; declarando el TS, en la parte dispositiva de su resolución: *«... competente para conocer del proceso de ejecución a que hace referencia la presente resolución al Juzgado de lo Social núm. 30 de Barcelona.»*

- **El reconocimiento y ejecución son directos (aunque con singularidades),** es decir, no hay necesidad de una previa declaración de fuerza ejecutiva (a diferencia de lo que ocurría en el Reglamento 44/01, Bruselas I), una vez presentado el Certificado relativo al formulario del anexo del Reglamento y la copia auténtica del título del Estado de origen (arts. 37, 39, 58, 59, 60, 42, 53).

» **Dice el art. 39 que las resoluciones dictadas en un Estado miembro que tengan fuerza ejecutiva en él gozarán también de esta en los demás Estados miembros,** sin necesidad de una declaración de fuerza ejecutiva.

» No obstante, el art. 43.1 obliga a llevar a cabo, **antes de adoptar cualquier medida de ejecución,** la notificación a la persona ejecutada del certificado expedido conforme al art. 53, el cual deberá ir acompañado de la resolución si todavía no se le ha notificado a dicha persona (considerando núm. 32).

» Por lo tanto, a efectos prácticos **la ejecución no es propiamente directa,** sino que debe esperar a tal notificación, e incluso se puede tener que esperar a la traducción, si la persona ejecutada la solicita y esta procede (art. 43.2).

» **Entretanto, cabe adoptar medidas cautelares** a instancia de la parte ejecutante (art. 40 y 43.2). Todo indica que habría que adoptarlas **inaudita parte ejecutada,** pues si hubiera que esperar a la notificación al ejecutado, esta ya proporciona después la opción a la ejecución propiamente dicha en los términos del Reglamento.

» **La figura de la «adaptación».** A los efectos de aplicación del artículo 54 del Rto, al resolver sobre el reconocimiento o la ejecución de una resolución extranjera, si resulta que esta contiene una **medida u orden no coincidente** con alguna existente en el ordenamiento español, se procederá a su adaptación en los términos previstos en dicho precepto (sustituyéndola por aquella que más se aproxime en el ámbito interno). Contra la decisión de adaptación de la medida u orden extranjera, cabrán los recursos que la legislación procesal contemple en función del tipo de resolución y del procedimiento de que se trate.

3.2.A) LOS MOTIVOS DE OPOSICIÓN A LA EJECUCIÓN

«Bruselas I-bis» mantiene la posibilidad de plantear, a instancia de la parte ejecutada, los mismos motivos de oposición que en el viejo «Bruselas I», e incluso un motivo más. Véanse, en dicho sentido, los artículos 45, 46 y 64 del Reglamento, que establecen como causas de oposición a la ejecución —en terminología resumida— las siguientes:

- que el reconocimiento sea manifiestamente contrario al **orden público** del Estado requerido;
- que la resolución se haya dictado en rebeldía sin haber concedido al demandado **tiempo suficiente para defenderse**;
- que la resolución sea **inconciliable** con otra dictada entre las mismas partes (instituto similar a la cosa juzgada, que no exige plena identidad subjetiva y objetiva, sino que basta con que los pronunciamientos que contienen ambas resoluciones resulten «inconciliables y de imposible coexistencia, en sí mismo considerados o en atención a los efectos que de ellos se deriven». En dicho sentido se pronuncia el **auto del TS de fecha 20/04/2004 en un procedimiento de exequátur (Pte. Sr. O'Callaghan Muñoz):**

> «..., esta Sala ha modulado el rigor propio de la estricta literalidad de su enunciado, de forma que no se ha exigido en todos los casos la necesidad de que medie una absoluta identidad subjetiva y objetiva en los procesos seguidos y resueltos por las sentencias que entran en conflicto, sino que basta con que los pronunciamientos que contengan resulten inconciliables y de imposible coexistencia, en sí mismo considerados o en atención a los efectos que de ellos se deriven (cfr. AATS 1-12-98, 19-1-99, 16-11-99, y 10-12-2002, entre otros), siendo ésta, por demás, la tendencia que se sigue en el ámbito del reconocimiento de decisiones dentro de la Comunidad Europea, en donde se ha buscado dotar a la litispendencia de un contenido autónomo (cf. SSTJCE asuntos Overseas, de 27 de junio de 199, Gubisch, de 8 de diciembre de 1987, y Tatry, de 6 de diciembre de 1994)».

- que la resolución entre en **conflicto con determinadas normas especiales establecidas en el Reglamento en materia de competencia.** En concreto: competencias exclusivas y competencias proteccionistas de seguros, consumidores y trabajadores.

- Incluso, existe la novedad de incluir, como se ha dicho, un nuevo motivo, ya que el art. 64 incorpora, como posible nueva causa de oposición, el supuesto de responsabilidad civil derivada de **infracciones involuntarias seguidas en causa penal en la que no compareció el encausado y no tuvo oportunidad de defenderse.**

Procedimiento de oposición a la ejecución. En el Reglamento Bruselas I-bis se realiza, en cuanto al procedimiento de oposición, una clara **remisión al Derecho interno del Estado de ejecución** (arts. 41, 46 y 47.2). Esta previsión normativa, unida a la del número 30 de la exposición de motivos del Reglamento, que establece que: **«en la medida de lo posible», deberían poder invocarse, en el «mismo procedimiento», no sólo los motivos de oposición previstos en Derecho interno (en nuestro caso la LEC), sino también los motivos de oposición del propio Reglamento**; parecía presentar una lógica de simplificación del procedimiento de oposición a la ejecución, para evitar los problemas que planteaba el Reglamento anterior, Bruselas I (Rto 44/2001) en tal fase, los cuales se estudiarán cuando analicemos el Convenio de Lugano, que sigue el mismo sistema del Reglamento Bruselas I, 44/2001 (en el que se desdoblan ambos procedimientos: la oposición a la ejecución por los motivos del Reglamento y, después, la oposición a la ejecución por los motivos del Derecho interno nacional).

Ante dichas premisas del actual Reglamento Bruselas I-bis, se aconsejaba que el trámite de oposición fuera común por la vía del art. 556 y ss. de la LEC, es decir, **10 días de oposición por el ejecutado al despacho** de ejecución (por motivos internos de la LEC o por los propios del Reglamento), **y 5 días para el ejecutante para impugnar la oposición**, para, con posterioridad, tener lugar la celebración de vista si se solicita y lo estima el juzgado (art. 560 LEC).

Sin embargo, la referida **Disposición Final 25.ª de la LEC**, relativa a las Medidas para facilitar la aplicación en España del Reglamento 1214/12, Bruselas I-bis, establece para dicho trámite un procedimiento propio, **con 10 días para oponerse y otros diez para impugnar** la oposición, con posterior remisión a vista oral si es necesario y siguiendo el trámite del juicio verbal.

En consecuencia, esto parece desdoblar en dos trámites distintos los motivos de oposición vía Reglamento y los motivos de oposición vía LEC. No obstante, para evitar llevar dos procedimientos paralelos cuando, por ejemplo, nos aleguen en el trámite de oposición: defectos de emplazamiento en el Estado de origen (vía art. 46.1.«b» del Reglamento) y, además, pago de la obligación reclamada (vía art. 556.1 de la LEC); **se presenta como eventual solución, concordante con la exposición de motivos de Bruselas I-bis,** la de acumular ambos procedimientos en el mismo (considerando núm. 30 párrafo primero del Reglamento), si bien concediendo distinto plazo para impugnar la oposición en uno y otro (siguiendo la disfunción derivada de la Disposición Final 25.ª de la LEC), y posterior celebración de una **vista común, con arreglo a lo previsto en el juicio verbal,** concluyendo ambas cuestiones en un mismo auto.

Se cumpliría así la previsión del número 30 de la Exposición de motivos del Reglamento Bruselas I-bis, que establece una voluntad clara de que puedan invocarse, en el mismo procedimiento nacional, todos los motivos de oposición (para superar así los problemas que se derivaban del antiguo trámite desdoblado del Reglamento 44/2001, Bruselas I).

Como reflexiones en las que fundar dicha propuesta, pueden referirse las que seguidamente se pasan a exponer:

- El objetivo principal del Reglamento en este punto es evitar desdoblar el incidente de oposición vía Reglamento y el incidente de oposición vía LEC, que es lo que pasaba con el anterior Bruselas I (Rto 44/01), en el que los motivos internos (LEC) solo podían alegarse tras la resolución de la oposición por los motivos del Reglamento, dilatando sobremanera la resolución de la causa.
- Respecto de propiciar una interpretación teleológica o finalista de las normas, el juez de la UE (el juez nacional es juez de la UE cuando aplica los Reglamentos) tiene que ser, con carácter general, consciente la voluntad del legislador comunitario como expresión de la *ratio legis* de los Reglamentos, a la hora de interpretar estos, pues los jueces y tribunales nacionales actúan, en el marco de las materias reguladas reglamentariamente por la Unión Europea, no propiamente como tribunales nacionales sino como tribunales comunitarios, debiendo asumir que **la interpretación de sus leyes procesales nacionales debe permitir que en ellas tengan cabida las expectativas de los Reglamentos de la UE.**
    - En concordancia con tales objetivos se ha pronunciado plurales veces el TJUE, exponiendo que, en definitiva, las normas internas de los Estados **no deben «*...frustrar mediante requisitos adicionales*** *los objetivos y fines pretendidos por las normas europeas...»* (en tal sentido: sentencias del Tribunal de Justicia números 119/1984, 388/1992 o 185/2007).
    - En la misma línea cabe citar la sentencia del Tribunal de Justicia de la Unión Europea (Sala Segunda) de 15 de julio de 2010, *asunto C256/09,* que hace el siguiente **llamamiento a los Tribunales nacionales**:

    > «99 Corresponde a los tribunales nacionales, en principio, aplicar su Derecho nacional al mismo tiempo que velan por garantizar la plena eficacia del Derecho de la Unión, lo que ***puede llevarles a no aplicar, en su caso, una norma nacional que lo obstaculice o a interpretar una norma nacional que haya sido elaborada teniendo en cuenta únicamente una situación puramente interna con el fin de aplicarla a la situación transfronteriza de que se trate*** (véanse, en particular, en este sentido, las sentencias de 9 de marzo de 1978, Simmenthal, 106/77, Rec. p. 629, apartado 16; de 19 de junio de 1990, Factortame

y otros, C213/89, Rec. p. I2433, apartado 19; de 20 de septiembre de 2001, Courage y Crehan, C453/99, Rec. p. I6297, apartado 25, y de 17 de septiembre de 2002, Muñoz y Superior Fruiticola, C253/00, Rec. p. I7289, apartado 28; de 8 de noviembre de 2005, Leffler, C443/03, Rec. p. I9611, apartado 51)».

Con relación a las limitaciones a la ejecución en el Estado de ejecución: cabrá suspender la ejecución, limitarla o condicionarla, en los casos previstos en el art. 44 y 51 del Reglamento (y regla 4.ª-3.ª de la Disposición Final 25.ª LEC).

Respecto del recurso contra la resolución que resuelva la oposición al despacho de ejecución: cabe recurso por cualquiera de las partes (art. 49 del Reglamento). España ha comunicado a la Comisión que de dicho recurso conoce la **Audiencia Provincial** (como ocurre en el trámite interno de la LEC en la oposición al despacho de ejecución).

Respecto del recurso frente a la resolución dictada por la Audiencia Provincial: según la Disposición Final 25.ª LEC, punto 4 reglas 5.ª y 6.ª, el recurso de apelación frente al auto de primera instancia se resolverá por sentencia de la Sala, frente a la cual cabrá recurso fundado en **infracción procesal y recurso de casación** ante el Tribunal Supremo en los términos de la LEC. No obstante, cabe referir que el recurso ha de regirse por la Ley de Enjuiciamiento Civil en su redacción vigente y que la misma ya no contempla el recurso extraordinario por infracción procesal, sino únicamente el recurso de casación (véase, al respecto, la Disposición transitoria décima del Real Decreto-ley 5/2023, de 28 de junio, que contempla la nueva regulación del recurso de casación civil y que excluye el recurso extraordinario por infracción procesal y reconduce lo que era su contenido al recurso de casación).

El órgano judicial que conozca de alguno de esos recursos podrá suspender el procedimiento si se ha presentado un recurso ordinario contra la resolución en el Estado miembro de origen, o si aún no ha expirado el plazo para interponerlo, conforme al artículo 51 del Reglamento (UE) núm. 1215/2012.

3.2.B) LA DENEGACIÓN DEL RECONOCIMIENTO COMO CUESTIÓN INCIDENTAL (ART. 36 RTO)

La nueva Disposición Final 25.ª de la LEC prevé, en su regla 1. 2.ª, que si la denegación del reconocimiento se invocara como una cuestión incidental ante un órgano judicial (se entiende en un proceso abierto, por ejemplo, un procedimiento ordinario de la LEC en el que se aporta un título extranjero como prueba, siendo este impugnado por la contraparte, lo que provoca una cuestión incidental), dicho órgano será competente para conocer de la misma. Estableciéndose para ello el procedimiento de los incidentes de los artículos 388 y siguientes de esta LEC, quedando limitada la eficacia de dicho pronunciamiento a lo resuelto en el proceso concreto del que el incidente trae causa, sin que pueda impedirse, por lo tanto, que en proceso aparte –regulado por el Reglamento Bruselas I-bis-, se resuelva de forma definitiva sobre el reconocimiento o no reconocimiento del título cuestionado.

3.3. EL SEGUNDO EJE: LA LEY APLICABLE EN LA UE EN MATERIA CIVIL Y MERCANTIL, Y SU LOCALIZACIÓN FUERA DE BRUSELAS I-BIS

Ciertamente, una vez analizada la competencia y el reconocimiento y ejecución de Bruselas I-bis, la pregunta que nos surge, siempre partiendo de los emblemáticos «tres ejes del Derecho Internacional Privado», que, por su importancia, vuelvo a renombrar:

- Competencia judicial internacional;
- Ley aplicable (normas de conflicto);
- Exequátur (reconocimiento y ejecución);

será la siguiente: ¿Qué hacemos para determinar la Ley aplicable en materia civil y mercantil en la UE?, puesto que está claro, ya desde el propio nombre del Reglamento, que ese segundo eje está ausente en Bruselas I-bis, dado que este solo regula la Competencia y el Reconocimiento y Ejecución.

En efecto, a diferencia de algunos Reglamentos completos que estudiaremos (por ejemplo, el Reglamento 4/2009, sobre Alimentos), Bruselas I-bis no es completo pues no regula Ley aplicable. Y, por esta razón, tiene que ser asistido, a la hora de querer determinar la Ley aplicable al fondo del litigio, civil o mercantil, por los que denominaremos «**buques de apoyo al Buque insignia**».

Se ha precisado, en los párrafos anteriores, que tales buques de apoyo sirven al objeto de determinar la Ley sustantiva o **lex causae** aplicable al fondo del asunto (fondo del litigio), porque, por aplicación del principio general **lex fori regit processum**, ya sabemos que un tribunal de un Estado aplicará siempre sus leyes procesales propias, incluso cuando al fondo del asunto haya que aplicar una ley extranjera. Es decir, en nuestro caso, los Tribunales españoles aplicarán al proceso la Ley de Enjuiciamiento Civil. Así se deriva, de hecho, del artículo 3 de dicha LEC, que, no obstante, prevé la posibilidad de que en tal regla incidan eventualmente tratados o convenios internacionales, pudiendo también incidir Reglamentos de la UE.

Por otro lado, siguiendo el ejemplo al que antes hemos hecho referencia en el litigio de una empresa española (domiciliada en Barcelona) y otra francesa (con domicilio en Versalles), derivado de un contrato de suministro: una vez conocida la competencia, por ejemplo, del tribunal español, este aplicará al procedimiento la Ley de Enjuiciamiento Civil (LEC), la cual constituye la *lex fori,* vinculante a nivel procesal, de modo que la determinación de la ley sustantiva, *lex causae,* aplicable para solucionar el fondo del asunto, será únicamente la que ha de ser buscada, no la ley procesal. Y dicha búsqueda la llevaremos a cabo, por tratarse de un contrato, a través de las normas de conflicto establecidas en el buque de apoyo denominado Reglamento "Roma I", relativo a la ley aplicable a las obligaciones contractuales, al que seguidamente nos referiremos. *Lex causae* que, en principio, en dicho ejemplo sería normalmente la española o la francesa.

4

LOS «BUQUES DE APOYO DIRECTO» AL BUQUE INSIGNIA EN MATERIA DE LEY APLICABLE: LOS REGLAMENTOS «ROMA I» Y «ROMA II»

Como hemos venido diciendo, al no regular el Reglamento Bruselas I-bis la ley aplicable al fondo del asunto, deberemos hallar esta en los Reglamentos que regulan la determinación de la Ley aplicable en materia civil y mercantil, nos referimos a los Reglamentos:

- **Roma I:** Reglamento 593/2008-Ley aplicable a las **obligaciones contractuales.**
- **Roma II:** Reglamento 864/2007-Ley aplicable a las **obligaciones extracontractuales.**

El nombre les viene dado por su predecesor, el Convenio de Roma de 1980 sobre Ley aplicable a obligaciones contractuales. De donde se deriva, como puede verse, que al igual que con Bruselas I-bis, en los foros jurídicos el nombre original de un instrumento normativo ha servido para preservar la estirpe de su origen, y, con ella, la mejor comprensión de la renovación y evolución de sus objetivos dentro de una UE en constante evolución normativa. Objetivos en los que ya no basta determinar los Tribunales competentes, sino que se busca también, por evidentes razones de seguridad jurídica (poder conocer, *a priori*, el Derecho que servirá para resolver un eventual litigio derivado de una determinada relación contractual), fijar normas de conflicto unificadas para determinar la ley nacional aplicable al fondo del asunto (*lex causae*).

4.1. EL REGLAMENTO «ROMA I», SOBRE LEY APLICABLE A LAS OBLIGACIONES CONTRACTUALES

Con relación a su ámbito de aplicación material, el propio nombre del Reglamento Roma I, n.° 593/2008, emplea la terminología genérica «las obligaciones contractuales», en lugar de la que sería más específica «los contratos», prefiriendo aquella por resultar más amplia, de modo que permitirá enmarcar en el Reglamento las diversas modalidades contractuales que podamos hallar en los 26 Estados de la UE que comparten este instrumento normativo (Dinamarca no ha aceptado este Reglamento —ver considerandos finales del mismo—). Evidenciándose en dicha holgada técnica normativa, una apertura de miras en orden al buen fin de la aplicación del Reglamento, lo que constituye una constante en el espíritu de los Reglamentos de la UE.

Tal terminología de Roma I resulta también compatible con la «materia contractual» de la que habla el artículo 7, punto 1, letra «a» del Reglamento Bruselas I-bis, a la hora de fijar la competencia judicial internacional en materia contractual. Bien entendido que, como es lógico, deberán también ambos Reglamentos concordar en las bases de lo que ha de entenderse enmarcable en el concepto autónomo «civil y mercantil» dispuesto en el art. 1 del Reglamento «Bruselas I-bis» (y en la jurisprudencia del Tribunal de Justicia de la Unión Europea —TJUE—, que lo desarrolla).

Queda fuera de Roma I, obviamente, el ámbito extracontractual, el cual viene regulado en el Reglamento que llamaremos «Roma II», 864/2007, relativo a la Ley aplicable a las obligaciones extracontractuales, el cual analizaremos después.

Al igual que Bruselas I-bis, sucede que el Reglamento Roma I, en orden a obtener dicha concordancia con el primero, deja fuera algunas materias que tradicionalmente son consideradas civiles en los ordenamientos jurídicos nacionales, como es el caso del Derecho español. Tal **exclusión** tiene su razón de ser en que, en el organigrama de la UE, las materias excluidas, si bien pertenecen al Derecho privado, tienen una regulación específica en otro Reglamento concreto, distinto de Bruselas I-bis (por ejemplo: las sucesiones, el régimen económico matrimonial o los alimentos). De modo que dichas materias quedan excluidas del concepto técnico y autónomo «civil y mercantil» de Bruselas I-bis y de Roma I. Sin perjuicio de que, asimismo, haya también materias excluidas del art. 1 de ambos Reglamentos, no por tener un Reglamento propio, sino porque son ajenas al ámbito de actuación de los Reglamentos de la UE (por ejemplo, el arbitraje o la capacidad), o se trate de cuestiones claramente ajenas al derecho civil y mercantil, como es el caso de la materia fiscal, aduanara o administrativa.

Pero, por otro lado, en el concepto civil y mercantil de la UE también hay **inclusiones** de materias que, tradicionalmente, se han venido considerando en España ajenas al Derecho civil, como los contratos individuales de trabajo, que, sin embargo, están presentes en Bruselas I-bis (artículos 20 y ss.), y, por lo tanto, lo están también en Roma I en aras a la necesaria concordancia que debe haber entre ambos Reglamentos (art. 8 de Roma I).

En cuanto a los puntos de conexión elegidos por el legislador de la UE para determinar la Ley aplicable en Roma I, presenta especial protagonismo la posibilidad de elección entre las partes de la ley aplicable al contrato. No en vano nos hallamos dentro del derecho contractual privado, que es el escenario genuino para la aplicación general del principio dispositivo o de la libre elección de las partes (considerando n.º 11 y artículo 3 de Roma I), sin perjuicio de que existan una serie de formalidades para dar validez al pacto de elección de ley aplicable, es decir, se ha tenido que categorizar suficientemente el acuerdo sobre tal elección. Así se deriva de lo dispuesto en el art. 3.1:

> «El contrato se regirá por la ley elegida por las partes. Esta elección deberá manifestarse expresamente o resultar de manera inequívoca de los términos del contrato o de las circunstancias del caso».

Seguidamente, para el supuesto de ausencia de pacto sobre la ley aplicable, o para los casos en que la elección no cumpla los requisitos del art. 3 de Roma I, se establecen una serie de criterios subsidiarios aplicables a los ocho contratos referidos en el art. 4.1 del Reglamento, en los cuales el legislador establece puntos de conexión siguiendo el criterio del lugar de residencia habitual de una de las partes o del lugar de localización:

a) Compraventa de mercancías (residencia habitual del vendedor)

b) Prestación servicios (residencia habitual del prestador)

c) Derechos reales (lugar de situación del bien)

d) Arrendamiento temporal hasta 6 meses (residencia del propietario y arrendatario).

e) Franquicia (residencia del franquiciado).

f) Distribución (residencia del distribuidor).

g) Venta por subasta (lugar de celebración).

h) Sistema multilateral financiero (se remite a la ley reguladora).

Pero, si resultase que el supuesto no estuviera comprendido entre los citados ocho contratos, o para el caso en que trate de un conjunto de derechos y obligaciones que puedan considerarse como inherentes a más de uno de los ocho contratos, la obligación contractual deberá regirse por la ley del país donde tenga su residencia habitual la parte que deba realizar «la prestación característica del contrato» (art. 4.2 Rto Roma I). Bien entendido que la prestación característica del contrato es la prestación constitutiva del eje sobre el que bascula el contrato: el centro de gravedad del contrato (considerando núm. 9), y suele ir referida a la prestación no dineraria, por presentar un especial protagonismo contractual frente a la dineraria, al resultar, normalmente, más compleja que esta (por ejemplo, en el caso de una obligación de hacer singularizable, como una escultura de autor, será preferente la obra antes que el pago de su precio, de modo que el contrato se regirá por la ley del país donde tenga su residencia habitual el escultor).

No obstante, existe una «cláusula de escape» en el art. 4.3 del Reglamento -también referida en el considerando núm. 20-, que determina que si el contrato tiene «vínculos manifiestamente más estrechos con otro país» distinto de los señalados en los art. 4.1 y 4.2, prevalecen dichos vínculos, incluso aunque se pueda situar el contrato, en principio, en alguno de los supuestos antes contemplados.

Se observa, en dicha cláusula de escape, no solo la presencia del principio de proximidad (ya determinado en el art. 4 del antiguo Convenio Roma 1980), sino la expresa voluntad del legislador de la UE de otorgar protagonismo judicial para resolver en base a razones de equidad (ponderando la apreciación de tales «vínculos manifiestamente más estrechos»: concepto amplio y de valoración judicial). Voluntad a la que nos referiremos en otras ocasiones a lo largo del libro, y que tenemos que considerar que responde a la inabarcable dispersión casuística que puede existir en un desafío normativo tan amplio como el que afronta la UE. Lo que conduce al legislador a hacer esa concesión al arbitrio judicial a través de la cláusula de escape, merced a la cual el juez europeo puede valorar la entidad de dichos vínculos (considerando núm. 16), valoración que siempre habrá de ser prudente y motivada, y que responderá al objetivo del Reglamento de propiciar la aplicación de la ley más próxima al contrato.

En definitiva, vemos que, a diferencia de lo que suele ocurrir con las normas nacionales, en nuestro caso las españolas, que operan en un marco mucho más limitado y de mayor previsibilidad, el Reglamento hace concesiones (en este caso del art. 4.3 de Roma I, pero las veremos en otros Reglamentos que abarquen Ley aplicable) al arbitrio judicial para propiciar que, en circunstancias excepcionales, se pueda redirigir el supuesto al objeto de favorecer la aplicación de la ley del lugar con el que concurran vínculos de tanta relevancia que aconsejen desplazar la previsión general de los artículos 4.1 y 4.2.

Finalmente, existe una «cláusula de cierre» en el núm. 4 de este complejo art. 4, que debe diferenciarse de la «cláusula de escape» del 4.3. Siendo, la de cierre, la que no supone un escape propiamente dicho, porque resulta de aplicación cuanto la obligación contractual no está contemplada entre los ocho contratos del art. 4.1, ni existe una «prestación característica» del art. 4.2, ni, en consecuencia, cabe aplicar la cláusula de escape del art. 4.3 (cuya finalidad es desplazar aquellos, pese a ser aplicables). En tal supuesto, será aplicable la ley del país con el que el contrato presente «vínculos más estrechos», lo que nuevamente deberá de ser determinado por el juez europeo, en una formulación igualmente diseñada para favorecer la proximidad en la elección de la ley aplicable (considerando núm. 21 del Reglamento).

Posteriormente desarrollaremos una idea de especial relevancia y que ya ha sido apuntada: la relativa a la necesidad de coherencia en la interacción entre los Reglamentos Roma I y Bruselas I-bis, así como entre estos y el Reglamento Roma II.

4.2. EL REGLAMENTO «ROMA II», SOBRE LEY APLICABLE A LAS OBLIGACIONES EXTRACONTRACTUALES

El Reglamento que determina tal cuestión es el 864/2007, sobre Ley aplicable a las obligaciones extracontractuales, conocido como «Roma II». Mostrando con él, el legislador de la UE, que ese interés unificador no solo afecta al ámbito mercantil o de consumo en el Espacio europeo de libertad, seguridad y justicia, sino que también avanza hacia nuevos horizontes normativos.

Nótese que, además de lo relevante en lo que podríamos entender como responsabilidades dimanantes de accidentes —extracontractuales—, sucede que tal concepto autónomo de «obligaciones extracontractuales» abarca también, como se indica desde la exposición de motivos de Roma II (considerando 29), los casos de enriquecimiento sin causa, la gestión de negocios ajenos y la culpa *in contrahendo* (previa al perfeccionamiento del contrato, y, por lo tanto, próxima a este pero todavía extracontractual).

Como quiera que el Reglamento que conocemos como Buque insignia abarca también esta materia en el art. 7.2, a la hora de establecer la competencia al respecto (en régimen de alternatividad con el domicilio del demandado del art. 5), si bien otorgándole Bruselas I-bis una denominación distinta: «materia delictual o cuasidelictual»; la exposición motivos de Roma II (considerando 7), nos recuerda que el ámbito de aplicación material y las disposiciones de este Reglamento deben garantizar la coherencia con el Reglamento 44/2001 (Bruselas I), predecesor de Bruselas I-bis (al que, ahora, hay que considerar como receptor de dicha referencia normativa —ver art. 80 del Rto Bruselas I-bis—).

Por otro lado, si bien la norma de conflicto relativa a la ley del lugar de la comisión del hecho (principio de la *lex loci delicti commissi*) constituye la solución básica en cuanto a la determinación de la Ley aplicable a las obligaciones extracontractuales, sin embargo, la aplicación práctica de este principio, en caso de dispersión de elementos en varios países, variará. Así se expone en el considerando 15 del Roma II, previniendo de que ello es fuente de inseguridad jurídica.

Por ejemplo, según se anticipa en la exposición de motivos, la idea bascula sobre el lugar donde se **sufre** el daño, pues el considerando 17 de Roma II afirma que *«..., en casos de lesiones personales o daño a la propiedad, el país en el que se produce el daño debe ser el país en el que se haya sufrido la lesión o se haya dañado la propiedad, respectivamente».*

Lo que nos sirve para interpretar el artículo 4 del citado Reglamento, en el que se prevé la norma general de conflicto del modo siguiente:

> «1. Salvo disposición en contrario del presente Reglamento, la ley aplicable a una obligación extracontractual que se derive de un hecho dañoso es la del país

donde se produce el daño, independientemente del país donde se haya producido el hecho generador del daño y cualesquiera que sean el país o los países en que se producen las consecuencias indirectas del hecho en cuestión».

Todo ello, bien entendido que la ley del lugar el lugar donde se sufre el daño adquiere protagonismo solo cuando hablamos de **daños directos**, no de consecuencias indirectas. Como sería el caso de los daños morales sufridos por los familiares, residentes en Rumania, del fallecido en un accidente de tráfico que tuvo lugar en Italia; de modo que el derecho a una indemnización por tales daños no será determinado por la Ley rumana, por mucho que se sufran allí, pues tales daños son **consecuencias indirectas del accidente** ocurrido en Italia, no daños directos.

En dicho sentido se pronunció el **TJUE en la sentencia de la Sala Cuarta de 10 de diciembre de 2015, C-350/14 (caso Florin Lazar).** En cuya parte dispositiva se acordó:

«El artículo 4, apartado 1, del Reglamento (CE) n.º 864/2007 del Parlamento Europeo y del Consejo, de 11 de julio de 2007, relativo a la ley aplicable a las obligaciones extracontractuales («Roma II»), debe interpretarse, a efectos de determinar la ley aplicable a una obligación extracontractual resultante de un accidente de tráfico, en el sentido de que los perjuicios relacionados con el fallecimiento de una persona en dicho accidente ocurrido en el Estado miembro del foro y sufridos por los familiares próximos de ésta que residen en otro Estado miembro deben calificarse como «consecuencias indirectas» de ese accidente, en el sentido de dicha disposición».

No obstante, el número 2 de dicho art. 4 determina que, cuando la persona cuya responsabilidad se alega y la persona perjudicada tengan su residencia habitual en el mismo país en el momento en que se produzca el daño, se aplicará la ley de dicho país (con el cual ambas partes comparten un vínculo relevante).

Y, asimismo, se aprecia una cláusula de escape cuando se establece, en el apartado 3 del citado artículo 4, que, si del conjunto de circunstancias se desprende que el hecho dañoso presenta vínculos manifiestamente más estrechos con otro país distinto del indicado en los apartados 1 o 2, se aplicará la ley de este otro país. De modo que, al igual que en el Reglamento Roma I, observamos también en Roma II que el legislador de la UE, consciente de la dificultad de establecer un régimen general válido para situaciones tan diversas y dispares como son las que afectan a 26 Estados distintos (Dinamarca también queda fuera de que, Roma II —considerando 40—), opta por conceder al juez europeo la posibilidad de determinar la aplicación de una ley distinta de las inicialmente señaladas; eso sí, motivando por qué considera que la causa presenta un vínculo manifiestamente más estrecho con otro país. Indicando el Reglamento, orientativamente, que **podría** estar basado tal vínculo en «una relación preexistente entre las partes, como por ejemplo un contrato, que esté estrechamente vinculada con el hecho dañoso en cuestión».

Así apreciamos, entre otras cosas, que de lo contractual puede derivar también en una responsabilidad extracontractual, por ejemplo, cuando se produce un accidente en el desenvolvimiento de un contrato.

4.3. LA NECESIDAD DE COHERENCIA E INTERACCIÓN ENTRE LOS TRES REGLAMENTOS: «BRUSELAS I-BIS», «ROMA I» Y «ROMA II»

En definitiva, estando el Buque insignia, Bruselas I-bis, y los buques de apoyo directo a este, Roma I y Roma II, asociados en una misma empresa: el fortalecimiento del Espacio Europeo de Justicia en materia civil y mercantil; obvio es decir que es precisa una coherencia y reciprocidad entre todos ellos, es decir, por un lado, de Bruselas I-bis con los Reglamentos Roma I y Roma II, y, a su vez, de estos dos últimos entre sí.

Tal necesidad se refleja en el considerando 7 de la exposición de motivos de ambos Reglamentos, Roma I y Roma II, estableciendo el primero (los destacados en cursiva son siempre añadidos):

> «El ámbito de aplicación material y las disposiciones del presente Reglamento deben garantizar la ***coherencia con el Reglamento (CE) n.º 44/2001*** del Consejo, de 22 de diciembre de 2000, relativo a la competencia judicial, el reconocimiento y la ejecución de resoluciones judiciales en materia civil y mercantil (5) ***(Bruselas I), y el Reglamento (CE) n.º 864/2007 del Parlamento Europeo y del Consejo, de 11 de julio de 2007, sobre la ley aplicable a las obligaciones extracontractuales (Roma II)*** (6)».

Y refiriendo, en el mismo considerando 7, el Reglamento Roma II:

> «El ámbito de aplicación material y las disposiciones del presente Reglamento deben garantizar la coherencia con el Reglamento (CE) ***n.º 44/2001*** del Consejo, de 22 de diciembre de 2000, relativo a la competencia judicial, el reconocimiento y la ejecución de resoluciones judiciales en materia civil y mercantil (5) ***(Bruselas I), y con los instrumentos que tratan sobre la ley aplicable a las obligaciones contractuales».***

Obvio es decir que las referencias en Roma I y Roma II al Reglamento 44/2001 (Bruselas I, hoy derogado por Bruselas I-bis) tienen su razón de ser en el hecho de que, al tiempo de aprobar los Reglamentos Roma I y Roma II, no había entrado aún en vigor todavía Bruselas I-bis. Pero del artículo 80 de este último se deriva que, como quiera que derogó al anterior Reglamento 44/2001 (Bruselas I), dichas referencias al Reglamento derogado se entenderán hechas al nuevo Reglamento Bruselas I-bis (para lo cual este presenta una tabla de correspondencias que figura en el anexo III del mismo).

Por otro lado, y como es lógico, tradicionalmente viene considerando el Tribunal de Justicia de la Unión Europea (TJUE), que su jurisprudencia al resolver cuestiones prejudiciales de los Reglamentos predecesores a los actuales, servirá para ilustrar la interpretación de los nuevos Reglamentos en las materias que no hayan cambiado.

Por lo tanto, la necesidad de coherencia invocada en la exposición de motivos de Roma I y Roma II respecto de Bruselas I, deberá extenderse a su sucesor, el actual Buque insignia Bruselas I-bis.

Lo mismo se deriva, por ejemplo, del considerando 36 de la sentencia del TJUE de 08/05/2019:

> «36.- Según el considerando 7 del Reglamento n.º 593/2008, el ámbito de aplicación material y las disposiciones de ese Reglamento deben ser coherentes con el Reglamento n.º 44/2001. Dado que este último quedó derogado y sustituido por el Reglamento n.º 1215/2012, este objetivo de coherencia es también aplicable respecto de este último».
>
> (Donde el Reglamento n.º 593/2008 es Roma I, el Reglamento n.º 44/2001 es el derogado Bruselas I, y el Reglamento n.º 1215/2012 es el actual Bruselas I-bis; por lo que el objetivo de coherencia se extrapola a este último).

4.4. EJEMPLOS DE PRECEDENTES JUDICIALES SOBRE LA INTERRELACIÓN ENTRE LOS REGLAMENTOS «BRUSELAS I-BIS», «ROMA I» Y «ROMA II»

a) Sentencia n.º 147/2020 de la Secc. 3.ª de la Audiencia Provincial de Palma de Mallorca, de 14/04/2020 (Pte. Sra. Calado Orejas).

Esta sentencia resuelve un supuesto en el que, una entidad que operaba como una comunidad de propietarios en Mallorca, interpuso una reclamación de cantidad derivada de impagos a la comunidad, en la que se había opuesto en primera instancia la falta de competencia por tener el demandado, miembro de la referida comunidad, su domicilio en Austria, estando también en liza la Ley aplicable al fondo del asunto. Pudiendo extraer, de dicha resolución, las conclusiones siguientes:

- El Reglamento Bruselas I-bis es aplicable para determinar la competencia judicial internacional al no estar dicha materia (cobro de créditos de una comunidad de propietarios) excluida del marco civil y mercantil del citado Reglamento, por así derivarse de su art. 1, que viene a establecer las bases del **concepto autónomo** civil y mercantil (propio de la UE).
- Por su parte, de los artículos 4.1, 5.1 y 7. 1. a) de Bruselas I-bis, se deriva una competencia judicial internacional **alternativa, es decir,**

a elección del demandante, entre el domicilio del demandado o el lugar de cumplimiento de la obligación.

- Con relación a la ley aplicable: el art. 4 de Roma I determina, como ley aplicable a falta de elección, que: «b) el contrato de prestación de servicios se regirá por la ley del país donde el prestador del servicio tenga su residencia habitual»; lo que nos sitúa en la Ley española.
  - El Reglamento Roma I abarca, en materia contractual, las obligaciones derivadas de comunidades de propietarios, porque no se excluyen de dicho Reglamento en su art. 1 (concordando así con el art. 1 del Reglamento Bruselas I-bis), y, además, tienen naturaleza contractual, según se deriva la sentencia del TJUE (Sala Primera) de 8 de mayo de 2019.

Decía, en concreto, la citada sentencia de la Audiencia provincial de Baleares, en lo que ahora interesa, lo que se trascribirá (los destacados en cursiva son siempre añadidos):

> «La apelante reproduce en su recurso de apelación los mismos motivos que fundamentaron su oposición al procedimiento monitorio.
>
> En primer término aduce la falta de competencia del Juzgado de Primera instancia n.° 18 de Palma por tener su domicilio en Austria, y conforme al artículo 813 de la L.E.C. el juzgado competente es el del domicilio o residencia del deudor.
>
> ***En orden a establecer la competencia judicial internacional de los Tribunales españoles, cabe citar el "Reglamento Bruselas I bis", es decir, el "REGLAMENTO (UE) N.° 1215/2012 DEL PARLAMENTO EUROPEO Y DEL CONSEJO de 12 de diciembre de 2012 relativo a la competencia judicial, el reconocimiento y la ejecución de resoluciones judiciales en materia civil y mercantil (refundición)".*** Reglamento cuyos artículos 4.1 y 5.1, en materia de régimen general de Competencia, establecen:
>
> "Artículo 4. 1. Salvo lo dispuesto en el presente Reglamento, las personas domiciliadas en un Estado miembro estarán sometidas, sea cual sea su nacionalidad, a los órganos jurisdiccionales de dicho Estado. "
>
> ***"Artículo 5.1. Las personas domiciliadas en un Estado miembro solo podrán ser demandadas ante los órganos jurisdiccionales de otro Estado miembro en virtud de las normas establecidas en las secciones 2 a 7 del presente capítulo.*** " Disponiendo el artículo 7, sobre "Competencias especiales":
>
> "Artículo 7
>
> Una persona domiciliada en un Estado miembro podrá ser demandada en otro Estado miembro: 1) a) en materia contractual, ***ante el órgano jurisdiccional del lugar en el que se haya cumplido o deba cumplirse la obligación que sirva de base a la demanda;***
>
> b) a efectos de la presente disposición, y salvo pacto en contrario, dicho lugar será:
>
> - cuando se trate de una compraventa de mercaderías, el lugar del Estado miembro en el que, según el contrato, hayan sido o deban ser entregadas las mercaderías,

- cuando se trate de una prestación de servicios, el lugar del Estado miembro en el que, según el contrato, hayan sido o deban ser prestados los servicios;

c) cuando la letra b) no sea aplicable, se aplicará la letra a); "

Es decir, existe para la actora una competencia judicial internacional alternativa, entre el domicilio del demandado o el lugar de cumplimiento de la obligación, que, en consecuencia, le permite accionar en el lugar del cumplimiento de la obligación, España. Y, dentro de España, la competencia territorial interna la determinan los artículos que citábamos más arriba.

Bien entendido que la materia contractual abarca ***las obligaciones derivadas de comunidades de propietarios, pues no se excluyen de dicho Rto. Bruselas I bis (art. 1), y, además, tienen naturaleza contractual, pues así se pronuncia, por ejemplo, la sentencia del TJUE (Sala Primera) de 8 de mayo de 2019 (ECLI:EU:C:2019:376),*** que dispuso en su Fallo, que el citado artículo, 7, punto 1, letra a), del Reglamento (UE) n.º 1215/2012 "debe ser interpretado en el sentido de que ha de considerarse que un litigio que tiene por objeto una obligación de pago derivada de un acuerdo de la junta general de propietarios de un inmueble en régimen de propiedad horizontal que carece de personalidad jurídica y que ha sido constituida especialmente por la ley para ejercer ciertos derechos, que ha sido aprobado por la mayoría de sus miembros pero que vincula a todos sus miembros, ***pertenece a la esfera de la 'materia contractual', en el sentido de esta disposición"».***

Resolución que, en definitiva y como hemos visto, trae causa de la **sentencia del Tribunal de Justicia UE (Sala Primera) de 8 de mayo de 2019**, resolviendo una cuestión prejudicial que afectaba al Reglamento Bruselas I-bis en relación con la competencia en materia contractual y su extensión a un acuerdo de la junta general de propietarios de un inmueble en orden al pago de cuotas anuales, y ello en relación con la ley aplicable a las obligaciones contractuales reguladas en el Reglamento Roma I (n.º 593/2008), que, en su artículo 4, apartado 1, letras b) y c), establece las categorías de "contrato de prestación de servicios" y de "contrato que tenga por objeto un derecho real inmobiliario", en orden a situar la ley aplicable. Exponiendo el TJUE lo que se transcribirá seguidamente, sobre el carácter asimilable a lo contractual de la obligación nacida de un acuerdo de una comunidad de propietarios (los destacados en cursiva son añadidos):

«27.- Pues bien, como señaló la Abogado General en el punto 54 de sus conclusiones, si bien es cierto que la participación en una comunidad de propietarios viene exigida por la ley, ***no lo es menos que los detalles de la administración de los elementos comunes del inmueble de que se trate están, en su caso, regulados contractualmente y que la adhesión a la comunidad se realiza mediante la adquisición voluntaria de una vivienda junto con la correspondiente cuota de participación en los elementos comunes del inmueble,*** de forma que una obligación de los propietarios respecto de la comunidad, como la que es objeto del litigio principal, debe ser considerada una obligación jurídica libremente asumida, en el sentido de la jurisprudencia citada en el anterior apartado 25.

28.- La circunstancia de que esta obligación resulte exclusivamente de este acto de adquisición o que se genere como consecuencia del mismo y de un acuerdo aprobado por la junta general de propietarios de dicho inmueble ***carece de relevancia a efectos de la aplicación del artículo 7, punto 1, letra a), del Reglamento n.º 1215/2012 a un litigio relativo a dicha obligación*** (véase, por analogía, la sentencia de 22 de marzo de 1983, Peters Bauunternehmung, 34/82, EU:C:1983:87, apartado 18).

Y, finalmente, el Tribunal de Justicia integra la aplicación de ambos Reglamentos complementarios (Bruselas I-bis y Roma I) en el modo en que se ha venido exponiendo en esta monografía, declarando en la parte dispositiva de la citada sentencia (destacados en cursiva añadidos):

1) ***El artículo 7, punto 1, letra a), del Reglamento (UE) n.º 1215/2012 del Parlamento Europeo y del Consejo, de 12 de diciembre de 2012***, relativo a la competencia judicial, el reconocimiento y la ejecución de resoluciones judiciales en materia civil y mercantil, ***debe ser interpretado en el sentido de que ha de considerarse que un litigio que tiene por objeto una obligación de pago derivada de un acuerdo de la junta general de propietarios de un inmueble en régimen de propiedad horizontal*** que carece de personalidad jurídica y que ha sido constituida especialmente por la ley para ejercer ciertos derechos, que ha sido aprobado por la mayoría de sus miembros pero que vincula a todos sus miembros, ***pertenece a la esfera de la «materia contractual», en el sentido de esta disposición.***

2) ***El artículo 4, apartado 1, letra b), del Reglamento (CE) n.º 593/2008 del Parlamento Europeo y del Consejo, de 17 de junio de 2008, sobre la ley aplicable a las obligaciones contractuales (Roma I)***, debe interpretarse en el sentido de que un litigio, como el planteado en el asunto principal, que tiene por objeto una obligación de pago resultante de un acuerdo de la junta general de propietarios de un inmueble en régimen de propiedad horizontal, relativo a los gastos de mantenimiento de los elementos comunes de ese inmueble, ***debe ser considerado un litigio referido a un contrato de prestación de servicios, en el sentido de esa disposición»***.

b) Auto n.º 66/2020 de la Sección 3.ª de la Audiencia Provincial de Palma de Mallorca, de 18/03/2020 (Pte. Sra. González López).

Otro ejemplo de interrelación, en este caso de los Reglamentos Bruselas I-bis y Roma II, lo podemos encontrar en el este auto. En dicho procedimiento se dilucidaba una cuestión de jurisdicción de los tribunales españoles frente a una alegación de inmunidad, y, en lo que ahora nos interesa, se cuestionaba también la competencia judicial internacional del tribunal español (declinatoria de jurisdicción) ante una **acción de enriquecimiento sin causa** (de naturaleza extracontractual según el Reglamento Roma II) por la construcción, por la entidad mercantil demandada (domiciliada en Mallorca), de dos hoteles en terrenos en su día confiscados a la actora por aplicación de ley cubana. Habiéndose invocado por la demandada, entre otras cosas, que se trataba de acciones de naturaleza real, por lo que la competencia ex art. 24.1 de Bruselas I-bis y 22 de la LOPJ (competencias exclusivas o imperativas) sería la del Estado en el que se hallan los inmuebles (Cuba).

La Sala revocó el auto de primera instancia, que era estimatorio de la declinatoria, considerando que no concurría cuestión de inmunidad por no dirigirse la demanda contra el Estado cubano, y, en cuanto a la competencia judicial internacional, se concluyó que era del tribunal español, y ello en base a los argumentos que se resumirán:

- La acción ejercitada no era, como pretendía la parte demandada al objeto de remitir la competencia a los tribunales cubanos, de naturaleza real, sino que se trataba de una **acción personal** de indemnización por daños y perjuicios por enriquecimiento sin causa. Por lo que no se podía excluir la competencia de los tribunales españoles invocando la competencia imperativa o exclusiva del lugar del inmueble ex art. 24.1 del Reglamento Bruselas I-bis.
- Adviértase, en dicho sentido, que, además, el art. 24 de Bruselas I-bis al regular competencias imperativas o exclusivas, merece una interpretación restrictiva, como, de hecho, es propio de todas las normas que constituyen excepciones singularizadas (en este caso competenciales), y no una interpretación extensiva en detrimento de los foros de competencia general del domicilio del demandado o de los que con este concurren como foros alternativos contractuales o extracontractuales. Debiéndose limitar la excepción competencial imperativa a los casos en los que el objeto de debate litigioso afecta propiamente a la titularidad del derecho real o a las facultades que se derivan del mismo.

No obstante, a título ilustrativo es conveniente abrir aquí un paréntesis para hacer las reflexiones siguientes:

- En este caso, el art. 24.1 del Reglamento Bruselas I-bis hubiera desplazado —de haber resultado aplicable— al artículo 22.1 de la LOPJ, que, en materia de acciones reales, estable lo mismo: la competencia del juez del lugar del inmueble. Lo que constituye un ejemplo del antedicho **carácter residual** de las normas nacionales frente a los Reglamentos. Siendo ello así porque la aplicación del Reglamento, en estos casos de competencias imperativas o exclusivas, no está vinculada a que el domicilio del demandado esté en la UE (criterio general de aplicación del Rto Bruselas I-bis), al tratarse de un foro competencial objetivo e inmutable derivado de la localización inmobiliaria.
- Cabe añadir, en tal sentido, el considerando 14 de la exposición de motivos del Reglamento Bruselas I-bis, en el que se nos dice que «(14) Todo demandado que no esté domiciliado en un Estado miembro debe estar sometido, por regla general, a las normas nacionales sobre competencia judicial aplicables en el territorio del Estado miem-

bro del órgano jurisdiccional que conozca del asunto». De donde se infiere que, a *contrario sensu*, si el demandado sí está domiciliado en un Estado miembro, sí estará sometido al Reglamento. Pero, según añade el citado considerando, estableciendo excepciones a tal norma general (destacado en cursiva añadido):

> «No obstante, para garantizar la protección de los consumidores y los trabajadores, salvaguardar la competencia de los órganos jurisdiccionales de los Estados miembros en situaciones en las que gozan de ***competencia exclusiva***, y respetar la autonomía de las partes, determinadas normas sobre competencia judicial contempladas en el presente Reglamento deben aplicarse con independencia del domicilio del demandado».

- Es decir, existen excepciones en las que puede ser de aplicación Bruselas I-bis, aunque el domicilio del demandado no esté en la UE, que son las siguientes: los foros imperativos (como los relativos a los derechos reales), los foros proteccionistas (consumidores, trabajadores y derivados del contrato de seguro) y los foros pactados (estos últimos cuando quepa tal pacto).

Volviendo al auto analizado, para determinar la competencia en la citada declinatoria de jurisdicción, se había de atender a la competencia alternativa entre el domicilio del demandado (Mallorca) y el lugar de producción del hecho dañoso (Cuba), ex arts. 4, 5 y 7.2 de Bruselas I-bis (el enriquecimiento injusto se enmarca en lo que el artículo 7. 2 del Reglamento denomina «materia delictual o cuasidelictual», siendo doctrina reiterada del Tribunal de Justicia que el concepto comprende toda pretensión con la que se exija responsabilidad de un demandado y no esté relacionada con «materia contractual»: TJUE: sent. C-548/12 de 13/03/14; y C-572/14 de 21/04/16 —es decir, viene a abarcar lo que, a nivel nacional, calificaríamos de responsabilidad civil extracontractual—).

- Y, respecto de la Ley aplicable al fondo, debemos invocar el art. 2.1 de Roma II, dado que, en lo relativo a las obligaciones extracontractuales, se afirma (destacado en cursiva añadido):

> «1. A los efectos del presente Reglamento, se entenderá por «daños» todas las consecuencias resultantes de un hecho dañoso, ***el enriquecimiento injusto***, la gestión de negocios o la culpa in contrahendo».

Decía, en concreto, el citado auto de la Audiencia Provincial de Palma de Mallorca de fecha 18/03/2020 (destacados en cursiva añadidos):

> «Afirmada la Jurisdicción, debe analizarse la competencia internacional también negada en la resolución apelada. Como se anticipaba, la resolución apelada excluye la competencia de los órganos judiciales españoles por ejercitarse en la demanda una acción de naturaleza real que afecta a un bien sito en Cuba y por ostentar carácter real la pretensión de liquidación de un estado posesorio. Partiendo de esas conside-

raciones, hace aplicación del artículo 24 del Reglamento 1215/2012 en el que, como excepción al fuero general de competencia internacional basado en el domicilio del demandado, se atribuye competencia exclusiva en materia de derechos inmobiliarios a los órganos jurisdiccionales del Estado miembro donde el inmueble se halle sito.

Para determinar la normativa aplicable a la pretensión actora se hace necesario calificar la acción que se ejercita. Y ello debe hacerse partiendo de las normas aplicables a un objeto que trasciende el ámbito nacional en tanto que los daños cuya reparación se reclama en la demanda tienen origen en la explotación de hoteles en Cuba. ***El Reglamento (UE) 1215/2012 del Parlamento Europeo y del Consejo, de 12 de diciembre de 2012, relativo a la competencia judicial, el reconocimiento y la ejecución de resoluciones judiciales en materia civil y mercantil, establece en su artículo 4 como fuero general de competencia el del domicilio del demandado. Se justifica esa norma general en su considerando (15) señalando que "Las normas de competencia judicial deben presentar un alto grado de previsibilidad y deben fundamentarse en el principio de que la competencia judicial se basa generalmente en el domicilio del demandado. La competencia judicial debe regirse siempre por este principio, excepto en algunos casos muy concretos en los que el objeto del litigio o la autonomía de las partes justifique otro criterio de conexión.*** Respecto de las personas jurídicas, debe definirse el domicilio de manera autónoma para incrementar la transparencia de las normas comunes y evitar los conflictos de jurisdicción". Como excepción a ese principio se recoge en su artículo 24 la competencia exclusiva que se ha aplicado en la resolución apelada. ***La aplicación de la norma supranacional obliga a que su interpretación se ajuste a los órganos de ese mismo ámbito, en particular a las resoluciones del Tribunal de Justicia de la Unión Europea al que corresponde garantizar el respeto del derecho en la interpretación y aplicación de los Tratados según prevé el artículo 19 del Tratado de la Unión Europea. El Tribunal interpreta restrictivamente las normas específicas de competencia que se apartan del fuero general, y, en particular, en materia de derechos reales, ha declarado reiteradamente que la competencia exclusiva que establece el artículo 24.1 del Reglamento 1215/2012 no engloba la totalidad de las acciones relativas a derechos reales inmobiliarios, sino únicamente aquéllas que se incluyan en el ámbito de aplicación del citado Reglamento.*** Es necesario que la acción se encuentre, por una parte, entre las que tienden a determinar el alcance, la consistencia, la propiedad, la posesión de un bien inmueble o la existencia de otros derechos reales sobre esos bienes y, por otra, a garantizar a los titulares de tales derechos la protección de las prerrogativas que les atribuye su título (sentencias de 3 de abril de 2014, Weber, C- 438/12, EU:C:2014:212 , apartado 42, de 17 de diciembre de 2015, Komu y otros, C- 605/14, EU:C:2015:833 , apartado 26, y de 16 de noviembre de 2016, Schmidt, C- 417/15 , EU:C:2016:881, apartado 30). ***No es suficiente, en consecuencia, que la acción afecte a un derecho real inmobiliario o tenga relación con un bien inmueble para determinar la competencia del tribunal del Estado miembro donde se halla el inmueble, sino que es necesario que la acción se base en un derecho real y no en un derecho personal (sentencia de 16 de noviembre de 2016, Schmidt, C-417/15, EU:C:2016:881, apartado 34).***

Partiendo de esas consideraciones, no puede atribuirse carácter real a la pretensión de la parte actora. No afecta a ninguno de los derechos que determinan la aplicación del fuero exclusivo tal como es interpretado por el Tribunal de Justicia, sino que se sustenta en un eventual enriquecimiento ilícito que se imputa a la parte demandada por la explotación de determinados establecimientos sitos en los terrenos que se "confiscaron". ***La naturaleza de esa acción determina que deba atribuirse a los órganos españoles competencia para conocer de ella. El Reglamento (CE) n.º 864/2007 del Parlamento Europeo y del Consejo, de 11 de julio de 2007, relativo a la ley aplicable a las obligaciones extracontractuales («Roma II»), en su artículo 2, entiende por "daño" las consecuencias resultantes, entre otros, del enriquecimiento injusto. Se trata ésta de materia comprendida en el ámbito de aplicación del Reglamento 1215/2012 al no figurar entre las que se relacionan como excluidas en su artículo 2. El enriquecimiento injusto se enmarca en lo que el artículo 7. 2) del Reglamento denomina "materia delictual o cuasidelictual", siendo doctrina reiterada del Tribunal de Justicia que el concepto comprende toda pretensión con la que se exija responsabilidad de un demandado y no esté relacionada con "materia contractual" (sentencias de 27 de septiembre de 1988, Kalfelis, 189/87, EU:C:1988:459, apartados 17 y 18; de 13 de marzo de 2014, Brogsitter, C-548/12, EU:C:2014:148 , apartado 20; de 21 de abril 2016, Austro-Mechana, C-572/14 , EU:C:2016:286 , apartado 32, y de 16 de junio de 2016, Universal Music International Holding, C-12/15 , EU:C:2016:449 , apartado 24). Conforme a ello, resulta de aplicación el fuero general representado por el domicilio del demandado (artículo 4 del Reglamento 1215/2012) y el fuero alternativo representado por el lugar en que se haya producido o pueda producirse el hecho dañoso (artículo 7.2).***

.../...

En consecuencia, habiendo optado la parte actora de entre los fueros posibles por el correspondiente al domicilio de la parte demandada, debe declararse la competencia de los órganos judiciales españoles».

4.5. ABUNDANDO EN EL CARÁCTER UNIVERSAL DE LOS REGLAMENTOS SOBRE LEY APLICABLE Y LA CONSECUENTE RESIDUALIDAD DEL DERECHO INTERNO

Ciertamente, en el anterior ejemplo y centrándonos ahora, no en la competencia judicial internacional, sino en la Ley aplicable al fondo del asunto, se evidencia directamente tal proyección universal del Reglamento Roma II, que lo hace aplicable a cuestiones transnacionales que implican, a nivel de conflicto de leyes de Derecho internacional privado, al Estado español con terceros Estados ajenos a la UE (en este caso Cuba), lo que aboca a una función residual a las leyes internas —normas de conflicto del Código Civil—, que son desplazadas por la proyección universal del Reglamento en cuestión.

En definitiva, Roma II desplaza al Código Civil (art. 10.9 CC sobre Ley aplicable a obligaciones extracontractuales), conclusión que se deriva del artículo «3» del Reglamento citado:

> «Artículo 3: Carácter universal. La ley designada por el presente Reglamento se aplicará aunque no sea la de un Estado miembro».

De donde se infiere que Roma II es empleado para determinar Ley aplicable con carácter universal, es decir, también en las cuestiones transfronterizas entre un Estado de la UE y un tercer Estado ajeno a la UE, desplazando así a la normativa nacional (en nuestro caso el Código Civil).

Adviértase, en dicho sentido, que la misma conclusión de universalidad es aplicable a otros Reglamentos que regulan Ley aplicable, como lo son, por ejemplo: Roma I, el Reglamento de Alimentos o el de Sucesiones. De donde se deriva la conclusión relativa a que el legislador de la UE, como ocurre también habitualmente con los convenios internacionales sobre Ley aplicable, no quiere dispersar los puntos de conexión sobre ley aplicable en función del Estado en liza, sino unificar el criterio para conceder mayor coherencia y seguridad jurídica al Derecho Internacional Privado, en este caso de la Unión Europea, al proyectar sus efectos *ad intra* y *ad extra*.

4.6. LA APLICACIÓN DE OFICIO, POR LOS TRIBUNALES ESPAÑOLES, DE LOS REGLAMENTOS DE LA UE

Los Reglamentos de la UE, ya regulen Competencia judicial internacional, Ley aplicable o Reconocimiento y ejecución, tiene proyección de *ius cogens* u orden público, que, entre otros aspectos, supone que los juzgados y tribunales no tienen que esperar a que se invoquen los Reglamentos por las partes, sino que dicha naturaleza determina su **aplicabilidad de oficio.**

Así se prevé, por ejemplo, en el art. 12.6 el Código Civil (respecto de la Ley aplicable), bien entendido que las normas de conflicto de los Reglamentos se han convertido en normas de conflicto que, por extensión, pertenecen ya al Derecho español en su vertiente de la UE.

Esta idea está ilustrada en plural jurisprudencia de nuestro Tribunal Supremo. Por ejemplo, en la **sentencia de la Sala 1.ª, dictada con el núm. 477/2017, de fecha 20/07/2017 (Pte. Sr. Saraza Jimena)**, de la que se deriva que los criterios de aportación de la prueba del derecho extranjero (entendido como derecho sustantivo —*lex causae*—, de aportación de parte ex arts. 281.2 de la LEC y 33 de la LCJIMC) no se extienden a la aplicación de las propias normas de conflicto (Reglamentos). Dice el TS, en tal sentido, que:

> «...el informe del experto inglés sobre el contenido del Derecho inglés solo puede tomarse en consideración con relación al contenido de este Derecho extran-

jero en caso de que el tribunal español considere que la norma de conflicto remite a la aplicación de ese Derecho extranjero».

Concluyendo que la aplicación de las normas de conflicto, sean las de Derecho interno, de Derecho europeo (Reglamentos) o de Derecho derivado de convenios o tratados suscritos por España, no son ya propiamente Derecho extranjero al haber quedado incorporadas a nuestro ordenamiento jurídico, por lo que, en todos los casos, participan del principio contenido en el art. 12.6 el Código Civil (CC), que establece que «Los Tribunales y autoridades aplicarán de oficio las normas de conflicto del Derecho español».

Bien entendido que los Reglamentos Roma I y Roma II regulan normas de conflicto, pero no incluyen en su texto, obviamente, la redacción de la *lex causae* a aplicar, es decir, no incorporan el derecho sustantivo concreto aplicable al fondo, sino que pautan el modo en que deberá elegirse uno u otro derecho sustantivo de los que se hallan en liza. De donde se infiere que ese mandato (más allá incluso del principio *iura novit curia*) de la aplicación de oficio de las normas de conflicto —ex art. 12.6 del CC—, se refiere a la determinación de qué derecho es el que deberá finalmente ser aplicable al fondo del asunto, es decir, el Derecho español o el Derecho extranjero. Pero, de ser este último el aplicable, la prueba del Derecho sustantivo extranjero (*lex causae*) sigue estando derivada a la iniciativa de la parte que lo alega, por así determinarlo los artículos 33.3 de la LCJIMC y 281.2 de la LEC.

4.7. EJEMPLOS DE SENTENCIAS DE TRIBUNALES ESPAÑOLES APLICANDO EL PRINCIPIO DE UNIVERSALIDAD DERIVADO DE LOS REGLAMENTOS Y CONVENIOS SOBRE LEY APLICABLE

a) Sentencia del Tribunal Supremo, Sala de lo Civil, núm. 578/2021, de fecha 27/07/2021 (Pte. Sr. Díaz Fraile).

Esta sentencia resuelve sobre una cuestión de compraventa de participaciones en la que, entre otros aspectos, el Tribunal español debía analizar la ley sustantiva aplicable a un contrato transnacional en el que había que dilucidar si resultaba aplicable al caso el Derecho chino o el hongkonés, en función de la validez o nulidad del pacto de sumisión expresa a este último contenida en el contrato de compraventa de las participaciones sociales.

La sentencia recuerda, por un lado, que el objeto de la prueba del derecho extranjero no son las normas de conflicto (que no son extranjeras, aunque estén contenidas en un convenio o un Reglamento de la UE), sino el derecho sustantivo extranjero aplicable al fondo.

Y, en orden a determinar este y, en concreto, para analizar la validez del pacto sobre ley aplicable, el Tribunal Supremo recuerda la universalidad del Reglamento Roma I, **conforme a su art. 2; estableciendo dicho instrumento las normas de conflicto a seguir**, de modo que este régimen conflictual ha desplazado a las normas de conflicto internas del propio Derecho español, contenidas en este caso en el art. 10.5 del Código Civil. Decía, en concreto, el Tribunal Supremo (destacados en cursiva añadidos):

> ***«4.- El Reglamento Roma I se aplica a "las obligaciones contractuales en materia civil y mercantil en las situaciones que impliquen un conflicto de leyes" (art. 1) y su ámbito de aplicación es universal (erga omnes), en el sentido de que, conforme a su art. 2, "la ley designada por el presente Reglamento se aplicará, aunque no sea la de un Estado miembro". A su vez, el art. 3.1 establece un régimen de autonomía de la voluntad conflictual o libertad de elección para la determinación de la ley aplicable:***
>
> .../...
>
> 5.- Conforme a este régimen conflictual, que dentro de su ámbito material de aplicación ha desplazado en el Derecho español al art. 10.5 CC citado en el motivo, no cabe objetar la elección de la ley hongkonesa, como ley aplicable, que in casu hicieron las partes en el contrato de compraventa de las participaciones sociales controvertidas (lex contractus), especialmente si se tiene en cuenta que las dos sociedades compradoras, .../... son de nacionalidad hongkonesa».

b) Sentencia de la Sala de lo Social del Tribunal Supremo, Sala 4.ª, de fecha 20/11/1998 (Pte. Sr. González Peña).

En ella se resolvía un recurso de casación para unificación de doctrina; habiéndose hecho ya referencia a esta resolución a la hora de analizar estrictamente la competencia judicial internacional (ex LOPJ), como materia diferenciada de la Ley aplicable al fondo (vía Reglamento Roma I). Ahora, no obstante, se centra su análisis en sus reflexiones sobre el carácter universal del Reglamento Roma I.

Así, esta sentencia analiza la Competencia judicial internacional y la Ley aplicable en un asunto social —laboral— que, como sabemos, está dentro del concepto civil y mercantil del Reglamento Bruselas I-bis, recuerda así la necesidad de diferenciar entre la Competencia judicial internacional (regulada por dicho Reglamento, pero inaplicable al litigio transfronterizo España-Argentina; por lo que se aplica en sede competencial la norma interna de la LOPJ) y la Ley aplicable.

Reiterada esa explicación diferencial, y en lo que a este epígrafe interesa —ley aplicable—, la sentencia recuerda el carácter universal del Convenio de Roma de 1980 sobre ley aplicable, que luego pasó al Reglamento Roma I, que derogó aquel. Exponiendo el TS, con referencia a su anterior sentencia de 29-9-1998, rec. 4796/1997, que el Convenio de Roma —vigente en España, a partir de su publicación en el BOE de 19 de julio de 1993— rige con carácter universal y determina la ley que ha de informar una relación jurídica que tiene puntos de conexión con legislaciones de diferentes Estados, aunque sean ajenos a la UE. Esta regulación, conforme a su artículo 2, es de aplicación preferente, incluso si la ley designada por el Reglamento es la de un Estado no contratante (como es el caso de Argentina), de modo que, las normas de Derecho internacional privado contenidas en el capítulo IV del Título Preliminar del Código Civil, pasan a tener un carácter residual y solamente son aplicables a las modalidades contractuales no comprendidas en el Convenio de Roma (art. 1.1) y a los contratos otorgados con anterioridad a su entrada en vigor (pudiendo presentar también aplicación en el ámbito interno, en las cuestiones transregionales).

Decía, en concreto, el Tribunal Supremo en dicha sentencia, remitiéndose a lo ya resuelto en la sentencia de la misma Sala dictada el día 29 de septiembre de 1998, en la que se contemplaba un supuesto idéntico, lo siguiente: (destacados en cursiva añadidos):

> ***«La referida sentencia indica literalmente: "Como se ha dicho, existe un error de partida. El Convenio de Roma —vigente en España, a partir de su publicación en el BOE de 19 de julio de 1993— regula con carácter universal y determina la ley que ha de regir una relación jurídica que tiene puntos de conexión con legislaciones de diferentes estados. Esta regulación, conforme a su artículo 2, es de aplicación preferente, incluso si la ley designada por el mismo es la de un Estado no contratante, de modo que, las normas de derecho internacional privado contenidas en el capítulo IV del Título Preliminar del Código Civil, pasan a tener un carácter residual y solamente son aplicables a las modalidades contractuales no comprendidas en el Convenio de Roma (art. 1.1) y los contratos otorgados con anterioridad a su entrada en vigor.*** De este modo y manera el contrato establece, entre otras, normas generales sobre la ley aplicable al fondo del contrato —ley elegida por las partes o, en su defecto, la ley del país con el que presenta vínculos más estrechos (artículo 3 y 4)—, sobre la forma (art. 9), y una norma específica relativa al contrato de trabajo —ley de elección, y, en su defecto, ley del país en el que habitualmente realice normalmente su trabajo, o, subsidiariamente, ley del país en que se encuentre el establecimiento que haya contratado al trabajador, (artículo 6)—. En definitiva, el contenido y objeto del convenio es determinar en una relación jurídica obligacional, cuyos elementos están dispersos en el espacio, donde se encuentra el centro de gravedad de la relación y la ley que debe ser aplicada, lo cual nada tiene que ver con la jurisdicción que debe conocer y aplicar la ley así elegida».

c) Sentencia del Tribunal Superior de Justicia, Sala de lo Social, de Las Palmas de Gran Canaria, núm. 431/2003, de fecha 21/03/2003 (Pte. Sr. Guadalupe Hernández).

Esta sentencia resolvía una cuestión laboral transnacional que afectaba a una empresa española frente a una empresa ajena a la UE, concretamente era una empresa extranjera senegalesa, ambas del sector pesquero, en relación con un trabajador. Recordando, una vez más, que el Convenio de Roma de 1980 (y, hoy día, el Reglamento Roma I, que trae causa de aquel), desplazan la aplicación de las normas de Derecho Internacional Privado contenidas en el Código Civil y en el Estatuto de los Trabajadores.

Exponiendo la citada sentencia del TSJ de Las Palmas de Gran Canaria, lo que se transcribirá (destacados en cursiva añadidos):

«Hechas estas precisiones al objeto de destacar la problemática que el sector pesquero, y en concreto las sociedades mixtas plantean en relación con el derecho aplicable al contrato de embarque, y para, además, destacar la existencia de una clara tendencia orientada a conseguir la aplicación de la legislación más ventajosa desde el punto de vista social, que se trata de evitar con la finalidad de reducir costos empresariales, y que además, suele ser la del trabajador (en este caso la española; procede entrar en el examen del motivo, y en concreto en la cuestión de la determinación de la norma sustantiva aplicable al conflicto suscitado.

La parte recurrente cita los artículos 1.4 y 1.5 del Estatuto de los Trabajadores y el 10 y el 12 del Código Civil, para negar la aplicación de la legislación española.

Ello obliga a la Sala a clarificar el marco normativo en el que hemos de manejarnos con el fin de localizar el ordenamiento estatal que estará llamado a regular el fondo del contrato en cuestión. Para ello, nada mejor que transcribir el precepto de nuestro ordenamiento que resuelve dicho problema desde 1.993, año en el que España ratificó el Convenio de Roma de 1.980, sobre la Ley aplicable a las obligaciones contractuales. Se trata del artículo 2 del mismo, donde se establece con toda claridad el carácter erga omnes o universal del dicho texto convencional cuando dice: "La Ley designada por el presente convenio se aplicará incluso si tal Ley es la de un Estado no contratante".

Ello supone el actual desplazamiento de las normas que componen nuestro sistema de Derecho Internacional privado interno en la materia en la gran mayoría de ocasiones (los artículos 10.6 del Código Civil y 1.4 del Estatuto de los Trabajadores). De este modo, siempre que nos encontremos en el ámbito de aplicación del texto convencional no cabrá la remisión a otros preceptos distintos de los del propio Convenio de Roma de 1.980».

d) Sentencia de la Audiencia Provincial de Barcelona, Secc. 12.ª, Civil, de fecha 03.03.04.

Esta sentencia también nos evidencia el carácter universal de los Reglamentos sobre Ley aplicable, dado que, en una cuestión transnacional en la que las partes estaban implicadas y que afectaba a la República Dominicana, por un lado, y a España por otro, y donde se planteaba ante la Sala el supuesto error en la aplicación del Derecho sustantivo extranjero, la Audiencia Provincial estimó la petición exponiendo lo siguiente:

«En igual sentido hay que aplicar otras Normas de Derecho Internacional Privado, al que nuestro Ordenamiento se remite. Nos referimos al Tratado Internacional del Convenio de Montevideo de 8 de Mayo de 1979, suscrito por España y Colombia (sobre prueba e información del Derecho Extranjero aplicable), y sobre todo al Convenio de 19 de Junio de 1980, denominado Convenio de Roma, con su declaración de "carácter universal" relativa a que la Ley aplicable a las obligaciones contractuales, se aplicarán incluso a un ESTADO no contratante (art. 2)».

Recapitulando en dichas resoluciones, todas ellas ilustran la idea de que el Reglamento Roma I, y el instrumento anterior, del que trae causa: Convenio de Roma de 1980 sobre Ley aplicable a las obligaciones contractuales, desplazan la aplicación de las normas nacionales de Derecho Internacional Privado, ya sean del Código Civil, ya del Estatuto de los Trabajadores. Lo que convierte a tales normas internas en residuales, únicamente aplicables a supuestos transnacionales excluidos del marco de aplicación del Reglamento Roma I (véanse exclusiones de su aplicación en su art. 1 núm. 1, párrafo 2.°, y núm. 2), así como a eventuales conflictos normativos interregionales entre distintas Autonomías españolas (art. 22.2 del Reglamento).

Interesa destacar, ya que hemos hecho referencia a las exclusiones del art. 2 de Roma I, que el número 3.° de este artículo consagra el principio *lex fori rige processum*, varias veces nombrado ya en esta monografía, al afirmar que: «3. El presente Reglamento no se aplicará a la prueba ni al proceso, sin perjuicio del artículo 18».

Siendo, las excepciones del citado art. 18 del Reglamento, las relativas a las normas sobre distribución de la carga de la prueba o de presunciones probatorias, así como a los medios de acreditación de los contratos o los actos jurídicos, que, en la redacción del art. 11, vienen ilustrados por la idea *favor contractus* (también presente en nuestro Derecho interno y que pretende favorecer un razonable buen fin del concurso de voluntades emitidas dentro del marco formal empleado por las partes).

Apreciándose, en tales excepciones, que se trata de materias no propiamente procesales, sino a caballo entre lo procesal y lo sustantivo; por lo tanto, es compresible que hayan sido constituidas como excepciones en orden a favorecer la virtualidad de la aplicación del derecho extranjero constitutivo de la *lex causae*, al que no puede desnudarse de sus normas relevantes vinculadas a aspectos tales como la valoración y carga de la prueba, por presentar estas una relevancia directa en la aplicación efectiva de la ley sustantiva.

5

EL «BUQUE DE APOYO INDIRECTO» AL BUQUE INSIGNIA EN MATERIA DE RECONOCIMIENTO Y EJECUCIÓN: EL TÍTULO EJECUTIVO EUROPEO (TEE) Y LA PLENA DESAPARICIÓN DEL EXEQUÁTUR EN LA UE

Adentrándonos ya, de lleno, en el tercer eje del Derecho Internacional Privado de la UE: el reconocimiento y la ejecución de las resoluciones, el Reglamento 805/2004 por el que se establece un Título ejecutivo europeo para créditos no impugnados, nos va a suponer una simplificación del procedimiento de reconocimiento y ejecución regulados, hasta entonces, en Bruselas I-bis. Por tal razón, podemos entender que el título emanado del dicho Reglamento, conocido como Título ejecutivo europeo (emplearemos a menudo el acrónimo TEE) en tal materia (créditos no impugnados), es un importante buque de apoyo al Buque insignia, Bruselas I-bis, dado que le asiste facilitando la ejecución de determinadas sentencias o resoluciones (en las que nos centraremos, si bien cabe expedir el TEE en base a transacciones judiciales y documentos públicos ejecutivos en el Estado de origen —ver art. 4.2 y anexos I, II y III—), en los casos en los que, como se deriva del propio nombre del Reglamento, no hubo oposición en el Estado de origen.

Por lo tanto, se debe destacar, en cuanto al ámbito de aplicación del presente Reglamento, que, para certificar una determinada resolución como TEE, es preciso que esta corresponda a un crédito no impugnado y que la resolución sea ejecutiva en el Estado miembro de origen (art. 6.1.a del Rto), de modo que no es preciso que la resolución respecto de la cual se pide la emisión del certificado sea firme, bastando con que sea ejecutiva; no debiendo, eso sí, ser incompatible con las normas en materia de competencia establecidas en las secciones 3.ª (competencias proteccionistas en materia de seguros) y 6.ª (competencias exclusivas) del capítulo II del Reglamento (CE) n.° 44/2001, que hoy día han de ser entendidas como las equivalentes del Rto Bruselas I-bis.

El Reglamento, por otro lado, presenta un régimen especial en lo que atañe al deudor consumidor, al exigir, para poderse certificar como título ejecutivo europeo, que la resolución se haya dictado en el Estado miembro en el que esté domiciliado dicho deudor consumidor. Pues así se deriva del art. 6. I. d) del Rto, norma de evidente cariz proteccionista que establece la necesidad de que la resolución se haya dictado en el propio Estado miembro en que esté domiciliado el deudor con arreglo al artículo 59 del Reglamento Bruselas I, 44/2001, remisión que, igualmente, hoy día debemos entenderla hecha al nuevo Reglamento Bruselas I-bis.

Es decir, en caso de no observancia de las normas de competencia antedichas, no se podrá expedir el certificado del título ejecutivo europeo, lo que evidencia la trascendencia del que hemos dado en llamar *exequátur invertido* o *anticipado*, el cual se lleva a cabo en el propio Estado de origen ante la solicitud de expedición de un TEE, en cuya correcta cumplimentación se funda la no necesidad de control de legalidad (exequátur tradicional) en el Estado de ejecución.

Por lo demás, el TEE deberá afectar únicamente a créditos de naturaleza civil y mercantil, con independencia de la naturaleza del órgano jurisdiccional que conoce del asunto (art. 2) y del tipo de resolución de la que emane (al abarcar, ex art. 4.1: «cualquier decisión adoptada por un tribunal de un Estado miembro con independencia de la denominación que recibiere, tal como auto, sentencia, providencia o mandamiento de ejecución, así como el acto por el cual el secretario judicial liquidare las costas del proceso»).

Y, respecto del concepto de crédito, nos refiere el citado artículo 4 del Reglamento, en esta ocasión en su número 2, que, como tal, se entenderá «una reclamación referida al pago de un importe determinado de dinero que sea exigible o cuya fecha de exigibilidad se indique en la resolución, transacción judicial o documento público con fuerza ejecutiva». De donde cabe derivar que, dentro de este Reglamento, son susceptibles de inclusión los créditos derivados de obligaciones extracontractuales cuya liquidez y exigibilidad haya resultado judicialmente determinada en la propia resolución. Aspecto en el que el presente Reglamento difiere del relativo al Procedimiento monitorio europeo, en el que, cuando lo analicemos, veremos que excluye tales créditos en su art. 2, al tener que estar vencidos, líquidos y exigibles en la fecha de la demanda, tal y como se deriva de su art. 4 del Rto del proceso monitorio europeo, a saber:

> Artículo 4: «Se establece el proceso monitorio europeo para el cobro de créditos pecuniarios, de importe determinado, vencidos y exigibles en la fecha en que se presenta la petición de requerimiento europeo de pago».

Ciertamente, se repite la validez de la idea ya expuesta en otros casos, relativa a que el propio nombre del Reglamento nos ayuda mucho para situar su ámbito de aplicación: Título ejecutivo europeo «para créditos no impugnados». De modo que, tanto en el caso de concurrir un allanamiento expreso a las pretensiones actoras en un litigio en el que se reclama un crédito, como en el caso de no oposición (rebeldía del demandado tras un emplazamiento correcto), la resolución judicial condenatoria al pago de una cantidad derivada de tal derecho de crédito será susceptible de ser certificada, en el Estado de origen y por el órgano que la dictó, como un TEE. Materializándose dicha certificación, como siempre, a través de los formularios anexos al propio Reglamento.

Abundando en la idea de lo que debe entenderse por crédito no impugnado, debemos analizar lo relativo a la manifestación de voluntad del deudor (art. 3), pues si el crédito hubiera sido impugnado en autos, la resolución condenatoria a su pago ya no podría dar lugar a un certificado de Título ejecutivo europeo, de modo que, en tal caso, si el acreedor tuviera que ejecutar esa resolución fuera del Estado de origen, tendría que pedir, vía Rto Bruselas I-bis, 1215/12, la emisión del certificado de su anexo I, que le daría acceso al procedimiento previsto en dicho Reglamento, menos expeditivo que el del TEE.

En consecuencia, para poder solicitar el certificado del TEE tiene que existir una conformidad expresa, por ejemplo, un allanamiento, o una conformidad tácita del deudor demandado, resultando esta última derivada de su pasividad, asimilándose en el Reglamento a la conformidad la no impugnación del crédito por el deudor, lo que daría lugar normalmente a una declaración de rebeldía procesal en el Estado de origen (art. 3.1.b). Pero cabe también la admisión tácita sobrevenida, la que concurriría en el caso en que, tras una inicial impugnación del crédito (oposición a la demanda), el deudor interpelado no hubiera comparecido ni hubiera sido representado en la vista, «*siempre que dicho comportamiento equivalga a una aceptación tácita del crédito o de los hechos alegados por el acreedor de acuerdo con la legislación del Estado miembro de origen*» (art. 3.1.c Rto).

Todo ello, bien entendido que, para poder expedir el TEE, se han tenido que cumplir unos mínimos de información al deudor en relación al crédito reclamado y de las circunstancias de este (art. 6.1.c), así como respecto de los requisitos procesales para impugnar el crédito (art. 17).

Es especialmente relevante lo relativo al emplazamiento del demandado, que se habrá debido de llevar a cabo en base a alguna de las modalidades aceptadas por el Reglamento (arts. 13 y 14), el cual no impone modalidades de notificación o emplazamiento a los Estados miembros, pero exige que el procedimiento nacional se haya acomodado a alguna de las modalidades previstas en dichos preceptos para que la resolución pueda ser certificada como TEE. Así se deriva del apartado 19 de la exposición de motivos del Reglamento, donde se determina que este no implica una obligación de los

Estados miembros de adaptar su legislación nacional a las normas mínimas procesales establecidas en el propio Reglamento, sino que ofrece un «*incentivo*» en orden a facilitar la ejecución dentro de los países de la UE.

Cabe referir, al respecto, que el Reglamento presenta, básicamente, dos tipos de notificaciones, con o sin acuse de recibo del deudor, cada una de las cuales tiene distintas variantes:

- Notificación con acuse de recibo por parte del deudor (art. 13 Rto.).
- Notificación sin acuse de recibo por parte del deudor (art. 14 Rto.). En el número 1 de dicho precepto se prevén algunas modalidades de emplazamientos no admitidas en nuestra LEC, como es el caso del correo sin acuse de recibo o el depósito en el buzón del deudor, requiriéndose, no obstante, en el propio art. 14 números 2 y 3, que se cumplan algunas condiciones para admitir dichas modalidades.
- El Reglamento no acepta la notificación edictal admitida subsidiariamente en nuestro Derecho.

De lo hasta ahora expuesto se deduce que existe un **doble control de legalidad** para que un procedimiento seguido en el Estado de origen pueda dar lugar a un TEE, al deberse respetar en la modalidad de emplazamientos o notificaciones que se utilicen, tanto la Ley nacional el Estado de origen (LEC española cuando un órgano judicial español conozca del procedimiento por ser España el Estado de origen), como las previsiones de los art. 13 y 14 del Rto 805/04. E incluso, cabe añadir que puede considerarse la existencia de un tercer control, y ello para el caso en que el Estado de origen, España en nuestro caso, deba notificar una diligencia de emplazamiento a un demandado que reside en otro país de la UE. Supuesto en el que se aplicará actualmente el nuevo Reglamento de notificación y traslado de documentos, Rto 2020/1784 (versión refundida), que es un Reglamento transversal que, como tal, coadyuva con otros para el buen fin de las notificaciones, razón por la cual lo hemos considerado —en el epígrafe correspondiente— como un buque de apoyo transversal.

Pues bien, dicho Rto, como sucesor del Rto 1393/07 y en línea con el art. 7.1 de este, dispone también —actualmente en el art. 11—, lo siguiente (destacados en cursiva añadidos):

> «1. El organismo receptor procederá a efectuar o a hacer que se efectúe la notificación o el traslado del ***documento, bien de conformidad con el Derecho del Estado miembro requerido o bien según el modo particular solicitado por el organismo transmisor, siempre que este no sea incompatible con el Derecho de ese Estado miembro».***

De donde cabe derivar ese nuevo tercer control de legalidad para los casos en los que se remite una solicitud de auxilio judicial internacional de emplazamiento a otro Estado de la UE, para que después pueda dicha notificación servir de base a un potencial certificado de TEE, siendo, los citados controles, los siguientes:

- los requisitos de notificación previstos en el Estado de origen —remitente de la petición de auxilio judicial internacional—,
- el cumplimiento de los *mínimos* regulados en los artículos 13 y 14 del Rto 805/04, y,
- respeto a las normas de notificación del Estado receptor de la solicitud de auxilio judicial internacional, para el caso en que sea preciso utilizar el Rto de notificación y traslado de documentos (Reglamento al que, en el art. 28, se remite el Rto del título ejecutivo europeo).

Finalmente, cabe referir que el artículo 15 del Reglamento establece la posibilidad de notificación al representante del deudor; y que, asimismo, cabe la subsanación posterior de eventuales defectos en las notificaciones y emplazamientos, de modo que, pese a que no se hayan practicado dentro de los mínimos reglamentarios (información al deudor y modalidades de notificación), existe la posibilidad de convalidación, ex art. 18 del Rto, si concurren las siguientes circunstancias:

- En el caso en que concurran actos propios del demandado, durante la tramitación del procedimiento, los cuales den a conocer que recibió personalmente la notificación, con el tiempo suficiente para preparar su defensa (art. 18.2; supuesto equiparable al artículo 166.2 de la LEC).
- En el caso en que tenga lugar una notificación posterior de la resolución que ponga término al litigio (por ejemplo, la sentencia), la cual sea acorde con arts. 13 y 14 del Rto, y el demandado no impugne el procedimiento.

Para terminar, se debe recordar que, para poder certificar una resolución como TEE, es precio que la resolución sea susceptible de revisión en el Estado de origen. Es decir, se requiere también que existan, en el Estado de origen, unas normas procesales mínimas que posibiliten la revisión de la resolución judicial de la que dimana el certificado de título ejecutivo europeo (art. 19). De modo que, además de las antedichas garantías de información y de notificación al deudor, el Reglamento exige una garantía residual más, cual es la de que existan también tales normas mínimas para la revisión. Téngase presente que, tal y como se ha venido indicando, al no existir exequátur en el Estado de ejecución, las garantías exigidas al Estado de origen tienen que contemplar la posibilidad, no solo de corrección de errores materiales y de revocación del certificado emitido incorrectamente (supuestos previstos en el art. 10 del Rto), sino también la posibilidad de que, existiendo disfunciones en el emplazamiento o concurriendo circunstancias extraordinarias que hayan impedido ejercitar adecuadamente las posibilidades de defensa del deudor, la resolución judicial que dio origen al certificado de título ejecutivo europeo sea susceptible de ser revisada en el Estado de origen, y, en su caso, corregida la disfunción retrotrayendo el procedimiento y permitiendo al demandado ejercer su derecho de defensa. Eventualidad para cuya corrección, no obstante, se obligará siempre al ejecutado a acudir al tribunal del Estado de origen, a diferencia del Reglamento Bruselas I-bis, al que calificamos como Buque insignia (n.º 1215/12), que permite al ejecutado la oposición, dentro de las causas tasadas, en el Estado de ejecución. De donde se deriva la responsabilidad inherente a la emisión de un certificado de título judicial europeo y la necesidad de contrastar, antes de autorizar su emisión, el total cumplimiento de los requisitos legales exigidos.

Cumplidas dichas formalidades, el simple formulario de los anexos del Reglamento constituye, una vez rellenado correctamente, firmado y sellado, el propio Certificado del TEE, que deberá ir acompañado del testimonio —copia auténtica— de la resolución de la que trae causa. Título que, como su nombre indica, será ejecutivo en cualquier Estado de la UE (con la excepción de Dinamarca, que tampoco aceptó este Reglamento —ver considerando 25 de la exposición de motivos—).

Recapitulando en lo expuesto, podemos comprobar que el Reglamento Bruselas I-bis no ha alcanzado los niveles logrados por el Reglamento del Título Ejecutivo Europeo en materia de reconocimiento y ejecución, el cual, a diferencia de aquel y como su nombre indica, sí suprime todo control de legalidad o exequátur en el Estado de ejecución, razón por la que se denomina Título Ejecutivo Europeo (TEE) sobre créditos no impugnados. De hecho, únicamente prevé, en su art. 21, un motivo de oposición: la incompatibilidad (que podemos entender como instituto similar a la inconciliabilidad de Bruselas I-bis, y a la cosa juzgada), frente a los plurales motivos de oposición presentes en el Buque insignia (ver art. 45 Rto Bruselas I-bis).

No obstante lo expuesto, deberá advertirse al operador jurídico de que, precisamente, esa desaparición de todo exequátur es posible porque se exige en el Reglamento una suerte de «exequátur invertido» o «exequátur anticipado» en el propio Estado de origen, en orden a garantizar que no sea preciso ningún otro control de legalidad en el Estado de ejecución. Lo que determina la obligación, por parte del Juez y del Letrado de la Administración de Justicia (LAJ), Secretario judicial o equivalente, del Estado de origen, de revisar con singular dedicación el que se hayan cumplido las pautas correctas de emplazamiento e información a la parte demandada. Y ello, en orden a evitar la indefensión que se produciría si, por haberse dictado contra el deudor un TEE sin un emplazamiento o información adecuados, se le obligase a tener que instar una revisión o la nulidad de actuaciones personándose y compareciendo para ello en el Estado de origen, dado que ya no podrá alegar en el Estado de ejecución (que normalmente será el de residencia habitual del ejecutado) las cuestiones habituales derivadas de disfunciones en el proceso seguido en el Estado de origen (por ejemplo, defectos de emplazamiento por el órgano judicial del Estado de origen, o un eventual incumplimiento por parte de este de normas de competencia vinculantes). Todo lo cual deberá, en su caso y, por lo tanto, discutirse en el Estado de origen.

Cabe destacar, por otro lado, que a diferencia del Procedimiento monitorio europeo y el Procedimiento europeo de escasa cuantía, que se analizarán más adelante y que, como su nombre indica, son verdaderos procedimientos europeos, **el Titulo ejecutivo europeo (TEE) no trae causa de un procedimiento europeo**, sino de un procedimiento interno del Estado de origen, del que el Reglamento en cuestión permite extraer un TEE siempre que se cumpla la premisa de que, tratándose de un procedimiento en el que se reclamaba un crédito civil o mercantil, en el mismo no haya existido oposición de la parte demandada. Litigio que, por lo tanto, se habrá seguido en el Estado de origen en base a su *lex fori*, es decir, por el procedimiento nacional propio.

Por ejemplo, en España un TEE podría derivar de un Procedimiento ordinario de la LEC, seguido ante un juzgado de primera instancia, en el que la parte demandada no hubiera comparecido tras un correcto emplazamiento, siendo declarada en rebeldía; o bien hubiera comparecido allanándose a las pretensiones actoras. Ello, junto con la presencia del componente transfronterizo, serán las premisas para permitir a la actora solicitar del órgano judicial que ha tramitado dicho proceso, el dictado del TEE.

En orden a ilustrar lo hasta ahora expuesto, podemos abrir, seguidamente, un nuevo epígrafe con referencias comparativas entre los dos Reglamentos de lo que hemos venido hablando: Bruselas I-bis y el Reglamento del TEE.

5.1. BRUSELAS I-BIS *VS*. TÍTULO EJECUTIVO EUROPEO: ASPECTOS A DESTACAR

Siendo España el Estado de ejecución, ambos Reglamentos, Bruselas I-bis (art. 39) y el Reglamento del Título Ejecutivo Europeo (art. 20), ante la presentación en el Juzgado de primera instancia del certificado emitido por el órgano jurisdiccional del Estado de origen (formulario del Anexo), se remiten, para el despacho de la ejecución, al sistema previsto en el Estado de ejecución, en nuestro caso la LEC, que, en concreto, en cuanto a la oposición a la ejecución, se regula en los artículos 556 y ss.

Pero hay una diferencia esencial, puesto que **en el Reglamento Bruselas I-bis se prevén, en su artículo 45, hasta 4 motivos de oposición** al reconocimiento y ejecución del certificado, a saber (en terminología resumida):

- Cuestiones de orden público del Estado miembro requerido;
- Rebeldía con defectos de emplazamiento.
- Inconciliabilidad con una resolución anterior.
  - Como ya expusimos al analizar los motivos de oposición de Bruselas I-bis, la inconciliabilidad es un instituto similar a la cosa juz-

gada, que no exige plena identidad subjetiva y objetiva, sino que basta con que los pronunciamientos que contienen ambas resoluciones resulten inconciliables y de imposible coexistencia, ya sea en sí mismos considerados o en atención a los efectos que de ellos se deriven (auto del TS de 20.04.2004, núm. de recurso 299/2002 -Pte. Sr. O'Callaghan Muñoz).

- Infracción de normas de competencia en materias de competencias proteccionistas o imperativas.

Mientras que el Reglamento del Título Ejecutivo Europeo (805/04) **prevé en su art. 21 un solo motivo de oposición, la incompatibilidad** (que podemos asimilarla a la inconciliabilidad, a la que acabamos de hacer referencia). Oposición minimalista que tiene su razón de ser en el que hemos llamado **exequátur invertido o anticipado**, llevado a cabo en el propio Estado de origen.

Cabe destacar que, en ambos casos, como quiera que remiten la ejecución a la LEC, se pueden agregar también, en el mismo escrito de oposición, los motivos de oposición internos, es decir, los de la LEC frente a un título ejecutivo judicial. Por ejemplo, pago, transacción o caducidad del art. 556 de la LEC, o defectos del título ex art. 559.3 de la LEC: «por no cumplir el documento presentado ... los requisitos legales exigidos para llevar aparejada ejecución, ...», bien entendido que tal incumplimiento no podría proyectarse sobre el procedimiento del Estado de origen, sino sobre las formalidades del propio título presentado (por ejemplo, que no estuviese firmado o sellado). Ver, en dicho sentido, los artículos siguientes:

- Arts. 39 y 41.1 y 2 y considerando 30 del Rto Bruselas I-bis
- Art. 20.1 del Rto del Título ejecutivo europeo.

5.2. LA TRASCENDENCIA DEL REFERIDO «EXEQUÁTUR INVERTIDO» O «ANTICIPADO» EN EL TEE

Podríamos entender como tal ese *«control extra»* que deberá de hacerse por el órgano judicial del Estado de origen en orden a asegurarse de que se haya respetado el cumplimiento de las normas garantistas del Reglamento —en especial en cuanto al emplazamiento—, antes del dictado por dicho órgano del Estado de origen de un Título Ejecutivo Europeo (TEE), por ser este el principal condicionante del Reglamento y sobre el que bascula la oportunidad y la justicia en tal emisión, justificando la razón de ser de dicho instrumento privilegiado. Así se deriva de la exposición de motivos del Reglamento del TEE y de su articulado (considerandos 10 y ss. y art. 12).

En dicho sentido, los considerandos 15, 17 y 18 son bastante explícitos, precisando lo siguiente (destacados en cursiva añadidos):

> «(15) Sólo debe considerarse que la notificación personal a personas distintas del propio deudor con arreglo a las letras a) y b) del apartado 1 del artículo 14

cumple los requisitos previstos en ellas si dichas personas ***han recibido efectivamente el documento en cuestión.***

(17) Los órganos ***jurisdiccionales competentes para comprobar el pleno cumplimiento de las normas mínimas procesales deben expedir,*** si ésas se cumplen, un certificado de título ejecutivo europeo normalizado, que haga transparente este examen y su resultado.

(18) ***El principio de confianza recíproca en la Administración de justicia de los Estados miembros justifica que el órgano jurisdiccional de un Estado miembro considere que se cumplen todas las condiciones de la certificación como título ejecutivo europeo para permitir que una resolución resulte ejecutiva en todos los demás Estados miembros,*** sin que los órganos jurisdiccionales de aquél en que la resolución deba ejecutarse procedan a revisar si se han cumplido las normas mínimas procesales».

Y, ya dentro del texto del Reglamento, el artículo 12 nos confirma que existen unas normas mínimas que han de cumplirse y que la presencia de una resolución sobre un crédito no impugnado no bastará para emitir el TEE, sino que únicamente podrá ser ello posible «si los procedimientos judiciales del Estado miembro de origen cumplen los requisitos procesales contemplados en el presente capítulo».

Tales preceptos sitúan al órgano judicial del Estado de origen en una situación comprometida en el caso de que, habiéndole sido solicitada por la parte actora, vencedora en juicio, la expedición de un TEE derivado de un procedimiento cursado en dicho órgano, duden del cumplimiento suficientemente garantista de todos los requisitos exigidos por el Reglamento del TEE. Duda que, en consideración de este autor, debería dar lugar a la no expedición del TEE en tal caso, sin perjuicio de indicar a la parte solicitante la posibilidad de emisión, si lo solicita, del certificado de los anexos del Reglamento Bruselas I-bis, el cual, al no presentar esa exigencia del *exequátur invertido* por permitir más motivos de oposición en el Estado de ejecución, podrá ser librado sin comprometer el principio de confianza y reconocimiento mutuo. Mientras que, por el contrario, la emisión de un TEE en una situación dudosa, conllevaría un incumplimiento por parte del órgano jurisdiccional emisor de las bases sobre las que descansa este Reglamento, de cuya exposición de motivos y articulado —pudiendo destacar el considerando 18 antes trascrito— cabe deducir que se defraudaría el principio de confianza recíproca en la Administración de justicia, que deben asumir los órganos judiciales de los demás Estados miembros, si no se controla debidamente por el órgano jurisdiccional del Estado de origen el cumplimiento de todas las condiciones para la certificación como título ejecutivo europeo de una determinada resolución ejecutiva en dicho Estado de origen.

Adviértase que la denegación de tal expedición constituye un juicio de valor, por el propio órgano judicial, sobre el procedimiento seguido ante él, por lo que la decisión de denegar la emisión exige una madurez jurisdiccional que tal vez no sea fácil de afrontar, pero que, en cualquier caso, el juez europeo (el juez nacional lo es cuando está aplicando Reglamentos de la UE) tiene que asumir al derivarse así del organigrama reglamentario que estamos analizando, construido con el objetivo del perfeccionamiento del Espacio Europeo de Justicia. Solo la asunción de tal responsabilidad garantizará el no defraudar la correcta interpretación que ha de darse a los principios de confianza y reconocimiento mutuo de resoluciones, lo que nos trae a la mente el dicho popular «La calidad bien entendida empieza por uno mismo».

5.3. SENTENCIAS QUE ILUSTRAN LA IDEA DEL EXEQUÁTUR INVERTIDO O ANTICIPADO

a) Cabe comenzar, por ejemplo, con la sentencia del TJUE (Sala Primera) de 15 de marzo de 2012. Se trata de una resolución relativa a la Competencia judicial y a la Ejecución de resoluciones judiciales en materia civil y mercantil, habiendo sido dictada en un supuesto en el que concurría la ausencia de un domicilio o lugar de residencia conocido del demandado en el territorio de un Estado miembro (asunto C-292/10). Sentencia en cuya parte dispositiva, punto «3», refería la imposibilidad de certificar como título ejecutivo europeo una resolución recaída en rebeldía en un litigio en el que, por ser desconocido el domicilio del demandado, se le había emplazado por edictos. Estableciendo, en el pronunciamiento número «3» de su parte dispositiva:

> «3) El Derecho de la Unión debe interpretarse en el sentido de que se opone a la certificación, como título ejecutivo europeo en el sentido del Reglamento (CE) n.° 805/2004 del Parlamento Europeo y del Consejo, de 21 de abril de 2004, por el que se establece un título ejecutivo europeo para créditos no impugnados, de una sentencia en rebeldía dictada contra un demandado cuyo domicilio sea desconocido».

b) La sentencia del Tribunal de Justicia de la UE (Sala Sexta) de 27 de junio de 2019. Mejor aún podemos referir, en relación a este punto relativo a esa modalidad de «exequátur invertido» o «anticipado» que se deriva de la redacción del Reglamento 805/2004 del Título ejecutivo europeo para créditos no impugnados (TEE), la sentencia de 27/06/19 del TJUE, que **evidencia dicho exequátur invertido al analizar las normas mínimas para la certificación de una resolución judicial como título ejecutivo europeo** por créditos no impugnados, y ello en relación con un demandado sin dirección conocida que no había comparecido en la vista. Se trata del asunto C-518/18. De esta sentencia se podrían destacar los siguientes puntos:

- Ante un Tribunal de la Republica Checa se solicitó la emisión de la certificación, como Título Ejecutivo Europeo (TEE), de una sentencia condenatoria dictada por dicho Tribunal y derivada de un reconocimiento de deuda que dio lugar a un procedimiento llevado sin oposición (art. 3.1 Rto 805/04).

- En dicho procedimiento no se había llegado a conocer el domicilio del demandado, y, en base a la Ley Checa, se le había nombrado un representante procesal, por lo que el citado Tribunal checo dudó de la posibilidad de expedir el TEE.
- Por lo tanto, planteó la cuestión prejudicial ante el TJUE, que resolvió concluyendo que **no cabía emitir el Título Ejecutivo Europeo porque no había certeza** respecto del domicilio del demandado (art. 14.2 del Reglamento), y, en cuanto al el representante procesal asignado al demandado, no podía subsanar dicho defecto porque no había sido nombrado por este (art. 15 Rto).

Decía, en concreto, la citada sentencia del TJUE en orden a la necesidad de garantizar que el demandado fuera debidamente emplazado e informado, como requisito previo para dictar el TEE, lo que se transcribirá (destacados en cursiva añadidos):

«25.- De conformidad con el considerando 12 del Reglamento n.º 805/2004, las mencionadas normas mínimas tienen por objeto garantizar que el deudor esté informado, con el tiempo suficiente y de manera tal que pueda preparar su defensa, por un lado, de la acción judicial ejercitada contra él y de los requisitos para su participación activa en los procedimientos para impugnar el crédito de que se trate y, por otro, de las consecuencias que acarree su no participación. ***En el caso concreto de una resolución dictada en rebeldía, en el sentido del artículo 3, apartado 1, párrafo segundo, letra b), del mismo Reglamento, las antedichas normas procesales mínimas están destinadas a garantizar suficientemente la salvaguarda del derecho de defensa (sentencia de 16 de junio de 2016, Pebros Servizi, C511/14, EU:C:2016:448, apartado 44).***

26.- El Tribunal de Justicia ya ha declarado que, habida cuenta del artículo 14, apartado 2, del Reglamento n.º 805/2004 y de los objetivos y la sistemática de dicho Reglamento, ***una sentencia en rebeldía dictada cuando no es posible determinar el domicilio del demandado no puede ser certificada como título ejecutivo europeo (sentencia de 15 de marzo de 2012, G, C292/10, EU:C:2012:142, apartado 64).***

27.- Esta conclusión sigue siendo válida pese a la designación de un representante a los efectos del procedimiento por parte del tribunal remitente, que no había podido averiguar la dirección de SC.

28.- Si bien es cierto que el artículo 15 del Reglamento n.º 805/2004 establece que, además de los supuestos de notificación contemplados en el artículo 14 del propio Reglamento, la notificación se podrá haber realizado asimismo al representante del deudor, procede declarar que ***un representante como el designado de conformidad con la normativa nacional de que se trata en el litigio principal no puede equipararse a un "representante del deudor", en el sentido del referido artículo 15.*** En efecto, a la luz del considerando 16 del mismo Reglamento, el artículo 15 únicamente se refiere a las situaciones en las que, o bien el deudor se encuentra objetivamente por razones legales en la imposibilidad de representarse a sí mismo ante el órgano judicial, o bien ha designado voluntariamente a un representante con tal fin. Sin embargo, en el litigio principal no se ha acreditado que concurran tales circunstancias».

5.4. ¿QUÉ SE PUEDE HACER SI EL TRIBUNAL DEL ESTADO DE ORIGEN EMITE INCORRECTAMENTE EL CERTIFICADO DEL TEE?

En orden a evidenciar la trascendencia que tiene el que venimos calificando de *exequátur invertido* o *anticipado*, cabe formularse la pregunta que encabeza este epígrafe: qué puede hacer el ejecutado cuando se emite contra él un certificado sin llevar a cabo dicho control pormenorizado, en el Estado de origen, de las premisas esenciales del Reglamento del TEE. Por ejemplo, cuando en dicho Estado el emplazamiento no fue bien realizado, o cuando se faltó a normas de competencia inexcusables.

Ciertamente, al objeto de ilustrar esta idea y volviendo al caso del Tribunal Checo, la pregunta que podríamos hacernos es la siguiente: ¿Qué hubiera pasado si el Tribunal Checo no hubiera planteado la cuestión de prejudicialidad y hubiera expedido el certificado (a través del formulario correspondiente) del Reglamento del Título Ejecutivo Europeo?

En tal caso, presentado ese certificado constitutivo de un TEE ante el Tribunal del Estado de ejecución, **podrían surgirle a este determinadas dudas sobre la precisión del exequátur invertido o anticipado** llevado a cabo por el Tribunal del Estado de origen, pero ¿Qué podría alegarse, por el ejecutado, ante el Tribunal del Estado de ejecución, y qué podría hacer este Tribunal?

Tal pregunta debe responderse sobre la base de las reflexiones que seguidamente se desarrollan:

- La imposibilidad de control, en el Estado de ejecución, de la llevanza del «exequátur anticipado» en el Estado de origen. El Reglamento del TEE no permite dicho control.
- Los principios de confianza y reconocimiento mutuo de resoluciones, que aparecen incorporados a la exposición de motivos del Reglamento del TEE (Rto 805/04): considerandos "3", "4" y "18", informan la interpretación a llevar a cabo, derivándose de ellos que, ante la ausencia de previsión sobre dicho control en el Estado de ejecución, y ante la necesidad de aplicación de tales principios, no puede el órgano jurisdiccional del Estado de ejecución pronunciarse al respecto, de modo que la parte ejecutada tendría que acudir al Estado de origen para plantear allí, al órgano judicial que emitió el TEE, una revisión o la nulidad del procedimiento, tal y como prevé el Reglamento del TEE.

a) **El auto de la Sección 3.ª de la Audiencia Provincial de Palma de Mallorca, núm. 13/2022, de fecha 31/01/2022 (Pte. Sra. Calado Orejas).** Este auto nos sirve como ejemplo para demostrar lo expuesto en el punto anterior. La situación que se planteaba en ese litigio era la siguiente: por el Juzgado de primera instancia de Palma se dictó auto acordando la emisión de la orden general de ejecución a instancia de la parte actora, residente en Alemania, contra una persona residente en Mallorca, por un importe de más de trece mil euros. Se acompañaba, por la representación procesal de la parte actora-ejecutante, la siguiente documentación:

- La sentencia dictada en rebeldía por el Tribunal Regional de Limburgo.
- Un decreto de tasación de costas dictado por el mismo Tribunal en el mismo procedimiento.
- La documental relativa a los certificados de Título ejecutivo europeo y su correspondiente traducción.

Frente al citado despacho de ejecución del Juzgado de primera instancia de Palma, se planteó oposición por la parte ejecutada, en la que se alegaba: falta de competencia del Tribunal alemán por tratarse de una reclamación de cantidad procedente de un pretendido incumplimiento de una obligación derivada de un contrato de arrendamiento sobre un inmueble sito en Mallorca, del que, como tal, resultaría —en la consideración de la parte ejecutada— una competencia imperativa de naturaliza exclusiva e improrrogable del Tribunal del lugar del inmueble (art. 24.1 del Reglamento Bruselas I-bis), por lo que se pedía la nulidad de actuaciones del procedimiento alemán.

La parte ejecutante sostuvo que el alquiler no era tal, sino una suerte de contrato de hospedaje, pues incluía: limpieza del inmueble, cambio de toallas, sábanas, etc., y la arrendataria era una ciudadana alemana, consumidora final.

El auto de la Sala (Secc. 3.ª AP Palma) sostuvo que no había causa de nulidad, porque se había despachado ejecución por el Juzgado de primera instancia en España conforme al art. 20 del Reglamento del TEE, sin que tampoco se alegara el único motivo de oposición previsto en el citado Reglamento, relativo a la incompatibilidad con una resolución previa (art. 21: instituto próximo a la cosa juzgada). Tampoco concurrían los motivos de oposición internos de la LEC: art. 556 y ss., singularmente el del art. 559. 1. 3.º: falta de cumplimiento por el documento de los requisitos legales para llevar aparejada ejecución (los cuales debían ser entendidos como las formalidades del propio Título, no de las actuaciones llevadas a cabo en el Estado de origen).

Así las cosas, si bien el auto de la Sala admitió albergar dudas sobre la competencia del Tribunal del Estado de origen dada la naturaleza arrendaticia del contrato, siguió la pauta del art. 21.2 del Reglamento y del Principio de confianza de su considerando n.º 18, desestimando el recurso de apelación.

Decía, en concreto, la citada sentencia de la Audiencia Provincial de Palma (destacados en cursiva siempre añadidos):

> «Pues bien, en el caso que nos ocupa, ninguna vulneración de norma esencial del procedimiento de ejecución que nos ocupa se ha producido, y por tanto ninguna indefensión se ha causado. Examinada las actuaciones se observa como el Juzgado ha procedido al despacho de ejecución al haberse presentado la demanda

de ejecución de Títulos ejecutivos europeos conforme las disposiciones previstas en el Reglamento 805/2004 del Consejo de 21 de abril de 2004, por el que se crea un Título Ejecutivo Europeo para créditos no impugnados. En concreto, se cumplen las previsiones del artículo 20 del Reglamento (CE) n.º 805/2004:

1. Sin perjuicio de las disposiciones del presente capítulo, los procedimientos de ejecución se regirán por la legislación del Estado miembro de ejecución.

Las resoluciones certificadas como títulos ejecutivos europeos se ejecutarán en las mismas condiciones que las resoluciones dictadas en el Estado miembro de ejecución.

2. Se requerirá al acreedor que facilite a las autoridades competentes para la ejecución del Estado miembro donde deba llevarse a efecto la misma:

a) una copia de la resolución que cumpla las condiciones necesarias de autenticidad; y

b) una copia del certificado de título ejecutivo europeo que cumpla las condiciones necesarias de autenticidad; y

c) en caso de que sea necesario, la transcripción del certificado de título ejecutivo europeo o una traducción del certificado de título ejecutivo europeo en la lengua oficial del Estado miembro de ejecución o, en caso de que dicho Estado miembro tenga varias lenguas oficiales, en la lengua oficial o en una de las lenguas oficiales de los procedimientos judiciales en el lugar en que deba ejecutarse, conforme al Derecho de dicho Estado miembro, o en otra lengua que el Estado miembro de ejecución haya indicado como aceptable. Cada Estado miembro podrá indicar la lengua o las lenguas oficiales de las instituciones de la Comunidad Europea distintas de las propias que pueda aceptar para cumplimentar el certificado; la traducción será certificada por una persona cualificada para ello en uno de los Estados miembros.

3. No podrá exigirse a la parte que solicite en un Estado miembro la ejecución de una resolución certificada como título ejecutivo europeo expedido en otro Estado miembro caución o depósito alguno, sea cual fuere su denominación, por su condición de extranjero o por no estar domiciliado o no ser residente en el Estado miembro de ejecución.

No dándose ninguna de las circunstancias que el artículo 21.1 contempla para denegar la ejecución en el Estado de ejecución:

1. A instancia del deudor, el órgano jurisdiccional competente del Estado miembro de ejecución denegará la ejecución si la resolución certificada como título ejecutivo europeo es incompatible con una resolución dictada con anterioridad en un Estado miembro o en un tercer país, siempre que:

a) la resolución anterior tenga el mismo objeto y se refiera a las mismas partes, y

b) la resolución anterior se haya dictado en el Estado miembro de ejecución o cumpla las condiciones necesarias para ser reconocida en el Estado miembro de ejecución, y

c) no se haya alegado y no haya podido alegarse la incompatibilidad para impugnar el crédito durante el procedimiento judicial en el Estado miembro de origen.

Las alegaciones que hace la recurrente sobre la falta de competencia del Tribunal que ha dictado las resoluciones que se ejecutan, o sobre la necesi-

dad de demandar a la plataforma digital ..., no constituyen tampoco motivo alguno que ampare la pretendida nulidad al amparo de lo previsto en la Ley de Enjuiciamiento Civil.

CUARTO. - Tampoco pueden invocarse como motivo de oposición, ya que estos motivos son tasados. Así, al disponer el art. 20. 1 del Reglamento 805/2004:

"Sin perjuicio de las disposiciones del presente capítulo, los procedimientos de ejecución se regirán por la legislación del Estado miembro de ejecución. .../..."

La oposición sólo podrá fundarse, con arreglo a la Ley de Enjuiciamiento Civil en los motivos consignados en el art. 556 (pago o cumplimiento, caducidad y pactos o transacciones) y los procesales del art. 559. Y en cuanto al propio Reglamento 805/2004, la llamada incompatibilidad prevista en el art. 21.1 antes citado:

1. A instancia del deudor, el órgano jurisdiccional competente del Estado miembro de ejecución denegará la ejecución si la resolución certificada como título ejecutivo europeo es incompatible con una resolución dictada con anterioridad en un Estado miembro o en un tercer país, siempre que:

a) la resolución anterior tenga el mismo objeto y se refiera a las mismas partes, y

b) la resolución anterior se haya dictado en el Estado miembro de ejecución o cumpla las condiciones necesarias para ser reconocida en el Estado miembro de ejecución, y

c) no se haya alegado y no haya podido alegarse la incompatibilidad para impugnar el crédito durante el procedimiento judicial en el Estado miembro de origen.

Aunque por las manifestaciones de la apelante pudiera resultar cuestionable la competencia del Tribunal alemán al amparo de lo establecido en el artículo 24.1 del Reglamento (UE) n.º 1215/2012 del Parlamento Europeo y del Consejo relativo a la competencia judicial, el reconocimiento y la ejecución de resoluciones judiciales en materia civil y mercantil (Bruselas I Bis), que dispone:

Son exclusivamente competentes, sin consideración del domicilio de las partes, los órganos jurisdiccionales de los Estados miembros que se indican a continuación:

• ***en*** materia de derechos reales inmobiliarios y ***de contratos de arrendamiento de bienes inmuebles, los órganos jurisdiccionales del Estado miembro donde el inmueble se halle sito.***

No obstante, en materia de contratos de arrendamiento de bienes inmuebles celebrados para un uso particular durante un plazo máximo de seis meses consecutivos, serán igualmente competentes los órganos jurisdiccionales del Estado miembro donde esté domiciliado el demandado, siempre que el arrendatario sea una persona física y que propietario y arrendatario estén domiciliados en el mismo Estado miembro; .../...***Sin embargo, no puede la Sala analizar la interpretación realizada por el Tribunal del Estado de origen a la hora de configurar su propia competencia judicial internacional, puesto que no se halla dicha materia dentro de los motivos de denegación de la ejecución en el Estado de ejecución (en este caso España) en el Reglamento del Título ejecutivo europeo, que solo permite denegar reglamentariamente la ejecución por los motivos conteni-***

dos en el art. 21 del Reglamento 805/2004, y que hace exclusiva referencia a la ya citada incompatibilidad (cosa juzgada).En dicho sentido, cabe destacar el contenido del artículo 21.2 del Reglamento 805/2004: "El título ejecutivo europeo y la resolución en que se base no podrán en ningún caso ser objeto de revisión en cuanto al fondo en el Estado miembro de ejecución.", trasunto del principio de confianza expresado en el Considerando (18): "El principio de confianza recíproca en la Administración de justicia de los Estados miembros justifica que el órgano jurisdiccional de un Estado miembro considere que se cumplen todas las condiciones de la certificación como título ejecutivo europeo para permitir que una resolución resulte ejecutiva en todos los demás Estados miembros, sin que los órganos jurisdiccionales de aquél en que la resolución deba ejecutarse procedan a revisar si se han cumplido las normas mínimas procesales". Por lo que entendemos que no puede pretenderse someter a la consideración de este Tribunal el alegato de la falta de competencia del Tribunal alemán, sino que debió efectuarse, en su caso, ante el Tribunal que entendió del procedimiento y en el seno del mismo, no en este procedimiento de ejecución, no constando (ni siquiera se aduce por la recurrente) que no pudiera hacerlo».

6

LOS «BUQUES AUTÓNOMOS O AUTOSUFICIENTES» DE LA ARMADA REGLAMENTARIA DE LA UE

El concepto «civil y mercantil» en la UE (art. 1 de «Bruselas I-bis»), al dejar fuera determinadas materias tradicionalmente consideradas civiles en los Derechos nacionales, dejó premeditadamente espacio para el surgimiento de Reglamentos autónomos específicos en dichas materias, cual es el caso de los que seguidamente se referirán; constituyéndose así el organigrama del Derecho internacional privado de la UE.

Dichos Reglamentos autónomos tienen la peculiaridad, como se verá, de ser completos, es decir, **abarcan los tres grandes ejes del Derecho internacional privado: competencia, ley aplicable, y reconocimiento y ejecución**. Por ello, los presentamos como «autosuficientes» (podrían compararse, gráficamente, con los buques piscifactoría, en los que en el mismo barco se hace todo: pescar, congelar, empaquetar, etiquetar y llevar a puerto). Nos referimos a los Reglamentos siguientes:

- **Alimentos: Reglamento 4/2009: Competencia, la ley aplicable, el reconocimiento y la ejecución de las resoluciones y la cooperación** en materia de obligaciones de alimentos. Como vemos, este Reglamento abarca, incluso, el que podríamos calificar como un cuarto eje del Derecho internacional privado —no citado hasta ahora por su carácter ocasional—. Hablamos de la cooperación entre Autoridades de los distintos Estados de la UE en orden al buen fin de la prestación de alimentos, que, al abarcar esta un ámbito de necesidades básicas de la persona e implicar, habitualmente, a menores en el marco de la responsabilidad parental, ha merecido el establecimiento, por el legislador de la UE, de un marco de Cooperación para encauzar el modo de llevar a cabo el auxilio entre Autoridades para dicho fin. Nótese que, si bien hemos indicado que los Reglamentos de Familia quedan fuera del presente estudio, se incluye, sin embargo, el de Alimentos dado que, además de abarcar los alimentos en el ámbito de la responsabilidad parental (Derecho de familia), los abarca también dentro del concepto más amplio de alimentos entre parientes (no solo en relación a los hijos); materia tradicionalmente considerada en nuestro Derecho nacional como separada del Derecho de familia e integrada en la competencia de los Tribunales civiles ordinarios. Dice, en concreto, el art. 1 del citado Reglamento (destacado en cursiva añadido):

> «Artículo 1. Ámbito de aplicación. 1. El presente Reglamento se aplicará a las obligaciones de alimentos derivadas de una relación familiar, ***de parentesco,*** matrimonio o afinidad».

- **Sucesiones: Reglamento 650/2012: Competencia, la ley aplicable, el reconocimiento y la ejecución** de las resoluciones, a la aceptación y la ejecución de los documentos públicos en materia de sucesiones *mortis causa* y a la creación de un certificado sucesorio europeo.
- **Régimen económico matrimonial: Reglamento 2016/1103: Cooperación reforzada (17 Estados de la UE —considerando 11—) en el ámbito de la Competencia, la ley aplicable, el reconocimiento y la ejecución** de resoluciones en materia de regímenes económicos matrimoniales. Materia también extensible al Derecho civil ordinario al abarcar, no solo las relaciones entre los cónyuges o ex cónyuges, sino también con terceros (destacado en cursiva siempre añadido):

> «Artículo 3. Definiciones 1. A efectos del presente Reglamento, se entenderá por: a) «régimen económico matrimonial»: conjunto de normas relativas a las relaciones patrimoniales entre ***los cónyuges y con terceros,*** como resultado del matrimonio o de su disolución;».

- **Parejas registradas: Reglamento 2016/1104: Cooperación reforzada (17 Estados —considerando 11—) en el ámbito de la Competencia, la ley aplicable, el reconocimiento y la ejecución** de resoluciones en materia de efectos patrimoniales de las uniones registradas. Reglamento gemelo del anterior, en el que, no obstante, hay algunas especificaciones propias que lo diferencian del régimen matrimonial propiamente dicho (destacado en cursiva siempre añadido):

> «Artículo 3. Definiciones. A efectos del presente Reglamento, se entenderá por: b) «efectos patrimoniales de la unión registrada»: conjunto de normas relativas a las relaciones patrimoniales de los miembros de la unión registrada ***entre sí y con terceros***, como resultado de la relación jurídica creada por el registro de la unión o su disolución;».

6.1. EL REGLAMENTO DE ALIMENTOS

El Reglamento 4/2009, relativo a la competencia, la ley aplicable, el reconocimiento y la ejecución de las resoluciones y la cooperación en materia de obligaciones de alimentos, extrajo la materia de alimentos del Reglamento 44/2001, Bruselas I (predecesor del actual Bruselas I-bis), dejando, por lo tanto, dicha materia fuera, en el organigrama de la UE, del concepto general «civil y mercantil», al pasar a tener su Reglamento autónomo, el cual, además, y como se deriva de su nombre, es completo al contener los tres ejes del Derecho Internacional Privado, en incluso ese cuarto eje, coyunturalmente añadido, relativo a la cooperación entre Autoridades, presente cuando la materia puede afectar al orden público.

También vemos una faceta de cooperación en el Reglamento de Bruselas II-ter (2019/1111), relativo a la competencia, el reconocimiento y la ejecución de resoluciones en materia matrimonial y de responsabilidad parental, y sobre la sustracción internacional de menores (versión refundida), el cual, como se deriva de su nombre, abarca la defensa de los intereses de menores, por ejemplo, en los casos de sustracción internacional. Siendo este, no obstante, un Reglamento que afecta al Derecho de Familia y que, por lo tanto, no está analizado en el presente trabajo.

Adviértase que, si bien, como ya hemos anticipado, este Reglamento extrajo la materia de alimentos del Reglamento 44/2001, Bruselas I (predecesor del actual Bruselas I-bis), dejando, por lo tanto, dicha materia fuera, en el organigrama de la UE, del concepto general «civil y mercantil», sin embargo, como veremos más adelante al estudiar el Reglamento 655/2014, relativo al procedimiento de la Orden europea de retención de cuentas a fin de simplificar el cobro transfronterizo de deudas en materia civil y mercantil, sucede que dicha Orden europea puede operar en los litigios sobre alimentos, de modo que el legislador de la UE evidencia así que los alimentos, pese a haber quedado fuera de Bruselas I-bis, no ha dejado de ser ajeno al ámbito civil de la UE. Situación que pone de manifiesto las no ausentes dificultades a la hora de integrar los conceptos autónomos de la UE, pues existen, como en este caso, solapamientos inevitables.

Lo que sí queda fuera del Reglamento de alimentos, en atención a su art. 1.2 e), es lo relativo a las sucesiones *mortis causa*, es decir, las obligaciones de alimentos «...que tengan su causa en la muerte», al corresponder dicho tema al Reglamento de Sucesiones, que analizaremos más adelante.

A la hora de determinar qué se entiende en la UE como «obligación de alimentos», tenemos que recordar, nuevamente, la idea de los conceptos autónomos, desarrollados a partir de los Reglamentos UE y de la interpretación que el Tribunal de Justicia hace de dichos instrumentos. Así, en la exposición de motivos, considerando núm. 11, el Reglamento establece (destacado en cursiva añadido):

> «A los fines del presente Reglamento, el concepto de "obligación de alimentos" ***debería interpretarse de manera autónoma***».

Por ello, ese concepto reglamentario no tenemos que interpretarlo bajo el enfoque del Derecho español cuando aplicamos el Reglamento, sino que debemos hacerlo desde la perspectiva de la interpretación hecha por el TJUE, que permite extender el concepto de alimentos a las pensiones compensatorias derivadas de la ruptura matrimonial. Cabe citar al respecto las sentencias del TJCE de 6.3.1980: «De Davel» y de 27.2.1997: «Antonius Van Den Boogaard». Resoluciones de las que se deriva que, en el ámbito de los alimentos en la UE, si bien no se incluyen los derechos derivados del régimen económico matrimonial, sí están incluidas las pensiones derivadas de la ruptura del matrimonio.

6.1.A) REGLAS SOBRE COMPETENCIA, EN LA FASE DECLARATIVA DEL PLEITO, EN EL REGLAMENTO DE ALIMENTOS

El Reglamento presenta una vocación de plenitud competencial, apreciable con la lectura de su considerando 15 de la exposición de motivos, lo que viene evidenciado por el hecho de que el domicilio del demandado es irrelevante, pudiendo estar en un tercer Estado ajeno a la UE, y no por ello dejan de aplicarse los foros competenciales del Reglamento 4/2009 (a diferencia de lo que sucede con Bruselas I-bis, Rto 1215/12, cuya aplicación se vincula al hecho de que el demandado esté domiciliado en un Estado de la UE, por derivarse así de sus artículos 4 y 5, salvo en el caso de las excepciones del art. 6, ya analizadas en este libro).

La razón de ser de tal plenitud competencial radica en el deseo del legislador UE de otorgar un proteccionismo al alimentista, como acreedor de una prestación básica, pues de la propia naturaleza de esta se deriva que, al pretender el cobro de alimentos puede no estar, obviamente, en condiciones de litigar en el domicilio del demandado —recuérdese que nos hallamos siempre en el ámbito transnacional—.

Tal desvinculación respecto del domicilio del demandado, determina un **carácter residual del art. 22 quater «f» de la LOPJ**, puesto que el Reglamento se aplica incluso cuando el domicilio del demandado esté fuera de la UE.

Cabe hacer aquí mención al hecho de que, como quiera que antes de aprobarse el Reglamento 4/2009, la materia de alimentos estaba incluida en el antiguo Reglamento Bruselas I (44/2001, hoy derogado por Bruselas I-bis), había sido suscrito por los Estados de la UE el **Convenio de Lugano de 2007** en relación con los países de la Asociación europea del libre comercio (Suiza, Noruega, Islandia), este Convenio deber ser respetado entre los Estados de la UE y dichos países firmantes; estableciendo, al igual que el derogado Reglamento 44/01, Bruselas I (del que el Convenio de Lugano es una copia), que para las acciones de alimentos la competencia es del Tribunal de la residencia habitual del acreedor de alimentos o del domicilio del demandado (art. 5.2).

De modo similar, el Reglamento 4/2009 establece, **para la fase declarativa del pleito** y en aplicación de su art. 3, el siguiente régimen competencial:

- **Foro general:** residencia habitual del demandado o del acreedor (art. 3, a y b). Obsérvese que dicha dicción está estableciendo, no solo un Estado, sino también una competencia territorial interna dentro del Estado designado (concretada en el lugar de residencia del demandado o del acreedor), sin embargo, el TJUE tiene declarado que los Estados siguen teniendo un margen para corregir dicha regla de competencia territorial interna establecida en el Reglamento, siempre que ello no implique comprometer el efecto útil del propio Reglamento (sents. TJUE Sanders y Huber, C-400/13 y C-408/13).
- **Acumulación de acciones.** Dado que la reclamación de alimentos va habitualmente acumulada a acciones matrimoniales y de responsabilidad parental, dirigidas a determinar el estado civil de las personas o a concretar la guarda y custodia sobre los menores y el régimen de visitas, el Reglamento ha establecido, con buen criterio y en orden a propiciar la economía procesal inherente al hecho de facilitar la litigación conjunta de acciones interrelacionadas, una serie de posibles foros accesorios o conexos a los que se podrá acumular la reclamación de alimentos, los cuales pasamos a relacionar:
    - El de las acciones correspondientes al estado de las personas (por ej. **matrimoniales**; art. 3.c)
    - El de las acciones de **responsabilidad parental** (art. 3.d)
    - En ambos casos se requiere que no se funde dicho foro, únicamente, en la nacionalidad de una de las partes.
- **Prórroga o pacto competencial.** Se admite en el Reglamento la posibilidad de elección de foro competencial de un Estado miembro (o de un Estado parte en el Convenio de Lugano de 2007), si bien únicamente en los supuestos del art. 4 y debiendo tratarse de una elección expresa, por escrito, pero no siendo aplicable frente a menores de 18 años.
- Al existir la prórroga expresa, se admite también **la prórroga tácita,** por sumisión del demandado (ex art. 5) a la competencia de los órganos jurisdiccionales de un Estado miembro, derivada de comparecer y contestar sin plantear declinatoria. Obsérvese que se trata de una modalidad de la prórroga o pacto competencial, si bien en este caso es sobrevenida e implícitamente derivable de no cuestionar la competencia elegida por la contraparte.
- **Competencia subsidiaria** en defecto de las anteriores (art. 6 Rto): Estado miembro de nacionalidad común de las partes.
- La ya referida proyección pública inherente al derecho al cobro de los alimentos en personas necesitadas, llevó al legislador de la UE a

establecer un **forum necessitatis,** si bien es excepcional y está condicionado a los dos aspectos siguientes (ex art. 7 del Rto):

- Que no pueda llevarse el litigio en un tercer Estado ajeno a la UE, con el que el pleito presente estrecha relación.
- Y que el litigio presente una «conexión suficiente» con el Estado miembro a cuyo órgano judicial se adjudique la competencia por necesidad.

Respecto de la posibilidad de llevar a cabo un **control de oficio de la propia competencia judicial**, el art. 10 prevé, efectivamente, la verificación de oficio de la competencia, pero esta no debería de impedir la posibilidad de una sumisión tácita del demandado (ex art. 5 Rto), ni tampoco el juego de los referidos foros subsidiarios o de necesidad. Por ello, para coordinar dicho articulado se debe entender que, por ejemplo en los casos de no comparecencia del demandado y, por lo tanto, de no producción de una asunción tácita de la competencia (prórroga tácita), el órgano judicial podrá entonces declararse de oficio incompetente, una vez que, tras el emplazamiento, no haya comparecencia —siempre y cuando la competencia elegida por la parte actora no se funde en los foros competenciales del Reglamento, pues en otro caso, obviamente, no cabrá declaración de incompetencia aunque no haya comparecencia—. Es decir, de la misma manera que se prevé en el art. 28 del Buque insignia: Reglamento Bruselas I-bis; n.º 1215/12, que determina que:

> «1. Cuando una persona domiciliada en un Estado miembro sea demandada ante un órgano jurisdiccional de otro Estado miembro y no comparezca, dicho órgano jurisdiccional se declarará de oficio incompetente si su competencia no se fundamenta en lo dispuesto en el presente Reglamento».

Se trataría, por lo tanto, de una declaración de incompetencia sobrevenida, tras la no comparecencia, y que, en atención a la normativa interna y para respetar los derechos de audiencia, contradicción y defensa, debería ser acordada, dentro del proceso civil español, por auto dictado previo traslado para informar a la actora —única parte que estará comparecida en ese momento procesal— y al Ministerio Fiscal (art. 38 de la LEC).

Con relación a las **medidas provisionales o cautelares,** el art. 14 del Reglamento nos establece el régimen de competencias previendo la posibilidad de solicitud de las mismas ante el tribunal de un Estado miembro, incluso no teniendo este la competencia sobre el fondo. Lo que viene a ser concordante con la previsión del artículo 35 del Reglamento Bruselas I-bis, y evidencia, en ambos casos, la voluntad del legislador de facilitar la aplicación de la medida en el lugar en el que el órgano judicial esté mejor situado para su adopción y ejecución, pese a que no tenga la competencia para conocer del litigio principal, quedando la medida a resultas de lo que se acuerde en este. Todo ello, bien entendido que, como siempre, el régimen procesal para la instrumentar la adopción de tales medidas deberá acomodarse a la *lex fori,* es decir, del tribunal que lleva a cabo la adopción de la medida cautelar (en España la LEC, en concreto en el articulado relativo a las medidas cautelares).

6.1.B) REGLAS SOBRE COMPETENCIA, EN LA FASE DE EJECUCIÓN DE UN TÍTULO DERIVADO DEL REGLAMENTO DE ALIMENTOS

Nos referimos aquí, obviamente, a la presentación a la ejecución de un título consistente en un certificado de los anexos del Reglamento, otorgado en otro Estado de la UE y dimanado del Reglamento de alimentos 4/2009. En tal supuesto, la pregunta que subyace es la relativa a cómo determinar cuál es, en un Estado de la UE en el que haya que llevar a cabo la ejecución del título, la Autoridad designada para tal ejecución. Pregunta que obtiene la respuesta al consultar al Atlas judicial europeo en materia civil:

https://e-justice.europa.eu/content_european_judicial_atlas_in_civil_matters-321-es.do

Instrumento en el que, por ejemplo, se podría comprobar que, en España, la competencia corresponde a los **Juzgados de Primera Instancia**, por así haber sido concretado por el Estado Español en sus comunicaciones respecto del art. 71.1.f del Reglamento, la cuales pueden ser consultadas en la página del Atlas judicial europeo civil, entrando al Reglamento de alimentos y picando sobre la bandera de España.

Allí comprobaremos que, en base a las comunicaciones de España, se establece para tal competencia en fase de ejecución a:

> «Los Juzgados de Primera Instancia de la capital de la Provincia donde la parte contra la que se solicite la ejecución tenga su residencia o de la Provincia donde haya de practicase la ejecución».

Llamando la atención la designación, no del Juzgado de primera instancia del partido judicial de residencia del ejecutado, o del lugar de ejecución (lo que parecería más lógico a nivel de proximidad), sino los de la capital de la provincia.

Cabe referir, para concluir este epígrafe, que los anexos del Reglamento de Alimentos fueron modificados por el Reglamento de ejecución (UE) n.º 1142/2011 de la Comisión de 10 de noviembre de 2011, por el que se establecen los anexos X y XI del Reglamento (CE) n.º 4/2009 del Consejo, relativo a la competencia, la ley aplicable, el reconocimiento y la ejecución de las resoluciones y la cooperación en materia de obligaciones de alimentos. Y que, en cualquier caso, las actualizaciones de los formularios, tanto en este como en otros Reglamentos de la UE, las encontraremos en la referida página del Atlas judicial europeo civil, en el epígrafe correspondiente al Reglamento en cuestión.

6.1.C) LA LEY APLICABLE EN EL REGLAMENTO DE ALIMENTOS

Al ser completo, el Reglamento n.º 4/2009 regula también Ley aplicable, y lo hace en su art. 15 por remisión a Protocolo de la Haya de 2007, pero únicamente será de aplicación tal remisión respecto de los Estados de la UE que han suscrito el citado Protocolo de 2007 sobre Ley aplicable a los alimentos, el cual desplaza al convenio de La Haya de 1973 sobre Ley aplicable a la obligación de alimentos.

Al ser la UE miembro de pleno derecho en la Conferencia de la Haya desde abril de 2007, puede suscribir los convenios de La Haya sin necesidad de que lo haga cada uno de los Estados miembros de la UE, por tal razón la ratificación del citado Protocolo el 30.11.09 por la UE vinculó a todos los Estados miembros, salvo Dinamarca, al haber ejercido este la opción de no vinculación al referido Protocolo.

Al igual que sucede en todos los convenios internacionales sobre Ley aplicable, la suscripción del Protocolo de La Haya de 2007 provocó una **unificación de la legislación aplicable en la materia**, sin permitir reservas al Protocolo (art. 27 Protocolo), lo que supone una mayor seguridad jurídica y la evitación del llamado *forum shoping*: anglicismo que califica la actuación premeditada a la hora de elegir la competencia de los tribunales de uno u otro Estado en función de las ventajas o inconvenientes de la normativa que se ha de aplicar al litigio. Bien entendido que las normas de conflicto del Reglamento de alimentos en sede de determinación de la Ley aplicable, van a tener **proyección universal ex art. 2 del Protocolo**, es decir, la Ley que derivada del Reglamento (y, por remisión de este, del Protocolo de la Haya de 2007), se aplicará a todas las cuestiones de alimentos transnacionales que se planteen entre un Estado miembro y otro Estado, aunque este no sea miembro de la UE.

Por lo tanto, el Reglamento de Alimentos hubiera convertido en residual el art. 9.7 del Código Civil, de hecho, ya lo era antes, desde la aplicación del Convenio de La Haya de 1973 sobre Ley aplicable a la obligación de alimentos (art. 3 del Convenio), sin embargo, en esta ocasión el legislador nacional se ha adaptado a las circunstancias y, en su actual redacción, el art. 9.7 ya prevé expresamente tal remisión, al establecer que:

> «7. La ley aplicable a las obligaciones de alimentos entre parientes se determinará de acuerdo con el Protocolo de La Haya, de 23 de noviembre de 2007, sobre la ley aplicable a las obligaciones alimenticias o texto legal que lo sustituya».

Lo que evidencia lo que venimos afirmando sobre el carácter universal de los Reglamentos y Convenios sobre Ley aplicable, desplazando el Derecho interno, hasta el punto de que el propio legislador nacional ya acomoda la redacción del Código Civil a dicha realidad.

Dada su proyección como materia de orden público, la regulación de los alimentos es beneficiaria de un proteccionismo estatal que, asimismo, lo aplica el legislador de la UE, de modo que el principio **favor creditoris** informa esta regulación. Así se deriva, por ejemplo, de la redacción de los artículos 3 y 4 del Protocolo de 2007, estableciéndose en el primero que las obligaciones alimenticias se regirán por la ley del Estado de la residencia habitual del acreedor, salvo que el propio Protocolo disponga otra cosa. Y, para el caso de cambio de la residencia habitual del acreedor, se aplicará la ley del Estado de la nueva residencia habitual desde el momento en que se produce el cambio.

No obstante, en el caso de alimentos de padres a hijos o viceversa, o de los debidos a favor de personas de menos de 21 años, el Protocolo propicia el cobro cuando manifiesta, art. 4.2 del Protocolo, que se aplicará la ley del foro si el acreedor no puede obtener alimentos del deudor en virtud de la ley a que se refiere el artículo 3. Culminando dicho principio *favor creditoris* en los demás supuestos del art. 4, hasta que, en su último apartado (el numero 4), se determina que, si el acreedor no puede obtener alimentos del deudor en virtud de las leyes a las que se refiere el artículo 3 y los apartados 2 y 3 del artículo 4, entonces «se aplicará la ley del Estado de la nacionalidad común del acreedor y deudor, si existe». Es decir, se prevé un régimen escalonado de puntos de conexión en orden a favorecer el buen fin del cobro de los alimentos.

Finalmente, el art. 5 establece una norma especial relativa a los cónyuges y ex cónyuges en atención a la vinculación del matrimonio con un determinado Estado, y el art. 6 evidencia nuevamente el trato de favor que se otorga a los menores —en este caso *a contrario sensu*—, cuando establece, respecto a las obligaciones alimenticias distintas de aquellas surgidas de una relación paterno-filial a favor de un niño y de aquellas previstas en el artículo 5 (extendida así a cónyuges y ex cónyuges), que: «..., el deudor puede oponerse a una pretensión de un acreedor sobre la base de que no existe tal obligación según la ley del Estado de residencia habitual del deudor ni según la ley del Estado de nacionalidad común de las partes, si existe».

Y, en el mismo sentido proteccionista, cabe terminar este epígrafe evidenciando la protección del menor en el juego de los arts. 7 y 8 del Protocolo, que permiten ciertos pactos en la materia, si bien no se aplicará a las obligaciones alimenticias a favor de una persona menor de 18 años o a un adulto que, por razón de una disminución o insuficiencia de sus facultades personales, no se encuentra en condiciones de proteger sus intereses.

Y, en cualquier caso, el número 4 del art. 8 del Protocolo determina, nuevamente, altos niveles de proteccionismo cuando afirma que, no obstante la ley designada por las partes en virtud del apartado 1, la ley del Estado de residencia habitual del acreedor, en el momento de la designación, determinará si el acreedor puede renunciar a su derecho a alimentos. Concluyendo el art. 8 núm. 5 que, a menos que en el momento de la designación las partes fueran debidamente informadas y conscientes de las consecuencias de la ley designada «..., esta no se aplicará cuando conlleve consecuencias manifiestamente injustas o no razonables para cualquiera de las partes». Lo que constituye, nuevamente, una concesión amplia al arbitrio judicial —en este caso incorporada al Protocolo de La Haya de 2007— en orden a motivar lo que constituye *injusticia o no razonabilidad*.

6.1.D) REGLAS SOBRE RECONOCIMIENTO Y EJECUCIÓN DE UN TÍTULO DERIVADO DEL REGLAMENTO DE ALIMENTOS

El Reglamento, al ser completo, presenta también normas de reconocimiento y ejecución, pero hay que diferenciar los Estados miembros de la UE vinculados por el Protocolo de la Haya de 2007 y los no vinculados, concretamente Dinamarca (que únicamente ha aceptado el Reglamento de alimentos 4/2009, pero no el Protocolo de La Haya sobre Ley aplicable a los alimentos), puesto que, en cuanto a este Estado, el régimen de reconocimiento y ejecución recíproco es notoriamente diferente al resto; lo que afecta, en nuestro caso, tanto a la relación Dinamarca-España como a la relación España-Dinamarca.

6.1.E) EL RECONOCIMIENTO Y EJECUCIÓN RESPECTO DE ESTADOS QUE HAN RECONOCIDO EL PROTOCOLO DE LA HAYA DE 2007 SOBRE LEY APLICABLE A LOS ALIMENTOS

Tal y como veremos, para todos los demás Estados (ajenos a Dinamarca) el Reglamento proporciona un nuevo Título ejecutivo europeo, pues si bien el concepto de «Título ejecutivo europeo» lo oficializó el Reglamento 805/04 para «los créditos no impugnados» en el litigio seguido ante el Estado de origen, sin embargo, el concepto se puede aplicar, de modo extensivo, a aquellos Títulos que gozan en la UE de iguales prerrogativas en materia de ejecución. Tal y como sucede con el título dimanado del Reglamento de alimentos para todos los Estados que han aceptado el Protocolo de La Haya sobre Ley aplicable.

El título en cuestión es el certificado emitido por el Tribunal del Estado de origen (u órgano designado por dicho Estado) a través del **formulario del Anexo I del Reglamento**. Dicho formulario, una vez rellenado, firmado y sellado por el tribunal de origen, se convierte en un certificado que presenta la eficacia en la UE de un Título ejecutivo, porque, en su ejecución, ha desaparecido el exequátur, como se deriva del art. 17 del Reglamento.

Al igual que con el Título ejecutivo europeo emanado del Reglamento 805/2004, sucede también, respecto del citado certificado del Reglamento de alimentos, que este ha de producir el reconocimiento y la ejecución, en el Estado de ejecución, sin necesidad de recurrir a proceso especial alguno. Y, de hecho, las circunstancias procesales de la ejecución derivada de tal certificado del formulario I, al igual que las del propio «Título ejecutivo europeo» del Rto 805/04, son las siguientes:

- Remisión del Reglamento al procedimiento interno del Estado de ejecución (en nuestro caso la LEC).
- El reconocimiento y la ejecución, por lo tanto, es automático, **como si se tratara de ejecutar un título ejecutivo nacional, es decir, se aplicarán los arts. 548 y ss. de la LEC (art. 17 y 41 del Reglamento).**
- La competencia, en esta fase de ejecución, según se manifiesta por el Estado Español en sus comunicaciones en relación con el art. 71.1.f del Rto, corresponde, como ya hemos dicho, a: «*Los Juzgados de Primera Instancia de la capital de la Provincia donde la parte contra la que se solicite la ejecución tenga su residencia o de la Provincia donde haya de practicase la ejecución*».
- Los motivos para denegar la ejecución, a instancia de parte, están limitados en el Reglamento a los siguientes casos (art. 21): Incompatibilidad (instituto similar a la cosa juzgada y coincidente con el Rto del TEE —también art. 21—) y prescripción (caducidad de la acción de ejecución: no nombrado en el Rto 805/04 pero, en cualquier caso, le resulta aplicable por la vía de la normativa interna —art. 556 LEC—) por el transcurso del plazo legal previsto en el Estado de origen; salvo que el plazo legal del Estado de ejecución sea más largo, en cuyo caso se aplicará este.

6.1.F) REGLAS RESPECTO DE DINAMARCA (ESTADO QUE NO HA RECONOCIDO EL PROTOCOLO DE LA HAYA DE 2007)

Como hemos ido diciendo, el régimen general de reconocimiento y ejecución es distinto para Estados miembros de la UE no vinculados por el Protocolo de la Haya de 2007, es decir, Dinamarca (originalmente lo fue también Reino Unido, pero ha quedado ahora fuera de la UE).

Así pues, en el caso de Dinamarca, tanto si actúa como Estado de origen o como Estado de ejecución de un título, el Formulario a expedir por el Tribunal de origen es el otro, el contenido en el **Anexo II del Reglamento 4/2009**, el cual es un formulario que, una vez cumplimentado, constituye un Título que no es propiamente ejecutivo (el Título del formulario I no lo reconocerían en Dinamarca, ni lo puede expedir Dinamarca).

Dicho formulario del Anexo II constituye un Título **que dará lugar a un exequátur simplificado** equivalente a los del hoy derogado Reglamento 44/2001 (Bruselas I), pero que sigue vigente en el Convenio de Lugano de 2007, y en otros Reglamentos de la UE (concretamente en los que hemos llamado «buques autónomos»). Por lo tanto, frente a dicho título cabrá la oposición —a instancia del ejecutado, no de oficio— por los motivos previstos en el art. 24 del Reglamento de Alimentos (equivalentes motivos a los previstos en el art. 34 del Reglamento 44/2001), que, en dicción simplificada, serían los siguientes:

- que el reconocimiento sea manifiestamente contrario al **orden público** del Estado requerido;
- que la resolución se haya dictado en rebeldía sin haber concedido al demandado **tiempo suficiente para defenderse**;
- que la resolución sea **inconciliable** con otra dictada entre las mismas partes (instituto que, como hemos venido indicando, es similar a la cosa juzgada);

En cuanto a iter procesal del procedimiento de ejecución en el Estado de ejecución de dicho título del Anexo II del Reglamento de alimentos, es el correspondiente al llamado **exequátur simplificado, que era el seguido en el ya derogado Reglamento 44/2001 (Bruselas-I; no el actual procedimiento del Buque insignia: Reglamento 1215/2012 —Bruselas-I-bis—**, que se remite al trámite de los artículos 556 y ss. de la LEC, igual que una ejecución de una sentencia española).

Dicho procedimiento de exequátur simplificado, que será el correspondiente a un Título emitido por Dinamarca, seguirá los siguientes pasos, que se desprenden de la interpretación aconsejable en relación con el artículo 30 y 36.3 del Rto de Alimentos, ya que existe cierta contradicción entre ellos, pues el primero afirma que: «*Se otorgará la ejecución de la resolución sin el examen previsto en el artículo 24, ...*», mientras que el segundo afirma que: «*3. Durante el plazo previsto en el artículo 32, apartado 5, para interponer recurso contra el otorgamiento de la ejecución y hasta que se resuelva sobre el mismo, solo podrán adoptarse medidas cautelares sobre los bienes de la parte contra la que se haya solicitado la ejecución*» (se plantea así una situación equivalente a la que se producía del juego del artículo 41 y 47.3 del Reglamento 44/2001, Bruselas I, del que el Reglamento de Alimentos ha heredado este trámite). Los pasos aconsejables son los siguientes:

- Para interpretar dicha frase del art. 30: «*Se otorgará la ejecución de la resolución*», debe tenerse en consideración la posterior previsión del artículo 36.3 del Rto, del que se deriva que, en el ínterin del plazo del recurso previsto en el apartado 5 del artículo 32 frente al auto emanado del artículo 30: «*solamente se podrán adoptar medidas cautelares sobre los bienes de la parte contra la que se hubiera solicitado la ejecución*».

- Por lo tanto, mientras se sustancian los motivos de oposición del art. 24 del Rto, la interpretación recomendable del citado artículo 30, conciliándolo con el 36, es que **cuando afirma el texto que se procederá a otorgar la ejecución, se debe interpretar que hay que otorgar el reconocimiento de la ejecutividad o ejecutoriedad al título extranjero procedente de Dinamarca, por lo que no cabe, todavía, proceder a la ejecución propiamente dicha del patrimonio del demandado,** puesto que hay que esperar a que gane firmeza dicho auto (ya porque no se oponga el demandado en el plazo concedido, ya porque, opuesto, la oposición no prospere).

- Sin perjuicio de ello, el demandante podrá solicitar en dicho ínterin la adopción de medidas provisionales o cautelares (que se regirán procesalmente por la legislación interna —LEC—), para lo que se abrirá la correspondiente pieza separada; todo lo cual es concordante con el **art. 36 del Rto.**

- En atención a lo referido, quedará pospuesta la apertura de la vía de apremio definitiva, a la espera del cumplimiento del requisito de que gane firmeza el auto de reconocimiento de ejecutoriedad. Auto contra el que cabe oposición ante la Audiencia Provincial y, el auto dictado por esta, será asimismo susceptible de recurso ante el TS de casación (ver declaraciones de España al art. 71.1.«b» del Reglamento en relación a los recursos admitidos en nuestro país, las cuales deben, no obstante, ponerse en relación con la actual desaparición del recurso extraordinario por infracción procesal —Real Decreto-Ley 5/2023—).

- Cuando ya gane firmeza el auto del art. 30 del Rto, entonces la parte ejecutante podrá solicitar, ante el mismo Juzgado de Primera Instancia, la ejecución del auto ya firme de exequátur simplificado del título extranjero, que ahora sí será plenamente ejecutivo al haber superado el citado control de legalidad.

- Obsérvese que, tras dicha petición, lo aconsejable es que se dicte por el Juzgado el auto **de despacho de ejecución** (recuérdese que el anterior lo fue de mero reconocimiento de ejecutoriedad).

- Bien entendido que, habida cuenta de que la oposición al *exequátur simplificado* ante la Audiencia Provincial se debió acomodar, únicamente, a alguno de los motivos previstos en el artículo 24 del Rto (ex artículo 34 del mismo), ante este segundo auto de despacho de ejecución hay que permitir al ejecutado la posibilidad de oponerse por las causas internas de la LEC, artículos 556 y ss, que no pudieron alegarse en los 30 días concedidos en el art. 32.5 del Rto para el recurso contra el auto del art. 30 del Rto.

6.1.F.1) REFLEXIONES SOBRE EL TRÁMITE A SEGUIR EN EL RECURSO FRENTE AL AUTO DERIVADO DEL ART. 30 DEL REGLAMENTO, RESPECTO DE DINAMARCA

Siempre dentro del procedimiento correspondiente a un Título proveniente de Dinamarca y cuyo reconocimiento y ejecución se haya solicitado en España ante el Juzgado de primera instancia, el siguiente paso es el de determinar el trámite a seguir en España con relación al recurso previsto en el art. 32 del Reglamento 4/2009.

Nótese que, respecto del recurso previsto en el artículo 32 del Reglamento, interpuesto frente al auto del art. 30 de este, en el art. 32.3 únicamente se dice que se sustanciará por las normas que rigen el **«procedimiento contradictorio»** y se establece el plazo de 30 días para su interposición (ampliados hasta 45 días si el demandado residiera fuera de España), por ello, el citado recurso deberá ser acomodarlo a las normas de la Ley de Enjuiciamiento Civil, y, en dicho sentido, hay dos opciones:

- Recurso ordinario de apelación a interponer ante el Juzgado de Primera Instancia y a resolver ante la Audiencia Provincial (arts. 458 y ss. de la LEC, con práctica de prueba en su caso ex art. 460); solución habitualmente adoptada por la inercia del recurso habitual del que conocen las Audiencias Provinciales, pero que tiene difícil encaje al no concordar los plazos ni las modalidades de prueba, previstas estas en el citado art. 460 LEC para supuestos en los que ha habido un procedimiento contradictorio en la primera instancia donde se pudo proponer prueba, lo que no es el caso.
- Planteamiento directo del recurso ante la Audiencia Provincial en el plazo previsto en el Reglamento, con posterior reclamación por dicho órgano de los autos principales al Juzgado y seguimiento del trámite incidental, concordante con la previsión del Reglamento: «procedimiento contradictorio», previsto en el artículo 393.3 de la LEC, con posibilidad de práctica de prueba, en su caso, en la vista oral a la que se remite dicho precepto.
  - Esta posibilidad, probablemente, tenga mayor presencia tras la reciente reforma en la LEC respecto del recurso de apelación, que también se va a sustanciar, en fase de interposición, ante la Audiencia Provincial en atención al Real Decreto-ley 6/2023, que ha modificado, entre otros preceptos, el art. 458 LEC.

6.1.G) REGLAS SOBRE RECONOCIMIENTO Y EJECUCIÓN DE UN TÍTULO SOBRE ALIMENTOS AJENO A LA UE

Respecto de Estados ajenos a la UE, para el reconocimiento y ejecución de resoluciones en materia de alimentos deberemos acudir a los convenios internacionales, ya sean multilaterales o bilaterales, en los que España sea parte. Dentro de los primeros podemos citar:

- El Convenio de Lugano de 2007, relativo a la competencia judicial, el reconocimiento y la ejecución de resoluciones judiciales en materia civil y mercantil (sigue un sistema de reconocimiento y ejecución análogo al explicado con relación a Dinamarca).
- Convenio de La Haya de 23 de noviembre de 2007, sobre cobro internacional de alimentos para los niños y otros miembros de la familia.
- Convenio de la Haya de 1973 sobre alimentos.

Respecto de posibles Estados con los que nos vinculen **convenios bilaterales** que abarquen los alimentos, deberemos de consultar el **Prontuario** de auxilio judicial internacional (CGPJ):

http://www.prontuario.org/portal/site/prontuario

Así, consultando este, hallaremos varios convenios: por ejemplo, con Uruguay el Convenio de cuatro de noviembre de 1987, o, con Marruecos, el Convenio de treinta de mayo de 1997, entre otros.

Todo ello, bien entendido que, como hemos estado indicando, con relación a los Estados con los que no haya convenio o tratado alguno que abarque la materia alimenticia, habrá que aplicar el **exequátur general de la Ley 29/2015,** de cooperación jurídica internacional en materia civil (LCJIMC). Respecto de este exequátur general, haremos una mención específica al final de esta monografía.

6.2. EL REGLAMENTO DE SUCESIONES

El Reglamento que ahora nos ocupa es el número 650/2012, relativo a la competencia, la ley aplicable, el reconocimiento y la ejecución de las resoluciones, a la aceptación y la ejecución de los documentos públicos en materia de sucesiones *mortis causa* y a la creación de un certificado sucesorio europeo. Tal y como se deriva del propio nombre, vemos que este es también un Reglamento completo, al abarcar los tres ejes del Derecho internacional privado (Competencia, Ley aplicable, Reconocimiento y Ejecución).

Este Reglamento, como el resto de los que nos ocupan, pertenecientes todos ello a lo que hemos dado en llamar Derecho Internacional Privado de la UE, establece normas de conflicto, es decir, no establece las normas sustantivas que rigen la sucesión *—lex causae—*, sino que se va a limitar a determinar los puntos de conexión que, por estar más próximos al acontecimiento jurídico sucesorio, servirán para elegir qué normas sustantivas lo han de regir, es decir, las de uno u otro Estado de los que están en liza en la situación testamentaria transfronteriza planteada.

Establece, en su artículo 84, que el Reglamento resulta aplicable a partir del 17 de agosto de 2015, siendo obligatorio en todos sus elementos y directamente aplicable en los Estados miembros (entiéndase, por lo tanto, para fallecimientos acontecidos el 17 de agosto de 2015 o después de esa fecha), no obstante, incorpora una norma transitoria en su propio texto, porque, cuando el causante hubiera elegido, antes del 17 de agosto de 2015, la ley aplicable a su sucesión, esa elección será válida a efectos del Reglamento si cumple las condiciones establecidas en este (art. 83).

Por otro lado, y como refiere el número 82 de la exposición de motivos, Reino Unido (hoy fuera de la UE) e Irlanda no participaron en la adopción del mismo, al igual que Dinamarca. Estados que, por lo tanto, no quedaron vinculados a un Reglamento cuyo ámbito de aplicación viene descrito, como es habitual, en su artículo primero, del que se deriva que abarca las sucesiones por causa de muerte, pero dejando fuera las cuestiones fiscales, aduaneras y administrativas, además de las habitualmente consideradas como ajenas al ámbito civil y mercantil de la UE, con las especificaciones previstas en el citado art. 1 (como resumen del mismo, vemos que descarta las materias siguientes: estado civil de las personas, las relaciones familiares y las de efectos comparables; la capacidad jurídica de las personas físicas, la desaparición, la ausencia o la presunción de fallecimiento; el régimen económico matrimonial o las situaciones de efectos comparables al matrimonio; los alimentos, salvo los que tengan su causa en la muerte; la validez formal de las disposiciones mortis causa hechas oralmente; los bienes, derechos y acciones creados o transmitidos por título distinto de la sucesión, por ejemplo, mediante liberalidades, propiedad conjunta de varias personas con reversión a favor del supérstite, planes de pensiones, contratos de seguros y transacciones de naturaleza análoga, las cuestiones que se rijan por la normativa aplicable a personas jurídicas; la naturaleza de los derechos reales, y cualquier inscripción de derechos sobre bienes muebles o inmuebles en un registro).

Se corresponde, este Reglamento, con el sistema de la sucesión entendida en sentido **unitario**, que pretende aplicar una sola ley sucesoria para toda la sucesión y unificar esta ante un mismo tribunal, y ello en orden a propiciar la seguridad jurídica y la correspondencia equitativa de soluciones, difícil de conseguir si se produce la dispersión de la sucesión, ya sea en distintos tribunales o con distintas leyes aplicables. No obstante, y como veremos, habrá excepciones al citado sistema unitario en los casos en los que el legislador considera que tal opción, por alguna razón poderosa que se trasluce de la propia norma, no ha sido viable en todos los extremos derivados del hecho sucesorio.

6.2.A) LA COMPETENCIA EN EL REGLAMENTO DE SUCESIONES

En lo que a la competencia se refiere, el Reglamento se configura como un **sistema cerrado,** es decir, la competencia de los órganos jurisdiccionales de los Estados miembros se deriva, exclusivamente, de las normas previstas, con carácter uniforme, en el propio Reglamento (art. 15).

Por lo tanto, las normas de competencia del Reglamento de sucesiones presentan globalidad, tal y como dispone la sentencia del TJUE de 7 de abril de 2022 (C-645/20), al derivarse de ella la conclusión de que se trata de un *sistema cerrado*, de modo que su proyección es diferente a la del Buque insignia: Reglamento Bruselas I-bis, en el que no cabe hablar de tal globalidad competencial, porque se otorga todavía aplicabilidad a la normas internas de los Estados cuando el domicilio del demandado no está en la UE (salvo en las excepciones que prevé el propio Reglamento, ver arts. 4 y 6 del Rto Bruselas I-bis).

En consecuencia, el régimen del Reglamento convierte en residual el art. 22 *quater* «g» de la LOPJ, dado que, en aplicación del artículo 15 del Reglamento, el tribunal de un Estado miembro tendrá que declararse de oficio incompetente si se somete a su consideración un asunto relativo a una sucesión para la cual no resulte competente en virtud del propio Reglamento. Esa residualidad queda remitida al ámbito de los conflictos internos o interterritoriales de leyes entre nacionales con distinta vecindad civil. Puesto que la previsión del artículo 38 del Reglamento determina la no obligatoriedad de aplicación del Reglamento a los conflictos internos (salvo que las autoridades del Estado en cuestión, en nuestro caso las españolas, decidan aplicar el Reglamento también a las cuestiones internas, pero tal decisión, como se ve, no viene impuesta en el Reglamento). Dice, en concreto, el art. 38:

> «Los Estados miembros que comprendan varias unidades territoriales con sus propias normas jurídicas en materia de sucesiones no estarán obligados a aplicar el presente Reglamento a los conflictos de leyes que se planteen exclusivamente entre dichas unidades territoriales».

Estableciendo, al respecto, el artículo 16 del Código Civil, que, en dichos casos, el concepto de ley personal (determinada por la nacionalidad ex art. 9.1 del Código Civil) se muta por el concepto vecindad civil.

> «1. Los conflictos de leyes que puedan surgir por la coexistencia de distintas legislaciones civiles en el territorio nacional se resolverán según las normas contenidas en el capítulo IV con las siguientes particularidades: 1.ª Será ley personal la determinada por la vecindad civil».

El régimen general de competencia del Reglamento viene determinado en su artículo 4, otorgándola en su totalidad a favor de los tribunales del Estado miembro en el que el causante tuviera su residencia habitual en el momento del fallecimiento, salvo que, ex art. 5, la ley elegida por el causante para regir su sucesión —con arreglo al artículo 22— sea la ley del Estado miembro de su nacionalidad en el momento de realizar la elección o en el momento del fallecimiento. Supuesto este en el que, las partes interesadas llamadas a la sucesión, podrán acordar que los tribunales de dicho Estado miembro (relativo a la nacionalidad del causante en los términos antedichos) tengan competencia para el conocimiento del litigio sobre la sucesión; todo ello en los términos del art. 7.

Permite así, el Reglamento, concordar *foro* con *ius*, tanto en el caso en el que el tribunal de la residencia habitual, al que se haya sometido previamente el asunto, se hubiese inhibido en virtud del artículo 6, a petición de una o de todas las partes, como en el aquel en el que las propias partes del procedimiento acuerdan, de conformidad con el artículo 5, atribuir la competencia a un tribunal del Estado miembro de la ley nacional del causante, elegida por este para llevar la sucesión.

En lo que a la citada inhibición respecta, el artículo 6 determina que el tribunal que conozca de la sucesión podrá abstenerse, en caso de que la elección de la ley por el causante para regir su sucesión ex art. 22, sea la ley de un Estado miembro. De modo que, en tal caso, cabrán dos modalidades de abstención o inhibición, una opcional y otra obligada. Así, en la terminología de dicho art. 6, el tribunal que debería conocer del asunto conforme a los artículos 4 o 10 (destacados en cursiva añadidos):

> «a) ***podrá abstenerse de conocer,*** a instancia de una de las partes en el procedimiento, si considera que los tribunales del Estado miembro cuya ley fue elegida están en mejor situación para pronunciarse sobre la sucesión, habida cuenta de las circunstancias prácticas de esta, tales como la residencia habitual de las partes y la ubicación de los bienes, o
>
> b) ***deberá abstenerse de conocer,*** si las partes en el procedimiento han acordado, de conformidad con el artículo 5, atribuir la competencia a un tribunal o a los tribunales del Estado miembro cuya ley fue elegida».

Adviértase que, en el apartado «a», el término «podrá» otorga un importante margen de elección al tribunal originalmente competente por razón de residencia, en orden a analizar si considera, o no, que los tribunales del Estado miembro cuya ley fue elegida por el causante están en mejor situación para pronunciarse sobre la sucesión, y ello habida cuenta de las circunstancias prácticas de esta. Bien entendido que, las circunstancias que cita el legislador de la UE en dicho precepto, son meramente orientativas y no constituyen una categoría imperativa, ni tampoco un numerus clausus.

Una vez más, se aprecia al vocación del legislador en orden a otorgar confianza al juez de la UE por ser consciente de que, legislando para 25 Estados (en este caso quedan fuera Irlanda y Dinamarca) y pese a que la voluntad legislativa es asociar el pleito al lugar de residencia antes que a la nacionalidad del causante, la casuística es demasiado grande como para tener que asumir que, no siendo posible cubrir normativamente todas las variables, resulta prudente apoyarse en el arbitrio del juez para resolver el caso concreto. Esta opción, atributiva de esa importante concesión al arbitrio judicial, la vamos a ver frecuentemente en los Reglamentos de la UE, también en materia de Ley aplicable, llamando la atención si la contrastamos con las leyes internas nacionales, por ejemplo, las españolas, en las que se concede habitualmente menos margen de maniobra a la equidad judicial.

a) El auto n.º 197/2023 de la Sección 3.ª de la AP de Palma de Mallorca, de fecha 04/12/2023 (Pte. Sr. Gibert Ferragut).

Precisamente, de un litigio vinculado al art. 6 apartado «a», es decir, que concedía dicha opción de elección competencial al juzgador, conoció recientemente la Sección 3.ª de la Audiencia Provincial de Baleares, a la que correspondió un recurso de apelación frente a un auto del Juzgado de primera instancia núm. 9 de Palma de Mallorca que estimaba una declinatoria de jurisdicción tras haber solicitado, la parte interpelada en un pleito sucesorio, que en lugar de llevarse el pleito en el domicilio del causante, sito en Mallorca (ex art. 4 del Rto), se llevara en Alemania, por ser de esta nacionalidad el testador y haber elegido este su ley nacional como rectora de la sucesión (por la vía del art. 5).

En concreto, el causante, esposo de la actora y padre de los codemandados, falleció en 2019 teniendo su residencia habitual en Mallorca y siendo su nacionalidad alemana; habiendo otorgado testamento en 2018 instituyendo heredero a su hijo y legando «a quien tenga derecho a ella cuánto por legítima pudiera corresponderle, que le será abonado, en su caso, con bienes en Alemania». Además, había dispuesto que «haciendo uso de la posibilidad que otorga el Reglamento Europeo n.º 650/215 para elegir la ley de mi nacionalidad como la ley aplicable a mi sucesión (art. 22), expresamente elijo y declaro que este testamento está sujeto a la ley alemana, que regirá exclusivamente mi herencia».

Así las cosas, el hijo, instituido heredero, había aceptado la herencia; sucediendo que, a través del juicio ordinario, dentro del cual se había planteado la declinatoria, la esposa actora solicitaba que se declarase su derecho a percibir, en concepto de legitima o heredera forzosa, un determinado porcentaje de la herencia.

Planteada la declinatoria de jurisdicción por el heredero demandado, que solicitó que fuera declarada la competencia de los tribunales alemanes, el Juzgado *a quo* estimó la declinatoria, absteniéndome de conocer de este asunto al entender que los tribunales alemanes estaban en mejor posición para pronunciarse sobre la sucesión, en atención a que uno de los codemandados reside en Alemania, el otro es alemán, la ley aplicable será la alemana, y una parte relevante de los bienes estaba en dicho país.

El citado auto n.º 197/2023 de la Sección 3.ª de la AP de Palma de Mallorca, concuerda los motivos de la resolución de instancia, recordando que había que practicar plurales pruebas, ya invocadas por la propia actora, sobre dichos bienes sitos en Alemania, así como requerir de prueba a instituciones de dicho Estado y adoptar determinadas medidas que, en su caso, serían también necesarias en la fase de ejecución de la sentencia, momento procesal en el que, obviamente, el tribunal del lugar de la práctica de la prueba y del lugar de ejecución (Alemania), estaría mejor situado para tales decisiones. Además de la dificultad añadida de la aplicación del derecho alemán a un asunto transfronterizo en el que, asimismo, se cruzaba la cuestión matrimonial de la actora y el causante. Decía, en concreto, la Audiencia Provincial (algunos de los destacados en cursiva son añadidos):

«SEGUNDO.- El desacuerdo entre las partes ha de resolverse con observancia del Reglamento (UE) N.º 650/2012 del Parlamento Europeo y del Consejo, de 4 de julio de 2012, relativo a la competencia, la ley aplicable, el reconocimiento y la ejecución de las resoluciones, a la aceptación y la ejecución de los documentos públicos en materia de sucesiones mortis causa y a la creación de un certificado sucesorio europeo, del que interesa destacar los siguientes preceptos:

A) Según los arts. 21 y 22, salvo disposición contraria del presente Reglamento, la ley aplicable a la totalidad de la sucesión será la del Estado en el que el causante tuviera su residencia habitual en el momento del fallecimiento. Ahora bien, cualquier persona podrá designar la ley del Estado cuya nacionalidad posea en el momento de realizar la elección o en el momento del fallecimiento.

B) Como regla general de competencia, de conformidad con el art. 4, los tribunales del Estado miembro en el que el causante tuviera su residencia habitual en el momento del fallecimiento tendrán competencia para resolver sobre la totalidad de la sucesión.

C) No obstante, en virtud del art. 6, cuando la ley elegida por el causante para regir su sucesión de conformidad con lo dispuesto en el artículo 22 sea la ley de un Estado miembro, el tribunal que debería conocer del asunto (...) podrá abstenerse de conocer, a instancia de una de las partes en el procedimiento, si considera que los tribunales del Estado miembro cuya ley fue elegida están en mejor situación para pronunciarse sobre la sucesión, habida cuenta de las circunstancias prácticas de esta, tales como la residencia habitual de las partes y la ubicación de los bienes.

D) En este último caso, es decir, si el tribunal al que se haya sometido previamente el asunto se hubiese inhibido en virtud del artículo 6, los tribunales del Estado miembro cuya ley haya sido elegida por el causante en virtud del artículo 22 tendrán competencia para resolver sobre la sucesión.

TERCERO.- Pues bien, este tribunal coincide con el juez a quo en que los tribunales alemanes "están en mejor situación para pronunciarse sobre la sucesión, habida cuenta de las circunstancias prácticas de esta", tal como prevé el art. 6 Reglamento (UE) N.º 650/2012 del Parlamento Europeo y del Consejo, de 4 de julio de 2012, y ello aunque sólo una (...) de las tres partes litigantes tenga su residencia en Alemania, toda vez que:

A) La parte actora, y lo concuerda el heredero, tiene reconocido en su propio escrito de demanda que la mayor parte del caudal hereditario se halla en Alemania (en el momento procesal oportuno se solicitará la obtención de las pruebas en el extranjero que seguidamente se anunciarán, en el marco de la cooperación jurídica internacional entre los órganos jurisdiccionales, atendida la nacionalidad alemana del difunto esposo de mi patrocinada, y ***al situarse en dicho país la mayor parte del monto hereditario).***

B) Esta circunstancia requerirá un amplio despliegue de actividad probatoria para la averiguación de bienes que puedan integrar la herencia litigiosa, habiendo ya manifestado la recurrente que discrepa abiertamente de la relación de bienes alegada por el heredero.

C) Buena prueba de lo que se acaba de apuntar es lo que ya en el propio escrito de demanda se anticipa como parte de la proposición de prueba:

En concreto, se interesa que se practique por el órgano jurisdiccional requerido en Alemania las siguientes diligencias de obtención de pruebas, a los fines de la averiguación de bienes del deudor sitos en el extranjero susceptibles de embargo:

.../...

D) El hecho de que la mayor parte de los bienes se encuentren en Alemania no solo tendrá incidencia en la fase probatoria del pleito sino que igualmente cobrará importancia llegado el momento de ejecutar una sentencia eventualmente estimatoria, habida cuenta de que requerirá la práctica de las gestiones necesarias para que parte de dichos bienes pasen a integrar el patrimonio de la actora.

E) Por último, ***no puede quedar soslayada la mayor complejidad que entraña para un tribunal español la correcta aplicación del derecho alemán, en particular cuando, entre otras cuestiones, ya se ha puesto de manifiesto la necesidad de entrar a interpretar el alcance de su art. 1933 BGB en un caso como el presente en el que el causante ya había interpuesto demanda de divorcio pero todavía no había sido emplazada su esposa, la aquí actora (el precepto establece que "tanto el derecho del cónyuge sobreviviente a heredar como el derecho a la predetracción quedan excluidos si, en el momento de la muerte del causante, se daban los requisitos para el divorcio y el causante lo había solicitado o lo había consentido" pero al escrito de demanda se adjunta el informe de una abogada alemana según el cual no sería suficiente la presentación y admisión de la demanda sino que sería necesario el emplazamiento de la parte adversa)».***

Cabe concluir el comentario de dicha sentencia en un hecho que llama la atención, cual es que, pese a que la Audiencia Provincial confirma la resolución haciendo esencialmente propios los motivos del auto sobre las circunstancias concurrentes que aconsejan el traslado del litigio a los tribunales del lugar de la nacionalidad del causante, sin embargo, no impone las costas, al comprender que, por tratarse de una cuestión sometida en el Reglamento a la equidad judicial, y constituyendo por ello, la estimación de la abstención/inhibición de competencia, una facultad concedida al arbitrio del juez y no a una ley taxativa determinante de una prioridad competencial, la puesta en cuestión en la alzada de la decisión de instancia no había de merecer un pronunciamiento en costas al no ser, los motivos de apelación, tan desatinados como para entender notoria su improcedencia. Dice, en materia de costas, la Audiencia Provincial:

«CUARTO.- Aun siendo la presente resolución desestimatoria del recurso de apelación, se considera procedente no imponer a la apelante las costas de la alzada vez que la norma que ha propiciado la declaración de competencia no viene a determinarla directamente sino que deja en manos del juez la valoración, atendidas las circunstancias prácticas, de cuál de los tribunales en liza se hallan en mejor situación para pronunciarse sobre la sucesión. Habida cuenta de que, de los tres litigantes, dos tienen su domicilio en España (dato al que la norma concede relevancia), el planteamiento de la recurrente no es descabellado, aunque finalmente se otorgue mayor peso a la circunstancia de que la mayor parte del caudal hereditario se halla en Alemania. Esto da pábulo a la apreciación de dudas que justifican la no condena en costas».

b) La sentencia del Tribunal de Justicia de la Unión Europea (Sala Sexta), de 9 de septiembre de 2021.

Igualmente, es interesante citar aquí esta sentencia del TJUE, que correspondía a un supuesto en el que, tras el fallecimiento de su marido, de nacionalidad alemana, acaecido el 9 de marzo de 2017, la esposa solicitó al Tribunal de lo Civil y Penal de Düren, Alemania, la expedición de un certificado sucesorio nacional y un certificado sucesorio europeo del Reglamento de Sucesiones, y ello sobre la base de un testamento ológrafo redactado en alemán en 1990 en el que los cónyuges se instituyeron mutuamente herederos únicos. El hermano del causante impugnó la competencia de los tribunales alemanes para conocer del asunto alegando que, en el momento de su fallecimiento, este tenía su residencia habitual en España, y que dicho testamento no contenía designación expresa de la ley que debía regir la sucesión. Pero, mediante auto de 29 de abril de 2019, el Juzgado de Primera Instancia de Estepona (España), a instancia de la esposa, decidió «abstener[se] de conocer [del procedimiento sucesorio incoado ante él], dado que los tribunales del Estado de Alemania [estaban] en mejor situación para pronunciarse sobre la sucesión y habida cuenta de las circunstancias prácticas, como la residencia habitual de la parte afectada en este asunto y la ubicación de la parte esencial de la herencia».

Adviértase, en dicho sentido, que el Tribunal de Estepona utilizó el término **abstenerse** (del art. 6 Rto) y no el de **inhibirse** del art. 7. a), lo que dio lugar a una parte del debate de la cuestión prejudicial (planteada por el Tribunal alemán), dado que, en otras traducciones del Reglamento se emplea, en ambos artículos, el término *inhibición.*

De modo que, mediante auto de 19 de febrero de 2020, el Tribunal de lo Civil y Penal de Düren se consideró competente para conocer de la demanda presentada por la esposa, al estimar que el auto del tribunal español constituía una abstención de dicho tribunal de conocer en el sentido del artículo 6, letra a), del Reglamento de Sucesiones. Pero el hermano del causante interpuso recurso de apelación contra el auto del Tribunal de Düren, sosteniendo que existían varios motivos que se oponían a la competencia internacional de los tribunales alemanes.

Seguido el curso del proceso en Alemania, finalmente el Tribunal Superior Regional de lo Civil y Penal de Colonia, decidió suspender el procedimiento y plantear al TJUE una serie de cuestiones prejudiciales, preguntando, en esencia, sobre si el Tribunal alemán tenía competencia para reexaminar los aspectos siguientes, tras haberlo hecho ya el Tribunal español:

- Si el causante eligió válidamente la Ley alemana conforme al artículo 22 del Reglamento de Sucesiones;
- Si una de las partes instó la abstención con arreglo al artículo 6, letra a), del Reglamento;
- Si fue correcta la consideración del juez español a la hora de determinar que los tribunales alemanes están en mejor situación para pronunciarse sobre la sucesión; y
- si los artículos 6, letra a), y 7, letra a), del Reglamento, que presuponen una elección de ley «en virtud del artículo 22», son también aplicables en el supuesto de que el causante, en su disposición testamentaria otorgada antes del 17 de agosto de 2015, no efectuara ninguna elección de ley expresa ni implícita, sino que la ley aplicable a la sucesión solo pueda deducirse del artículo 83, apartado 4, del mismo Reglamento.

Sobre tales cuestiones prejudiciales, de los razonamientos del TJUE cabe destacar las reflexiones que seguidamente son referidas.

Comenzando por el desfase terminológico de la traducción al español, entre los términos abstención e inhibición, el TJUE hace una significativa interpretación finalista, no meramente semántica del problema, dando preferencia a «la estructura general» y «la finalidad de la normativa», antes que a semántica empleada en «las distintas versiones lingüísticas». En lo que podríamos considerar que subyace la primacía de **las ideas** antes que *las* **palabras** en las que aquellas se pretenden sustentar; más aún cuando nos hallamos ante un sistema **supranacional** en el que hay una pluralidad tan amplia de lenguas oficiales que impide un paralelismo absoluto en las traducciones. No siendo extraño que, no solo en este supuesto, sino también en otros casos, las versiones de un Reglamento en los distintos idiomas de la UE planteen plurales imprecisiones y conflictos interpretativos. Dice, en concreto, el TJUE al respecto (destacados en cursiva añadidos):

> «29) En el caso de autos, el tribunal al que se sometió previamente el asunto utilizó los términos de la versión española del artículo 6, letra a), del Reglamento de Sucesiones al declarar que había decidido "abstener[se] de conocer de las [...] actuaciones". Sin embargo, el hecho de que, en su versión en lengua española, esta disposición utilice términos diferentes de los del artículo 7, letra a), de dicho Reglamento y de que el órgano jurisdiccional español haya utilizado los términos del artículo 6, letra a), no afecta a la validez de una inhibición en el sentido de estas disposiciones.
>
> 30) A este respecto, procede recordar que, según reiterada jurisprudencia, las disposiciones del Derecho de la Unión deben ser interpretadas y aplicadas de

modo uniforme a la luz de las versiones de todas las lenguas de la Unión Europea. ***Así pues, en caso de divergencia entre las distintas versiones lingüísticas de una disposición de la Unión, la norma de que se trata debe interpretarse en función de la estructura general y de la finalidad de la normativa en que se integra [sentencia de 8 de octubre de 2020, United Biscuits (Pensions Trustees) y United Biscuits Pension Investments, C235/19, EU:C:2020:801, apartado 46 y jurisprudencia citada]».***

Seguidamente, en lo que respecta a la posibilidad, apuntada por el Tribunal alemán, de fiscalizar este la resolución española (del Juez de Estepona) en orden a si se había inhibido correctamente, el TJUE hizo hincapié en los principios de confianza y de reconocimiento mutuo —los cuales han sido varias veces destacados en esta monografía—, en orden a entender que tal revisión no era viable. Decía, en concreto, el TJUE (los destacados en cursiva son siempre añadidos):

«44) Por consiguiente, la resolución de inhibición de un tribunal de un Estado miembro vincula a los tribunales de los demás Estados miembros tanto en lo que atañe a la resolución de inhibición de dicho tribunal, en virtud del artículo 6 del Reglamento de Sucesiones, como en lo que atañe a la constatación de que se cumplen los requisitos enumerados en esa misma disposición (véase, por analogía, la sentencia de 15 de noviembre de 2012, Gothaer Allgemeine Versicherung y otros, C456/11, EU:C:2012:719, apartado 41).

45) Cualquier otra interpretación podría vulnerar los principios de reconocimiento mutuo y de confianza mutua, que subyacen al sistema establecido por el Reglamento de Sucesiones.

46) En efecto, ***según la jurisprudencia del Tribunal de Justicia, el objetivo general perseguido por dicho Reglamento, como se desprende de su considerando 59, es el reconocimiento mutuo de las decisiones adoptadas en los Estados miembros en materia de sucesiones que tengan incidencia transfronteriza*** (sentencia de 17 de enero de 2019, Brisch, C102/18, EU:C:2019:34, apartado 33)».

Finalmente, el TJUE concluyó en la aplicabilidad del Reglamento a testamentos previos a su entrada en vigor, en los que la elección de la ley nacional como aplicable se acomode a las exigencias del propio Reglamento, por así determinarlo el art. 83.4 de este, que establece —ciertamente de modo bastante claro— que:

«4. Si una disposición mortis causa se realizara antes del 17 de agosto de 2015 con arreglo a la ley que el causante podría haber elegido de conformidad con el presente Reglamento, se considerará que dicha ley ha sido elegida como ley aplicable a la sucesión».

Todo ello, concluyendo el Tribunal de Justicia, en la parte dispositiva de la sentencia que nos ocupa, con los siguientes pronunciamientos (destacados en cursiva añadidos):

«1) El artículo 7, letra a), del Reglamento (UE) n.º 650/2012 del Parlamento Europeo y del Consejo, de 4 de julio de 2012, relativo a la competencia, la ley aplicable, el reconocimiento y la ejecución de las resoluciones, a la aceptación y la ejecución de los documentos públicos en materia de sucesiones mortis causa y a la creación de un certificado sucesorio europeo, debe interpretarse en el sentido de que, ***para que se considere que un tribunal se ha abstenido de conocer, en el sentido del artículo 6, letra a), de ese mismo Reglamento, en favor de los tribunales del Estado miembro cuya ley haya sido elegida por el causante, no es necesario que el tribunal al que se haya sometido previamente el asunto se haya inhibido expresamente, pero es preciso que esa intención se desprenda inequívocamente de la resolución dictada al respecto.***

2) Los artículos 6, letra a), 7, letra a), y 39 del Reglamento n.º 650/2012 deben interpretarse en el sentido de que ***el tribunal del Estado miembro que conoce del asunto a raíz de una inhibición no está facultado para controlar si se cumplían los requisitos establecidos en dichas disposiciones para que el tribunal al que se había sometido previamente el asunto pudiera inhibirse.***

3) Los artículos 6, letra a), y 7, letra a), del Reglamento n.º 650/2012 deben interpretarse en el sentido de que las reglas de competencia que establecen ***también son aplicables en caso de que,*** en su testamento, otorgado antes del 17 de agosto de 2015, el causante no haya elegido la ley aplicable a la sucesión y de que la designación de dicha ley solo resulte del artículo 83, apartado 4, de dicho Reglamento».

6.2.B) LA LEY APLICABLE EN EL REGLAMENTO DE SUCESIONES

La aplicación universal del Reglamento en la materia correspondiente a la Ley aplicable a la sucesión, viene plasmada en el art. 20: «La ley designada por el presente Reglamento se aplicará aun cuando no sea la de un Estado miembro», precepto que, como se ha reiterado en este trabajo, así viene siendo interpretado en todos los instrumentos (Reglamentos o Convenios) que incluyen la Ley aplicable. Lo cual tiene como objeto el no permitir que las soluciones de problemas sucesorios transfronterizos equivalentes difieran por razón del modo de elegir la *lex causae* aplicable al fondo, evitando hacer depender la respuesta del albur de quién o quiénes son los Estados entre los que se halle disperso el proceso sucesorio.

Por lo tanto, el Reglamento de Sucesiones desplaza la aplicación del art. 9 apartado 8 del Código Civil, el cual, además, seguía un régimen distinto (la ley rectora de la sucesión era «la Ley nacional del causante en el momento de su fallecimiento»), porque la aplicación universal del Reglamento convierte dicho precepto en residual, resultando únicamente aplicable al régimen de conflictos internos (es decir, a problemas transregionales en los que tiene protagonismo la vecindad civil), donde el punto de conexión «nacionalidad» se cambia por el de «vecindad civil» ex art. 16.1.1.ª del CC.

Así las cosas, se advierte en el Reglamento un deseo de legislador de la UE de concordar el *foro* con el *ius*, pues así se deriva del considerando n.º 23 de la exposición de motivos y, en concordancia con él, hemos visto, en el art. 4, que la competencia general era asignada al tribunal del lugar de residencia habitual del causante al tiempo del fallecimiento, y ahora vemos que el artículo 21 establece, como regla general, que salvo disposición en contrario del propio Reglamento: «la ley aplicable a la totalidad de la sucesión será la del Estado en el que el causante tuviera su residencia habitual en el momento del fallecimiento».

No obstante, el número «2» de dicho precepto vuelve a conceder confianza a la equidad judicial cuando manifiesta que, con carácter excepcional: «si resultase claramente de todas las circunstancias del caso que, en el momento del fallecimiento, el causante mantenía un vínculo manifiestamente más estrecho con un Estado distinto del Estado cuya ley fuese aplicable de conformidad con el apartado 1, la ley aplicable a la sucesión será la de ese otro Estado». Equidad judicial que deberá valorar qué es lo que constituye un «vínculo manifiestamente más estrecho». Y, en orden a ilustrar sobre lo que debe entenderse por tal, además del carácter excepcional que impone el propio artículo y que, por lo tanto, no permite una interpretación extensiva, el juzgador está también asistido por el considerando 25 de la exposición de motivos, que expone lo siguiente:

> «(25) Por lo que respecta a la determinación de la ley aplicable a la sucesión, en casos excepcionales en los que, por ejemplo, el causante se haya mudado al Estado de su residencia habitual poco tiempo antes de su fallecimiento, y todas las circunstancias del caso indiquen que aquel tenía un vínculo manifiestamente más estrecho con otro Estado, la autoridad que sustancie la sucesión puede llegar a concluir que la ley aplicable a la sucesión no sea la ley del Estado de residencia habitual del causante sino la ley del Estado con el que el causante tenía un vínculo manifiestamente más estrecho. No obstante, la vinculación manifiestamente más estrecha no debe emplearse como nexo subsidiario cuando la determinación de la residencia habitual del causante en el momento de su fallecimiento resulte compleja».

Con relación a la elección de la Ley aplicable, el artículo 22 otorga a cualquier persona la facultad de designar «la ley del Estado cuya nacionalidad posea en el momento de realizar la elección o en el momento del fallecimiento», añadiendo que una persona que posea varias nacionalidades «podrá elegir la ley de cualquiera de los Estados cuya nacionalidad posea en el momento de realizar la elección o en el momento del fallecimiento».

Es importante precisar que la sucesión es entendida en el Reglamento en un sentido amplio, de modo que el artículo 25 integra también en este instrumento normativo los pactos sucesorios, con el paralelismo al testamento que se deriva el citado precepto legal.

Así, en el caso del Estado español, la existencia de distintos sistemas jurídicos sucesorios, según se trate del Derecho común (Código Civil), o del Derecho foral de varias de nuestras Comunidades Autónomas, obliga a dar especial importancia al artículo 36 del Reglamento, que regula las soluciones a adoptar para el caso de Estados con más de un sistema jurídico, en los que, por lo tanto, pueden darse conflictos transfronterizos que desemboquen finalmente en conflictos interterritoriales o interregionales. Precepto que prevé un sistema escalonado de remisión a la norma interna del Estado correspondiente, y, subsidiariamente, para el eventual caso en el que exista una falta de normas internas que resuelvan el caso concreto, el Reglamento determina las pautas a seguir. Es decir, esa alternativa subsidiaria se diseña para el caso en que la norma interna no hubiera previsto la solución de un conflicto de leyes transfronterizo en materia sucesoria que pudiera plantearse, por ejemplo, entre un ciudadano de la UE residente en un territorio con especialidades propias, y el propio Derecho nacional interno —supuesto que ha acontecido en el caso de España, como veremos—. Apostando siempre, las soluciones previstas por el legislador de la UE en el Reglamento, por la ley de la residencia habitual del causante o el lugar con el que este presenta una vinculación más estrecha, en defecto de tal previsión concreta al respecto de las leyes internas. Dice, en concreto, el artículo 36 del Reglamento, en relación con los Estados con más de un sistema jurídico (destacados en cursiva añadidos):

> «1. En el caso de que la ley designada por el presente Reglamento fuera la de un Estado que comprenda varias unidades territoriales con sus propias normas jurídicas en materia de sucesiones, ***las normas internas sobre conflicto de leyes de dicho Estado determinarán la unidad territorial correspondiente cuyas normas jurídicas regularán la sucesión.***
>
> ***2. A falta de tales normas internas sobre conflicto de leyes:***
>
> a) toda referencia a la ley del Estado a que hace referencia el apartado 1 se entenderá, a efectos de determinar la ley aplicable con arreglo a las disposiciones relativas a la residencia habitual del causante, como una referencia a la ley de la unidad territorial en la que este hubiera tenido su ***residencia habitual en el momento del fallecimiento;***
>
> b) toda referencia a la ley del Estado a que hace referencia el apartado 1 se entenderá, a efectos de determinar la ley aplicable con arreglo a las disposiciones relativas a la nacionalidad del causante, como una referencia ***a la ley de la unidad territorial con la que el causante hubiera tenido una vinculación más estrecha;***
>
> c) toda referencia a la ley del Estado a que hace referencia el apartado 1 se entenderá, a efectos de determinar la ley aplicable con arreglo a cualesquiera otras disposiciones relativas a otros elementos que sean factores de vinculación, como una referencia a la ***ley de la unidad territorial en la que esté ubicado el elemento pertinente.***
>
> 3. No obstante lo dispuesto en el apartado 2, toda referencia a la ley del Estado a que hace referencia el apartado 1 se entenderá, a efectos de determinar la ley pertinente con arreglo al artículo 27 y ***a falta de normas sobre conflicto de leyes en ese Estado, como una referencia a la ley de la unidad territorial con la que el testador o las personas cuya sucesión sea objeto de un pacto sucesorio hubieran tenido una vinculación más estrecha».***

Todo ello, bien entendido que tal conflicto de leyes al que hace referencia el citado artículo 36, no sería propiamente un mero conflicto interterritorial interno, puesto que vincularía a un ciudadano de la UE perteneciente a un Estado distinto al del foro, porque el artículo 38 prevé la no aplicación del Reglamento a los conflictos de leyes estrictamente internos, refiriendo que:

> «Los Estados miembros que comprendan varias unidades territoriales con sus propias normas jurídicas en materia de sucesiones no estarán obligados a aplicar el presente Reglamento a los conflictos de leyes que se planteen exclusivamente entre dichas unidades territoriales».

Al objeto de ilustrar dichas pautas, analizaremos seguidamente varias sentencias sobre competencia y ley aplicable en materia sucesoria.

6.2.C) SENTENCIAS QUE ILUSTRAN EL ESPÍRITU NORMATIVO DEL REGLAMENTO DE SUCESIONES EN MATERIA DE COMPETENCIA Y LEY APLICABLE, Y SU PROYECCIÓN DE *LEGE FERENDA*

a) Sentencia del TJUE de 7 de abril de 2022 (C-645/20) en materia de competencia judicial internacional.

En orden a explicar el régimen de Competencia judicial internacional, como régimen autónomo derivado del Reglamento de Sucesiones, cabe citar la reciente sentencia del TJUE de 7 de abril de 2022, recaída en un procedimiento prejudicial que afectaba a este Reglamento, 650/2012, en la que se analizaba su artículo 10 en relación con la competencia subsidiaria en materia de sucesiones *mortis causa* (asunto C-645/20), donde ya el Abogado General refirió, respecto de la estructura del sistema de competencia judicial internacional del Reglamento, en el número 45 de su exposición, que se implanta un sistema de competencia judicial internacional para el conjunto de la sucesión fundado en criterios objetivos (la última residencia habitual del causante, la presencia de bienes de la herencia en un Estado miembro) y subjetivos (la elección de foro por las partes interesadas y la aceptación de la competencia por las partes del procedimiento), concluyendo que: «45. **Este sistema es cerrado.** (12) En el ámbito material del Reglamento n.º 650/2012, la competencia de los órganos jurisdiccionales de los Estados miembros resulta exclusivamente de las normas uniformes que prevé, descartándose cualquier otra. (13)».

Conclusión que, a su vez, se desprende del considerando 30 de la exposición de motivos del Reglamento, que establece que «Con vistas a garantizar que los tribunales de todos los Estados miembros puedan, por los mismos motivos, ejercer la competencia en materia sucesoria cuando el causante no resida habitualmente en ninguno de ellos en el momento de su fallecimiento, el presente Reglamento debe enumerar de manera exhaustiva, por orden jerárquico, los motivos por los que se puede ejercer la competencia subsidiaria».

Exponiendo, los considerandos 27 y 31 de la citada sentencia del TJUE:

«27 Conforme a reiterada jurisprudencia, las disposiciones relativas a las normas para determinar la competencia, en la medida en que no remitan al Derecho de los Estados miembros para esclarecer su sentido y alcance, deben ser objeto en toda la Unión de una interpretación autónoma y uniforme, que debe buscarse teniendo en cuenta no solo el tenor literal de las propias disposiciones, sino también su contexto y los objetivos perseguidos por la normativa de la que formen parte (véase, en este sentido, la sentencia de 21 de junio de 2018, Oberle, C20/17, EU:C:2018:485, apartado 33 y jurisprudencia citada)».

«31 En tercer lugar, por lo que se refiere a los objetivos del artículo 10 del Reglamento n.º 650/2012, hay que señalar que este artículo debe interpretarse a la luz del considerando 30 de ese Reglamento, según el cual es preciso «garantizar que los tribunales de todos los Estados miembros puedan, por los mismos motivos, ejercer la competencia en materia sucesoria cuando el causante no resida habitualmente en ninguno de ellos en el momento de su fallecimiento». A tal fin, según este considerando, dicho Reglamento «debe enumerar de manera exhaustiva, por orden jerárquico, los motivos por los que se puede ejercer la competencia subsidiaria».

En definitiva, a diferencia de lo que sucede en otros Reglamentos, como es el caso del art. 6.1 de nuestro Buque insignia, el Rto Bruselas I-bis, en el que se determina que si el demandado no está domiciliado en un Estado miembro, la competencia judicial se regirá, en cada Estado miembro, por la legislación de ese Estado miembro (sin perjuicio de las excepciones); o el nuevo Reglamento Bruselas II-ter (n.º 2019/1111, que por afectar al ámbito del derecho de familia no se analiza en esta monografía), del cual cabe referir que, en materia de competencia sobre divorcio, separación y nulidad, establece en el artículo 6, expresamente, la «competencia residual» de las leyes de cada Estado miembro cuando no se deduce la competencia de ningún órgano jurisdiccional de un Estado miembro con arreglo a las normas del citado Reglamento; sin embargo, el Reglamento de Sucesiones establece un criterio competencial cerrado, que desplaza a las normas de la LOPJ al ámbito de los conflictos competenciales internos (que afecten, entre sí, a dos o más Comunidades Autónomas). Por lo que el artículo 22 quater apartado «g» de la LOPJ tendrá un marco de aplicación relativo a los conflictos interterritoriales o interregionales, pues así se deriva del art. 38 del Reglamento, que establece la inaplicación del mismo a los conflictos internos de leyes cuando se trate de Estados miembros que —como ocurre en España— comprendan varias unidades territoriales con sus propias normas jurídicas en materia de sucesiones.

b) Sentencia de la Secc. 3.ª de la AP Palma de Mallorca, núm. 529/2020 de 30/12/2020 (Pte. Sr. Izquierdo Téllez), en materia de conflictos internos con proyección transfronteriza.

Como ejemplo de la referida autosuficiencia del Reglamento de Sucesiones en materia de determinación de la Competencia judicial internacional y de la Ley aplicable a un evento sucesorio (no precisando del Reglamento Bruselas I-bis, ni de los Reglamentos Roma I y Roma II para determinar dichos criterios, ni tampoco para determinar el reconocimiento y la ejecución), cabe citar la referida sentencia de 30/12/2020 de la AP de Palma de Mallorca.

En ella se trata un interesante caso de una ciudadana de nacionalidad francesa y residencia habitual en Mallorca, que otorgó ante notario una donación sucesoria de bienes inmuebles con pacto de definición a sus dos hijos, también de nacionalidad francesa y residencia habitual en Mallorca; institución regulada entonces en el artículo 50 de la Compilación Balear.

No obstante, le fue denegada la inscripción de la escritura pública de donación sucesoria ante el Registro de la Propiedad de Palma de Mallorca, de modo que el notario autorizante interpuso recurso ante la Dirección General de los Registros y del Notariado (DGRN; hoy Dirección General de Seguridad Jurídica y Fe Pública) contra dicha calificación negativa, y, desestimado tal recurso, la donante formuló demanda ante los Tribunales civiles, la cual dio lugar, en segunda instancia, a dicha sentencia de la Audiencia Provincial de Palma de Mallorca.

Ciertamente, en primera instancia le fue desestimada la pretensión **por carecer la donante de vecindad foral mallorquina**, tal y como exigía la redacción del art. 50 de la Compilación, a la sazón vigente (precepto posteriormente derogado por la Ley 8/2022, de 11 de noviembre, de sucesión voluntaria paccionada o contractual en las Illes Balears). Decía, dicho artículo 50 (destacado en cursiva añadido):

> «Por el pacto sucesorio conocido por definición, los descendientes, legitimarios y emancipados, pueden renunciar a todos los derechos sucesorios, o únicamente a la legítima que, en su día, pudieran corresponderles en la sucesión de sus ascendientes, de ***vecindad mallorquina***, en contemplación de alguna donación, atribución o compensación que de éstos reciban o hubieren recibido con anterioridad. .../...».

En dicho contexto, obviamente la Audiencia Provincial analizó su competencia en base al art. 4 del Reglamento de Sucesiones, que otorga la competencia general a los tribunales del Estado miembro en el que el causante tuviera su residencia habitual en el momento del fallecimiento (o del otorgamiento de la donación sucesoria), siendo estos competentes para resolver sobre la totalidad de la sucesión.

Por lo tanto, cabe realizar, a título explicativo y en orden a fijar conceptos ya analizados, las reflexiones siguientes: obviamente, no se analizó la competencia en base a los foros competenciales generales del Reglamento Bruselas I-bis en materia civil y mercantil, habida cuenta de que esta materia sucesoria quedaba fuera de su artículo 1.º y tenía su propio Reglamento. Ni tampoco se recurrió a los foros derivados del Derecho español (art. 22 *quater* apartado «g» de la LOPJ) o a eventuales convenios internacionales, puesto que esta materia tiene un Reglamento competencial propio para cuestiones transfronterizas, como lo es la que nos ocupa, en la que la donante era una ciudadana francesa.

Lo mismo ocurrió a la hora de determinar la Ley aplicable a la donación sucesoria, marco en el que la Audiencia Provincial tampoco hubo que recurrir al Derecho interno, puesto que el Reglamento en cuestión es completo y regula Ley aplicable. En concreto, en el art. 21 se establece como regla general que: 1. Salvo disposición contraria del presente Reglamento (art. 22), la ley aplicable a la totalidad de la sucesión será la del Estado en el que el causante tuviera su residencia habitual en el momento del fallecimiento (Mallorca, España). El problema del litigio sobre la donación sucesoria mallorquina otorgada por una ciudadana francesa con residencia habitual en Mallorca se suscitaba, en consecuencia, en la medida en que España es un Estado plurilegislativo por presentar determinadas especialidades civiles autonómicas o forales, siendo el problema no meramente interno, sino transfronterizo dada la ciudadanía francesa de la donante. Todo ello, habida cuenta de que, en el ámbito sucesorio del Derecho Balear cabe tal donación sucesoria, no presente en el Derecho común (Código Civil).

Pero el Reglamento presenta una previsión, en su art. 36, que está dirigida al modo de resolver conflictos transfronterizos que afecten a los Estados con más de un sistema jurídico sucesorio, en los que, por tal razón, hay que elegir cuál es la Ley interna aplicable entre las vigentes en dicho Estado; otorgando dicho precepto, en primer término, una preferencia a las normas de conflicto internas para tal determinación, pero estableciendo, subsidiariamente, una solución en el Reglamento para el caso en el que las leyes internas no solucionen el problema suscitado, el cual, como vemos, constituye un caso que se solapa entre el conflicto puramente transfronterizo y el conflicto estrictamente interregional o transregional. Recordemos que, según se expone en el citado art. 36, para lo que ahora interesa (el destacado en cursiva siempre añadido):

> «1) En el caso de que la ley designada por el presente Reglamento fuera la de un Estado que comprenda varias unidades territoriales con sus propias normas jurídicas en materia de sucesiones, ***las normas internas sobre conflicto de leyes de dicho Estado determinarán la unidad territorial correspondiente*** cuyas normas jurídicas regularán la sucesión.
>
> ***2) A falta de tales normas internas sobre conflicto de leyes:***
>
> a) toda referencia a la ley del Estado a que hace referencia el apartado 1 se entenderá, a efectos de determinar la ley aplicable con arreglo a las disposiciones relativas a la residencia habitual del causante, ***como una referencia a la ley de la unidad territorial en la que este hubiera tenido su residencia habitual en el momento del fallecimiento;»***

Y dado que, tal referencia del Reglamento a la ley de la unidad territorial de residencia en el momento del fallecimiento, se extrapola, en el caso de la donación sucesoria, al lugar de residencia habitual del donante, ello situaba a la Compilación Balear, reguladora de la citada figura de la definición, frente Código Civil (regulador de la sucesión en el Derecho común).

Escenario en el que la Sala hubo de realizar una interpretación del Derecho interno, pero desde el enfoque planteado por el Reglamento, no desde el enfoque del propio Derecho interno; y terminó estimando el recurso y acordando dar validez a la donación de bienes inmuebles con pacto de definición, realizada por una ciudadana de la UE residente en Mallorca. Los argumentos principales fueron los siguientes:

- Habida cuenta de que el Reglamento de Sucesiones remite a ley del lugar de residencia, y esta radica en territorio español, existe en nuestro Derecho interno una pluralidad de ordenamientos jurídicos, por lo que hay que acudir a el ordenamiento interno para determinar cuál sería el aplicable.
- Pero el Código Civil discrimina, a nivel interno, sobre la norma aplicable por referencia al concepto de "vecindad civil", sucediendo que la parte afectada, en el caso de autos, era de nacionalidad francesa, por lo tanto, **no tenía ni la vecindad foral mallorquina ni la vecindad civil común, pues no tenía la nacionalidad española, de modo que no se contemplaba en el Derecho nacional interno el supuesto específico (asignación a una persona extranjera de una eventual vecindad civil ficticia en orden a resolver la cuestión transnacional/transregional desde la perspectiva interna).**
- En conclusión, la Sala entendió aplicable la norma del Reglamento, que establece que, a falta de normas internas que resuelvan sobre la ley aplicable, será la del lugar de residencia, que, en este caso, era Mallorca. Por lo que el pacto de definición se consideró válido (art. 36. 1 y 2 del Rto.).

Cabe hacer, al respecto, la reflexión siguiente sobre la base de la exposición de motivos del Reglamento de Sucesiones: el considerando n.º 23 de la exposición de motivos establece (destacados en cursiva añadidos):

> «Habida cuenta de la creciente movilidad de los ciudadanos y con el fin de asegurar la correcta administración de justicia en la Unión y de garantizar que exista un nexo real entre la sucesión y el Estado miembro en que se ejerce la competencia, ***el presente Reglamento debe establecer como nexo general, a efectos de la determinación tanto de la competencia como de la ley aplicable, la residencia habitual del causante en el momento del fallecimiento»***.

Tal considerando está gestado sobre dos pilares: la ciudadanía europea y el Espacio europeo de libertad, seguridad y justicia, haciéndonos reflexionar sobre el desplazamiento del concepto «nacionalidad» a favor del concepto «residencia habitual». De modo que el legislador de la UE quiere que el ciudadano de la UE con residencia en Mallorca se asemeje lo más posible al ciudadano de la UE mallorquín. Conclusión que, además, resulta concordante con la máxima de la **libre circulación de ciudadanos** sobre la que se estructura la UE, la cual, ciertamente, ha favorecido una creciente movilidad que, a su vez, tiene que ser concordante (como dice ese considerando 23 del Reglamento) con el **establecimiento, como nexo general a efectos de la determinación, tanto de la competencia como de la ley aplicable, de la residencia habitual del causante/donante en el momento del fallecimiento o de acto donacional sucesorio.**

Destaca, en dicho sentido, la disquisición contenida en el Fundamento jurídico 3.°, párrafo último de la citada sentencia (Secc. 3.ª de la AP de Palma de Mallorca, núm. 529/2020 de 30/12/2020), donde, frente a la consideraciones de las resoluciones previas de la DGRN (hoy Dirección General de Seguridad Jurídica y Fe Pública) y de la sentencia de instancia, en las que, tras arribar a la conclusión de que, **al carecer la donante de vecindad foral mallorquina**, y siendo esta exigida en el art. 50 de la Compilación, en ningún caso podía la ciudadana de nacionalidad francesa otorgar la donación sucesoria, la sentencia de la Audiencia Provincial sostiene que: **«...es la ley nacional la que ha de interpretarse bajo el prisma del Reglamento, y no al revés»**. Remitiéndose, al efecto, a plural jurisprudencia del TJUE. Decía, en concreto, el pasaje principal de la citada sentencia, lo que se transcribirá (destacados en cursiva siempre añadidos):

> «La sentencia apelada hace aplicación del apartado 1 del referido art. 36, que establece que en el caso de que la ley designada por el propio Reglamento fuera la de un Estado que comprenda varias unidades territoriales con sus propias normas jurídicas en materia de sucesiones (como es el caso), "las normas internas sobre conflicto de leyes de dicho Estado determinarán la unidad territorial correspondiente cuyas normas jurídicas regularán la sucesión". Entiende que la norma interna de conflicto es el art. 16 del Código Civil, que establece como punto de conexión la vecindad civil, y concluye que, como quiera que la actora, al ser de nacionalidad extranjera, carece de vecindad civil, no puede acogerse al art. 50 de la Compilación y le es de aplicación el Código Civil, el cual no contempla la figura de la *definitio.*
>
> La Sala, sin embargo, no comparte la conclusión enunciada. Sin negar que el art. 16.1 C.C. contiene efectivamente una norma de conflicto interno que determina que la ley personal será la correspondiente a la vecindad civil (a través del art. 14 CC), tal norma de conflicto no resuelve sin embargo cuál de los distintos ordenamientos civiles deberá aplicarse cuando, siendo de aplicación la legislación española (ex art. 21 del Reglamento, según hemos indicado), el/la ciudadano/a sea, como en el caso planteado, de nacionalidad extranjera, ya que carecerá de vecindad civil, tanto de vecindad civil común, como de cualquier vecindad civil foral o especial. ***Dicho de otro modo: la norma interna —art. 16.1 CC— emplea una categoría o punto de conexión —vecindad civil— que no puede predicarse del ciudadano extranjero (salvo que adquiera la nacionalidad española, art. 15 CC, lo que no es el caso), por lo que no puede acudirse a ella por la vía del art. 36.1 del Reglamento para resolver la cuestión planteada.***

Tal imposibilidad nos sitúa ante el numeral 2 del propio art. 36, cuyo enunciado comienza precisamente con la dicción "A falta de tales normas internas sobre conflicto de leyes" pues el Reglamento, como reconoce la propia Resolución DGRN de 24.05.19, equipara las situaciones en las que no hay Derecho interregional interno —normas internas sobre conflicto de leyes— con aquellas en que las que sí hay tales normas pero el causante no sea nacional (así se desprende de su FJ 6 y de su FJ 17, del que transcribimos su primer inciso: "En el supuesto analizado, no existe norma estatal interregional aplicable sino que será directamente el Derecho de la unidad territorial designada la que resuelva la cuestión").
.../...
Sea como fuere, la aplicación del a Compilación Balear al supuesto que se nos plantea exige, dado que nos hallamos ante una situación jurídico privada internacional, una interpretación de la exigencia de "de vecindad mallorquina" del ascendiente a que se refiere el art. 50 que resulte conforme con el Reglamento (UE) n.º 650/2012, considerando los principios de primacía y efecto directo del derecho europeo y la finalidad de la norma. Tal interpretación conduce a la aplicación de la ley de la residencia habitual, que en el caso es Mallorca, sin que pueda después exigirse a la actora, en tanto que ciudadana de nacionalidad extranjera, el requisito de la vecindad civil (subvecindad) mallorquina previsto en el art. 50.
Entendemos que esta interpretación de la norma (reducción teleológica, en realidad, que no sería necesaria si, de lege ferenda, quedara suprimido el inciso referido) favorece la coherencia sistemática de la regulación de la figura en su aplicación para Ibiza y Formentera y para Menorca, donde no existe una exigencia de subvecindad ibicenca o menorquina al modo previsto en el art. 50 CB. Pero, sobre todo, resulta conforme con los objetivos del Reglamento 650/2012 (de los que se hacen eco los considerandos 23 y 37, expresamente citados y transcritos en el recurso, relativos a la consideración, como nexo general, de la residencia habitual del causante, y al objeto de que la sucesión "se rija por una ley previsible" para éste), los cuales no pueden quedar mermados por el hecho de que la normativa interna del Estado (que es anterior en el tiempo al Reglamento, obvio es decirlo) sea más estrecha en sus miras que las que se contienen en el propio Reglamento, pues es la ley nacional la que ha de interpretarse bajo el prisma del Reglamento, y no al revés. En este sentido, cabe citar la S TJUE (Sala Segunda) de 15.07.10, resolviendo una petición de decisión prejudicial de —Bundesgerichtshof— Alemania, y en cuya fundamentación jurídica se hace el siguiente llamamiento a los tribunales nacionales: "99. Corresponde a los tribunales nacionales, en principio, aplicar su Derecho nacional al mismo tiempo que velan por garantizar la plena eficacia del Derecho de la Unión, lo que puede levarles a no aplicar, en su caso, una norma nacional que lo obstaculice, o a interpretar una norma nacional que haya sido elaborada teniendo en cuenta únicamente una situación puramente interna con el fin de aplicarla a la situación transfronteriza de que se trate... .". En definitiva, las normas internas de los Estados no pueden "...frustrar mediante requisitos adicionales los objetivos y fines pretendidos por las normas europeas..." (en tal sentido, SS TJU 119/1984, 388/1992 y 185/2007)».

La citada resolución fue confirmada por la sentencia del Tribunal Superior de Justicia de las Islas Baleares (TSJIB) núm. 1/2021, de fecha catorce de mayo de dos mil veintiuno (Pte. Sr. Terrasa García).

c) La proyección, *de lege ferenda,* de los citados precedentes judiciales. La posterior reforma de la Compilación de Derecho Civil de las Illes Balears.

Más allá de las reflexiones judiciales referidas, es interesante comentar que dichas sentencias fueron previas a la reforma de la Compilación del Derecho Civil de las Illes Balears, operada por la Ley 8/2022, de 11 de noviembre, de sucesión voluntaria paccionada o contractual de las Illes Balears, que viene a ser concordante con la citada interpretación de la Audiencia Provincial y del TSJIB, puesto que, en la exposición de motivos de la nueva Ley, en el apartado «I», se dice lo siguiente (se subraya lo de más interés al respecto):

> «La reforma de la Compilación de Derecho civil de las Illes Balears del año 2017 ya hizo extensiva la aplicación de los pactos sucesorios previstos para Mallorca a la isla de Menorca. Su tratamiento en la Compilación es breve, y la falta de actualización de una figura que ha aumentado su uso notablemente, máxime cuando ***se plantea, además, la posibilidad de que los extranjeros también puedan usarla, de acuerdo con las normas que establece el Reglamento Sucesorio Europeo,*** hace necesaria esta nueva regulación».

Cabe destacar, en dicho sentido, que cuando la norma habla de **extranjeros** lo hace en general, es decir, no habla de ese tertium genus en materia de extranjería que son «ciudadanos de la UE» (que no son propiamente extranjeros en la UE), porque, como ya se ha anticipado en apartados anteriores de la presente monografía, del art. 20 del Reglamento 650/2012, de Sucesiones, se deriva su **aplicación universal,** erga omnes, en materia de Ley aplicable a la sucesión, por lo que su proyección no se limita a conflictos de leyes entre Estados de la UE (como hemos reiterado, los Reglamentos que abarcan ley aplicable presentan proyección universal, y ello para evitar la discordancia de aplicar en unos casos unas leyes y en otros otras, solo en función de los Estados implicados). Observación que todavía parece más clara cuando, también en la exposición de motivos de la nueva Ley Balear, se afirma en el apartado «IV», en cuanto a los aspectos generales, que:

> «Se ha prescindido de la tan comentada expresión «de vecindad civil mallorquina», considerando que era una reivindicación generalizada».

Se debe recordar al respecto que, como se ha visto en la trascripción del artículo 50 de la Compilación previa a la reforma, se exigía la vecindad civil mallorquina para otorgar el pacto sucesorio conocido como definición. Este fue el principal problema a resolver en aquella sentencia de la Secc. 3.ª de la AP de Palma de Mallorca, núm. 529/2020 de 30/12/2020, y ahora, la nueva Ley viene a concordar la interpretación de dicha sentencia cuando esta, de **lege ferenda, hacía referencia a la posibilidad de supresión del inciso referido.**

Como corolario de todo ello y para cerrar este apartado, cabe destacar la relevante influencia que el Reglamento de Sucesiones, que es aplicable desde hace menos de diez años (a partir del 17 de agosto de 2015), ha ejercido a nivel, no solo jurisprudencial en orden a suponer una apertura de la interpretación de la normativa interna, incluso autonómica, sino también a nivel normativo nacional, llegando a recalar en la evolución del derecho foral.

6.2.D) EL RECONOCIMIENTO, LA FUERZA EJECUTIVA Y LA EJECUCIÓN DE RESOLUCIONES SUCESORIAS

El Reglamento de Sucesiones regula esta cuestión en los artículos 39 y ss. y, por seguir el sistema del *exequátur simplificado* del ya derogado Reglamento Bruselas I, núm. 44/2001, nos remitimos al respecto a lo que se expondrá en materia de reconocimiento y ejecución en el Convenio del Lugano de 2007, que, por ser este una copia del Reglamento Bruselas I, sigue también un mismo sistema, tal y como se ha referido igualmente en materia de reconocimiento y ejecución del Reglamento de alimentos respecto de Dinamarca, Estado para con el cual también el Reglamento 4/2009 sigue el sistema del *exequátur simplificado* de Bruselas I (Rto 44/2001).

6.3. EL REGLAMENTO DE RÉGIMEN ECONÓMICO MATRIMONIAL

El Reglamento 2016/1103 es el primer Reglamento en esta materia, la cual, hasta ahora, no estaba regulada en la UE quedando fuera de los Reglamentos Bruselas I, Bruselas I-bis y Bruselas II; fue aprobado en régimen de **cooperación reforzada**, es decir, no se obtuvo consenso para intervenir todos los Estados de la UE, sino únicamente los 17 referidos en el considerando núm. 11, entre los que se encuentra España (están también dentro: Bélgica, Bulgaria, la República Checa, Grecia, Alemania, Francia, Croacia, Italia, Luxemburgo, Malta, los Países Bajos, Austria, Portugal, Eslovenia, Finlandia y Suecia).

Todo ello, sin perjuicio de que se fomente la progresiva incorporación de los demás Estados, puesto que, como prevé el considerando 13 y en concordancia con el artículo 328, apartado 1, del TFUE, las cooperaciones reforzadas están abiertas a todos los Estados miembros en el momento en que se establezcan, siempre y cuando se respeten, además de sus condiciones, los actos ya adoptados en ese marco.

Lo hemos clasificado, en la presente exposición, dentro de los *buques autónomos* porque se trata de un Reglamento completo, que abarca la competencia, la ley aplicable, y el reconocimiento y la ejecución de resoluciones en materia de regímenes económicos matrimoniales, los cuales son tratados en sentido amplio, tal y como se deriva del artículo 3, que, en sede de definiciones, establece en el número «1» (destacado en cursiva añadido):

> «A efectos del presente Reglamento, se entenderá por: a) "régimen económico matrimonial": conjunto de normas relativas a las relaciones patrimoniales entre ***los cónyuges y con terceros,*** como resultado del matrimonio o de su disolución;»

Lo que, a su vez, trae causa de los propios objetivos declarados en su exposición de motivos (considerando 72), donde se refieren como tales: la libre circulación de las personas en la UE, la posibilidad de que los cónyuges organicen sus relaciones patrimoniales entre sí y con terceros, durante su vida en pareja y al liquidar su patrimonio, y una mayor previsibilidad y seguridad jurídica.

Así las cosas, podemos interpretar que, en definitiva, el Reglamento de régimen económico matrimonial pretende:

- Garantizar la compatibilidad de las normas aplicables en los Estados miembros en materia de la competencia y la ley aplicable en el marco del régimen económico matrimonial;
- Resolver los problemas a los que se enfrentan los cónyuges para organizar sus relaciones patrimoniales entre sí y con terceros, durante su vida en pareja y al liquidar su patrimonio;
- Conseguir una mayor previsibilidad y seguridad jurídica.

Se trata de objetivos que no pueden ser alcanzados de manera suficiente por los Estados miembros, pudiéndose lograr mejor tal resultado a escala de la UE, por medio de una cooperación reforzada entre Estados miembros, por lo que, en aplicación del principio de subsidiariedad establecido en el artículo 5 del Tratado de la Unión Europea, esta disponía de competencia para actuar en tal sentido, siempre dentro del principio de proporcionalidad establecido en el mismo artículo.

Su reciente entrada en vigor plena, a partir del 29 de enero de 2019, hace que no existan muchos precedentes jurisprudenciales al respecto, no obstante, se citaran algunos seguidamente.

Como quiera que el Reglamento, como hemos visto, abarca la determinación de la Ley aplicable al supuesto transfronterizo que pueda resultar litigioso, en tal materia —como hemos venido insistiendo— el Reglamento presenta una proyección universal, derivada de la redacción de su art. 20 y del considerando 44.

Al igual que el resto de los Reglamentos, sigue la técnica complementaria de los formularios para guiar, en su aplicación, al operador jurídico, con la salvedad de que, este es uno de los casos en los que, a diferencia del régimen general de otros Reglamentos UE, en el que ahora nos ocupa los formularios resultaron publicados, no en el mismo Reglamento, sino posteriormente en un instrumento aparte, denominado: **Reglamento de ejecución núm. 2018/1935,** por el que se establecen los formularios a que se refiere el Reglamento 2016/1103. Presentando, dicho Reglamento de ejecución, tres formularios, según corresponda el Título a:

- Una resolución (anexo I)
- Un documento público (anexo II)
- Una transacción (anexo III)

6.3.A) LA COMPETENCIA JUDICIAL INTERNACIONAL EN LA MATERIA

En este punto, y antes de hacer una aproximación general a las modalidades de competencia establecidas en el Reglamento, en las que destaca la competencia por conexidad procesal (con pleitos sucesorios o matrimoniales), cabe comenzar refiriendo que, en los demás casos, previstos en el art. 6, **cabe la sumisión expresa** mediante pactos sobre competencia, pues así lo determina el artículo 7 del Reglamento, favoreciendo el *forum legis* y el *forum celebrationis*, bien entendido que se va a requerir que, aunque no es preciso que se haga ante un fedatario público, sin embargo, el consentimiento se ha de expresar por escrito, fechado y firmado, pudiendo, no obstante, hacerlo por medios electrónicos que proporcionen un registro duradero.

Al estar así previsto el pacto o prórroga competencial expresa, lógico es que quepa también el pacto sobre competencia sobrevenido por una actitud que, implícitamente, suponga la asunción de la competencia elegida por el actor. De modo que, al igual que ocurre en Bruselas I-bis, está también prevista el presente Reglamento la **sumisión o prórroga tácita,** la cual aparece regulada en el artículo 8 del Reglamento, que prevé lo siguiente:

- Que el demandado quede sometido a la competencia del órgano jurisdiccional del Estado miembro cuya ley sea aplicable al fondo, de acuerdo con el artículo 22 o el artículo 26, número 1, letras a) o b), cuando comparezca ante él, **salvo cuando su comparecencia tenga por objeto impugnar su competencia.**
- Según se contempla en el apartado «2» del citado artículo 8, antes de asumir la competencia por prórroga tácita, el órgano jurisdiccional se asegurará de que el demandado sea informado de su derecho a

impugnar la competencia y de las consecuencias de su comparecencia o incomparecencia. Prevención que, igualmente, está presente en el Reglamento Bruselas I-bis, si bien en este en relación con las competencias proteccionistas (consumidores, contrato de trabajo o de seguro —art. 26.2 del Rto Bruselas I-bis—).

Así la cosas, y si bien el juez puede ejercer un **control de oficio** de su propia competencia (art. 15 Rto), sin embargo, no puede obviar la previsión del artículo 8 sobre la prórroga tácita. De modo que podemos ver en ello la misma técnica legislativa que la utilizada en el art. 28 del Rto 1215/12, Bruselas I-bis, donde también el control judicial de su competencia —salvo infracción de normas imperativas irrenunciables— es posterior al emplazamiento y en función del resultado de este, para que permita la posibilidad de que la parte demandada conteste sin oponerse y consolide, por esa modalidad de prórroga tácita que podríamos calificar de *preavisada* (ex art. 8.2), la competencia del tribunal elegido por la parte actora.

Entrando, ahora sí, a realizar una aproximación general a las modalidades de competencia establecidas en el Reglamento, vemos que la técnica legislativa sigue los siguientes pasos:

- Con carácter principal, el legislador, consciente de la naturaleza habitualmente complementaria de este tipo de litigios, establece en el Reglamento, en primer lugar, una **competencia por conexidad** concretada en la competencia del Estado miembro a cuyos órganos jurisdiccionales se someta la sucesión hereditaria (artículo 4) o el divorcio, la separación judicial o la anulación del matrimonio (artículo 5).

Obviamente, la razón de ser de dicha conexidad se evidencia en la conveniencia de que, al seguirse tales pleitos ante un mismo tribunal, y en tanto en cuanto existirá en los mismos una controversia plural a resolver, si conoce un mismo tribunal se disipa el riesgo de sentencias contradictorias o enfrentadas entre sí.

En dicho sentido, el considerando 32 afirma que, a fin de tener en cuenta la movilidad creciente de las parejas durante su matrimonio y facilitar la buena administración de la justicia, las normas de competencia recogidas en el presente Reglamento deben permitir que los diferentes procedimientos conexos de los ciudadanos se sustancien ante los órganos jurisdiccionales de un mismo Estado miembro.

En definitiva, el legislador UE ha tratado de concentrar la competencia en materia de régimen económico matrimonial en el Estado miembro cuyos órganos jurisdiccionales deban resolver sobre la sucesión de uno de los cónyuges de conformidad con el Reglamento de Sucesiones (650/2012), o el divorcio, la separación judicial o la anulación del matrimonio de conformidad con el Reglamento de familia, hoy Bruselas II-ter (2019/1111).

Así las cosas, y como se ha anticipado, será **cuando no concurra la competencia por conexidad** de los artículos 4 y 5 del Reglamento, cuando aparecen una serie de competencias *en cascada*, de modo que se establecen en el artículo 6 hasta **cuatro fueros sucesivos aplicables en defecto de los anteriores**, fundados primero en el concepto residencia habitual y finalmente en el de la nacionalidad. Los cuales vienen redactados del modo que se transcribe seguidamente, otorgando la competencia al Estado miembro (destacados en cursivas añadidos):

> «a) en cuyo territorio ***tengan los cónyuges su residencia habitual*** en el momento de la interposición de la demanda ante el órgano jurisdiccional, o, en su defecto,
>
> b) en cuyo territorio ***hayan tenido los cónyuges su última residencia habitual,*** siempre que uno de ellos aún resida allí en el momento de la interposición de la demanda ante el órgano jurisdiccional, o, en su defecto,
>
> c) en cuyo territorio ***tenga el demandado su residencia habitual*** en el momento de la interposición de la demanda ante el órgano jurisdiccional, o, en su defecto,
>
> d) de la ***nacionalidad común de los cónyuges*** en el momento de la interposición de la demanda ante el órgano jurisdiccional».

Si bien la voluntad del legislador es, como hemos visto, la de propiciar una unidad competencial en los pleitos conexos, no es ajena al Reglamento la **posibilidad de fraccionar la competencia o limitarla** a determinados bienes o contenidos, cuando las previsiones hasta ahora referidas no sean de aplicación. Así, en el artículo 10, se estipula que para los supuestos en los que no resulten aplicables las normas referidas (concretadas en los artículos 4, 5, 6 u 8, o cuando los órganos jurisdiccionales se hayan inhibido por aplicación del artículo 9 y no sean aplicables las reglas sobre sumisión expresa o tácita o los fueros sucesivos del artículo 6), en estos casos, resultarán competentes los órganos jurisdiccionales del Estado miembro del lugar en que se encuentre un bien inmueble de uno o ambos cónyuges, pero solo para resolver en cuanto a dicho inmueble.

En similar sentido, el artículo 13.1 determina que, cuando la herencia del causante se rija por el Reglamento de Sucesiones (n.º 650/2012) y comprenda **bienes situados en un tercer Estado,** en tal caso el órgano jurisdiccional que resulta competente ex artículo 4 *podrá*, a instancia de una de las partes, optar por no resolver sobre dichos bienes cuando resulte previsible que su resolución sobre estos no será reconocida ni declarada ejecutoria en dicho tercer Estado. Permitiendo el número 2 de dicho precepto, asimismo, que las partes puedan proceder a limitar el alcance del procedimiento.

Todo ello, bien entendido que, en el caso de eventuales **reconvenciones**, y siguiendo el régimen general de Bruselas I-bis, el artículo 12 del Reglamento de régimen económico matrimonial prevé también que el órgano jurisdiccional ante el que se sustancien los procedimientos con arreglo a los artículos precedentes, será competente asimismo para resolver sobre las reconvenciones, en la medida en que entren dentro del ámbito de aplicación del Reglamento.

Al igual que hemos visto que sucede en el Reglamento de Sucesiones, para el supuesto —que debe considerarse excepcional— en el que ningún órgano jurisdiccional de un Estado miembro resulte competente y resultaran competentes los de un tercer Estado con el que el asunto tuviera conexión suficiente, pero el proceso no pudiere incoarse o desarrollarse razonablemente en dicho tercer Estado; en tal caso, podrán conocer los Tribunales de un Estado miembro en orden a garantizar la tutela judicial efectiva, si bien, el art. 11, regulador de tal foro, calificable como ***forum necessitatis,*** exige que el asunto tenga una conexión suficiente con el Estado miembro del órgano jurisdiccional que vaya a conocer de él.

6.3.A.1) LA COMPETENCIA PARA LA ADOPCIÓN DE MEDIDAS CAUTELARES EN UN ESTADO DISTINTO DEL QUE CONOCE DEL PLEITO PRINCIPAL

Esta posibilidad viene contemplada el artículo 19, que permite instar las medidas provisionales y cautelares que se contemplen en el derecho interno de un determinado Estado miembro, cuyos tribunales no resulten competentes para conocer del fondo del asunto (pleito principal). Bien entendido que esto sucederá cuando las medidas concretas solicitadas en un Estado miembro distinto al Estado correspondiente tribunal del foro principal, tengan relación directa con las circunstancias existentes en dicho segundo Estado, de suerte que este tribunal este esté mejor situado para la adopción de tales medidas, las cuales se instrumentarán siguiendo el derecho interno (*lex fori*) del Estado ante el que se soliciten tales medidas, y estas quedarán adoptadas, en caso de corresponder, a resultas del pleito principal.

Esta posibilidad no hay que considerarla excluyente, de modo que, si existieran bienes en otros terceros Estados miembros o en el propio Estado del foro principal, también hay que interpretar que cabe pluralizar solicitudes de adopción de medidas cautelares, las cuales deberán adoptarse siempre conforme al ordenamiento procesal propio del Estado en el que se formula la solicitud. Bien entendido que, como su nombre indica, las medidas serán viables en tanto en cuanto traten de garantizar el buen fin del procedimiento principal, evitando distracciones patrimoniales que, de llevarse cabo, podrían hacer estéril el pronunciamiento de fondo recaído ante el tribunal del Estado competente para conocer del fondo del asunto.

6.3.A.2) DEL RECHAZO DE SU COMPETENCIA, POR EL ÓRGANO JUDICIAL DE UN ESTADO MIEMBRO COMPETENTE, POR MOTIVOS DE ORDEN PÚBLICO

Respetando posibles cuestiones de orden público interno de determinados Estados de la UE sobre las modalidades de matrimonio aceptadas en otros, el Reglamento prevé, en su considerando 38, la posibilidad de que los órganos jurisdiccionales de un Estado miembro entiendan, con arreglo a su derecho internacional privado, que un determinado matrimonio no puede reconocerse a efectos de los procedimientos relativos al régimen económico matrimonial. Supuesto en el que dichos órganos, excepcionalmente, podrán inhibirse, si bien deberán actuar, en tal caso, con diligencia. De modo que la parte interesada tiene que tener la oportunidad de interponer la demanda en otro Estado miembro que tenga un punto de conexión que le otorgue también competencia.

Inhibición esta que presenta, en la redacción de dicho considerando, un carácter excepcional y en la que no está descartado que otro órgano haga lo mismo. Pero siempre, la combinación de las diversas normas de competencia debe, no obstante, garantizar que las partes dispongan de todas las posibilidades para sustanciar el asunto ante los órganos jurisdiccionales de un Estado miembro que acepte la competencia para dar efecto al régimen económico matrimonial.

Como se ha anticipado, ello tiene su razón de ser en que no todos los Estados admiten todas las modalidades matrimoniales, de modo que después el Reglamento, ya dentro del articulado, en concreto el art. 9. 1.°, normativiza tal posibilidad, en concordancia con el citado considerando 38, otorgando la opción de que el órgano jurisdiccional llamado a conocer, conforme a los artículos del Reglamento, pueda inhibirse en el caso de matrimonios inadmitidos en dicho Estado. Supuesto en el que el propio art. 9 establece los criterios subsidiarios de atribución de la competencia.

6.3.A.3) LA COMPETENCIA RESIDUAL EN BASE A LAS NORMAS DE LA LOPJ

Debemos entender que nuestro artículo 22 *quater* de la LOPJ, que establece en su apartado letra «c» el régimen de competencia de los tribunales españoles, entre otras materias, en las relaciones patrimoniales entre cónyuges, queda desplazado por el Reglamento.

Ello es así por venir determinado por la redacción del artículo 15 del Reglamento, que, en sede de **verificación de la competencia**, establece que cuando un órgano jurisdiccional de un Estado miembro conozca de un asunto en materia de régimen económico matrimonial «sobre el que no sea competente en virtud del presente Reglamento, se declarará incompetente de oficio». De donde se infiere que es el Reglamento, y no la Ley interna, la que determina la competencia de los órganos jurisdiccionales de los Estados miembros que han aceptado el Reglamento.

No obstante, la LOPJ resulta aplicable en orden a determinar la competencia en conflictos internos (que hemos venido calificando como **interregionales**), en los que no penetra la regulación del Reglamento, tal y como se deriva de su artículo 35, que establece la no aplicación del presente Reglamento a los conflictos internos de leyes de los Estados miembros que comprendan varias unidades territoriales con sus propias normas en materia de regímenes económicos matrimoniales, precisando que estos «no estarán obligados a aplicar el presente Reglamento a los conflictos de leyes que se planteen entre dichas unidades territoriales exclusivamente».

6.3.B) LA LEY APLICABLE EN MATERIA DE RÉGIMEN ECONÓMICO MATRIMONIAL

Nuevamente, también el artículo 20 de este Reglamento nos recuerda su carácter **universal** en materia de Ley aplicable, de modo que la ley que se determine como aplicable se aplicará aunque no sea la de un Estado miembro.

Por otro lado, este Reglamento, al igual que en el de Sucesiones, también busca en el art. 21 la **unidad de la ley aplicable**, de modo que la aplicable al régimen económico matrimonial en virtud de los artículos 22 o 26 del Reglamento: «se aplicará a todos los bienes incluidos en dicho régimen, con independencia de donde los bienes estén situados».

Al ser una cuestión de derecho privado, pero en la que tienen incidencia aspectos de orden público vinculados al matrimonio, el artículo 22.1 permite, pero con restricciones, la elección de la ley aplicable, de modo que (destacados en cursiva añadidos):

> «Los cónyuges o futuros cónyuges podrán designar o cambiar de común acuerdo la ley aplicable a su régimen económico matrimonial, siempre que se trate de una de las siguientes leyes:
>
> a) la ley del Estado en el que los cónyuges o futuros cónyuges, o uno de ellos, tengan su ***residencia habitual*** en el momento de la celebración del acuerdo, o
>
> b) la ley del Estado de la ***nacionalidad de cualquiera de los cónyuges*** o futuros cónyuges en el momento en que se celebre el acuerdo».

Dispone también dicho precepto, que, salvo acuerdo en contrario de los cónyuges, todo cambio de la ley aplicable al régimen económico matrimonial efectuado durante el matrimonio, solo surtirá efectos en el futuro, bien entendido que, en orden a proteger los derechos de terceros, el núm. 3 del citado artículo establece:

> «Ningún cambio retroactivo de la ley aplicable efectuado en virtud del apartado 2 afectará negativamente a los derechos de terceros derivados de dicha ley».

Tales acuerdos requieren de ciertas formalidades de orden escrito, previstas en el artículo 23, en cuya redacción podemos atisbar el principio **favor negotii**, es decir, las posibilidades se postulan de manera propiciatoria para el buen fin del acuerdo, proporcionando un marco de opciones previsibles.

Tras regular, seguidamente, el régimen del consentimiento y de la validez material y formal, el artículo 26 establece el criterio para determinar la ley aplicable en defecto de elección por las partes, siguiendo las pautas de subsidiariedad que se transcribirán. Apostando, en primer lugar, por la residencia común, y, solo después, por la nacionalidad común de los cónyuges, para finalmente, recalar en la conexión más estrecha. Dicen, en concreto, los números 1 y 2 de dicho precepto (destacados en cursiva añadidos):

> «1. En defecto de un acuerdo de elección con arreglo a lo dispuesto en el artículo 22, la ley aplicable al régimen económico matrimonial será la ley del Estado:
>
> a) de la primera ***residencia habitual común*** de los cónyuges tras la celebración del matrimonio, o, en su defecto,
>
> b) de la ***nacionalidad común*** de los cónyuges en el momento de la celebración del matrimonio, o, en su defecto,
>
> c) con la que ambos cónyuges tengan la ***conexión más estrecha*** en el momento de la celebración del matrimonio, teniendo en cuenta todas las circunstancias.
>
> 2. Si los cónyuges tienen más de una nacionalidad común en el momento de la celebración del matrimonio, solo se aplicarán las letras a) y c) del apartado 1».

No obstante, siguiendo la pauta que ya hemos visto como habitual en materia de Ley aplicable, el número 3 de dicho art. 26 establece una **cláusula de escape**, puesto que, a modo de excepción y a instancia de cualquiera de los cónyuges, se establecen una serie de supuestos en los que la autoridad judicial competente para resolver sobre el régimen económico matrimonial podrá decidir la aplicación de la ley de un Estado distinto, en atención a una singular vinculación de los cónyuges con dicho Estado.

Seguidamente, tras regular el Reglamento, con amplitud, el ámbito de aplicación sobre el que opera la ley aplicable (art. 27) y los efectos frente a terceros (art. 28), destaca la presencia, en el artículo 29, de la figura de la **adaptación de los derechos reales**, cuando la ley del Estado miembro en el que se invoque un determinado derecho real no conozca el derecho real en cuestión, supuesto en el que, en la medida de lo posible, deberá adaptarse «al derecho equivalente más cercano del Derecho de ese Estado, teniendo en cuenta los objetivos y los intereses que persiga el derecho real específico y los efectos asociados al mismo».

Respeta el Reglamento, en sus artículos 30 y 31, tanto las **leyes de policía** internas de los Estados (disposiciones cuya observancia considera esencial un Estado miembro para salvaguardar sus intereses públicos), como las cuestiones de **orden público**, que permiten rehusar una disposición de la ley de cualquier Estado «si dicha aplicación es manifiestamente incompatible con el orden público (*ordre public*) del foro», y termina por **excluir el reenvío**, al no estar incluidas dentro de las leyes de un Estado llamadas por el Reglamento, las normas de Derecho internacional privado de dicho Estado.

Finalmente, cabe destacar que el Reglamento prevé, en su artículo 33, las pautas a seguir para los casos de **conflictos territoriales de leyes** en relación a Estados con diversos regímenes jurídicos en la materia (como lo puede ser España), disponiendo que las normas internas en materia de conflicto de leyes de dicho Estado determinarán la unidad territorial pertinente cuyas normas jurídicas serán de aplicación. Y, tal y como hemos visto que ocurre en el Reglamento de Sucesiones, en defecto o suficiencia de tales normas internas en materia de conflicto de leyes, el Reglamento establece las pautas a seguir. Y, asimismo, prevé la solución, en el artículo 34, para Estados con diversos regímenes jurídicos pero en los que se puedan crear, no conflictos territoriales, sino **conflictos interpersonales de leyes**, cuando se trate de Estados que tenga dos o más regímenes jurídicos aplicables «a diferentes categorías de personas en materia de regímenes económicos matrimoniales» —recordemos que la proyección del Reglamento es universal, y, por lo tanto, pueden tenerse que regular situaciones con Estados con tales modalidades conflictuales, que no afecten a territorios sino a categorías de personas—. Supuesto en el que el Reglamento también apuesta por entender que: «cualquier referencia a la ley de dicho Estado se entenderá como una referencia al régimen jurídico o al conjunto de normas determinado por las normas vigentes en tal Estado». Estableciendo, no obstante, un régimen subsidiario para el caso de que tales normas no solucionen el problema transfronterizo suscitado.

La sentencia del Tribunal Superior de Justicia. Sala de lo Civil y Penal, de Cataluña, núm. 23/2019, de fecha 18/03/2019 (Pte. Sr. Seguí Puntas), en la que se resuelve un recurso de casación en el que había que determinar, entre otros aspectos, el alcance del nuevo Reglamento sobre el Régimen económico matrimonial, resulta interesante en orden a ilustrar sobre el objeto del Reglamento y el régimen universal del mismo en materia de ley aplicable.

Esta sentencia, tras analizar el carácter universal del Reglamento Roma I, así como la **imperatividad de la aplicación de las normas de conflicto** del Derecho español, sancionada en el artículo 12.6 Código Civil («los tribunales y autoridades aplicarán de oficio las normas de conflicto del derecho español»), precisa que las normas de conflicto españolas no son solo las internas de los arts. 8 a 11 del citado Código Civil, sino también las de origen Convencional o las derivadas de los Reglamentos de la UE (todas las cuales, al final, se incorporan al régimen interno formando parte de este), y recuerda que el Reglamento Roma I se aplica para determinar la Ley aplicable a las «obligaciones contractuales en materia civil y mercantil en las situaciones que impliquen un conflicto de leyes», con determinadas exclusiones, ex artículo 1, entre ellas «las obligaciones que se deriven de regímenes económicos matrimoniales». Ámbito que ha venido a ser cubierto por el Reglamento de régimen económico matrimonial, que ahora nos ocupa. No obstante, queda fuera de este Reglamento la materia relativa a los negocios patrimoniales que hagan los cónyuges entre ellos amparados en la libertad de contratación (sancionada en el art. 1.323 del CC y 231-11 del CCCat) y que no son resultado directo del matrimonio; negocios que, por lo tanto, seguirán sometidos al Reglamento Roma I (sobre Ley aplicable a obligaciones contractuales) cuando tales negocios tengan proyección transfronteriza. Expone, dicha sentencia —en su versión original—, lo que se dirá (lo que está en negrita son añadidos):

«4.- El Reglament UE 2016/1103, de 24 de juny, que és aplicable a partir del 29 de gener de 2019, ha introduït un sistema de cooperació reforçada en l'àmbit de la competència, la llei aplicable, el reconeixement i l'execució de resolucions en matèria de règims econòmics matrimonials. Les disposicions d'aquest nou Reglament refermen que Roma I no comprenia la qüestió relativa a les relacions econòmiques entre els cònjuges.

En efecte, el considerando 18 del Reglament UE 2016/1103 diu expressament que "el ámbito de aplicación del presente Reglamento debe incluir todos los aspectos de Derecho civil de los regímenes económicos matrimoniales, relacionados tanto con la administración cotidiana del patrimonio matrimonial como con la liquidación del régimen, en particular como consecuencia de la separación de la pareja o del fallecimiento de uno de los cónyuges. A efectos del presente Reglamento, el término "régimen económico matrimonial" debe interpretarse de forma autónoma y ha de abarcar no solo las normas imperativas para los cónyuges, sino también las normas opcionales que los cónyuges puedan acordar de conformidad con el Derecho aplicable, así como cualesquiera normas por defecto del Derecho aplicable. Incluye no solo las capitulaciones matrimoniales específica y exclusivamente previstas para el matrimonio por determinados ordenamientos jurídicos nacionales, sino también toda relación patrimonial, entre los cónyuges y en sus relaciones con terceros, que resulte directamente del vínculo matrimonial o de su disolución".

En coherència, l'article 3.1 del Reglament accepta una definició autònoma àmplia del concepte règim econòmic matrimonial ("conjunto de normas relativas a las relaciones patrimoniales entre los cónyuges y los terceros, como resultado del matrimonio o de su disolución"), que inclou sens dubte l'anomenat règim econòmic matrimonial primari i el secundari en els termes abans exposats, de manera que deixa sense efecte en el seu àmbit d'aplicació la regulació de l'article 9.3 CC.

Aquesta nova regulació evidencia que el legislador comunitari ha cregut convenient l'aprovació d'un règim de cooperació reforçada en la matèria relativa als règims econòmics matrimonials, deixant de banda però no només la regulació dels aspectes estrictament personals vinculats al matrimoni, que segueixen sotmesos a la norma de conflicte interna (article 9.2 CC), ***sinó també la matèria relativa als negocis patrimonials que facin els cònjuges entre ells emparats en la llibertat de contractació i que no són resultat directe del matrimoni, la qual resta sotmesa a Roma I».***

No obstante, y como ya hemos avanzado, si bien el Reglamento es de aplicación universal en lo que se refiere a la determinación de la ley aplicable (art. 20), sin embargo, tal y como se deriva de su artículo 35, el art. 9. 3 del Código Civil seguirá siendo aplicable a conflictos internos, dado que aquel establece la no aplicación del Reglamento a tales conflictos internos de leyes de los Estados miembros que comprendan varias unidades territoriales con sus propias normas en materia de regímenes económicos matrimoniales.

6.3.C) EL RECONOCIMIENTO Y EJECUCIÓN DE LAS RESOLUCIONES EN MATERIA DE RÉGIMEN ECONÓMICO MATRIMONIAL

Junto al reconocimiento a, título principal, referido en el art. 36.2 del Reglamento respecto de la solicitud del reconocimiento de una resolución; para lo cual se seguirá el procedimiento de los arts. 44 a 57; también se prevé en el Reglamento la figura del reconocimiento incidental, que se da cuando el reconocimiento se plantea en el seno de un procedimiento en curso (art. 36.3 Rto).

No obstante, por seguir también este Reglamento, como todos los que hemos considerado como *buques autónomos* (si bien, en el caso del Reglamento de Alimentos, solo respecto de Dinamarca), el sistema de reconocimiento y ejecución del *exequátur simplificado* del derogado Reglamento Bruselas I, 44/2001, nos remitimos aquí a lo que se expondrá en materia de reconocimiento y ejecución en el epígrafe correspondiente al Convenio del Lugano de 2007, ya que, por ser este una copia del Reglamento Bruselas I, sigue genuinamente su mismo sistema. Tal y como ya se ha referido, igualmente, en materia de reconocimiento y ejecución del Reglamento de Alimentos respecto de Dinamarca, así como en el Reglamento de Sucesiones.

6.4. EL REGLAMENTO SOBRE EFECTOS PATRIMONIALES DE UNIONES REGISTRADAS

El Reglamento núm. 2016/1104, sobre la competencia, la ley aplicable, el reconocimiento y la ejecución de resoluciones en materia de efectos patrimoniales de las uniones registradas, al igual que el anterior, establece en su artículo 3.b), en sede de definiciones, que, a los efectos del presente Reglamento, se entenderá por *«efectos patrimoniales de la unión registrada»*, el conjunto de normas relativas a las relaciones patrimoniales de los miembros de la unión registrada **entre sí y con terceros**, como resultado de la relación jurídica creada por el registro de la unión o su disolución.

Se trata de un Reglamento prácticamente gemelo del Reglamento de régimen económico matrimonial, que acabamos de analizar (2016/1103 —por lo que, sustancialmente, nos remitimos a lo en él expuesto—), habiendo entrado ambos en vigor en la misma fecha y estando aprobados en el régimen de **cooperación reforzada** (17 Estados, entre ellos España en ambos casos), y se aplica a los efectos patrimoniales que resultan de la convivencia de una pareja que, en este caso, no habría formalizado dicha convivencia como un matrimonio (en cuyo caso se aplicaría el Reglamento 2016/1103) sino como una unión registrada, quedando fuera del Reglamento 2016/1104 otras modalidades de convivencia no formalizadas en un registro, como serían las meras uniones de hecho no registradas.

En los dos Reglamentos —el anterior y el presente— se regulan los contenidos patrimoniales de los cónyuges, o de los miembros de la pareja registrada, entre sí y con terceros, como resultado del matrimonio o del registro de la unión, o de su disolución (art. 3.1). Quedando fuera los efectos personales, no patrimoniales, propios de la convivencia.

7

LOS BUQUES DE «APOYO TRANSVERSAL» A LA ARMADA REGLAMENTARIA DE LA UE

Se trata de Reglamentos instrumentales que, como tales, se pueden aplicar como auxiliares en procedimientos regulados en los otros Reglamentos, coadyuvando así para el buen fin de procesos que tengan proyección transfronteriza.

Como tales, podemos catalogar a los Reglamentos que regulan las notificaciones transfronterizas, las pruebas transfronterizas o las relevantes Ordenes europeas de retención de cuentas corrientes en Estados miembros distintos del Estado miembro del tribunal que las emite: por ejemplo, el Juzgado de primera instancia de Palma puede ordenar la retención de un importe pecuniario de una cuenta corriente del BNP sucursal de Versalles.

Se trata de los tres Reglamentos que se estudiarán seguidamente, sin perjuicio de realizar, a lo largo de la exposición, alguna referencia a la Ley 29/2015, de Cooperación jurídica internacional en materia civil, en la medida en que esta debe ser citada por su residualidad con los dos primeros Reglamentos referidos, y por interferir con el Reglamento de práctica de pruebas en lo que a la prueba del Derecho extranjero se refiere.

Por lo tanto, los citados Buques de Apoyo Transversal son los tres Reglamentos siguientes:

A.- Notificación y traslado de documentos: Rto 2020/1784.

B.- Práctica de pruebas: Rto 2020/1783.

C.- Orden Europea de Retención de Cuentas: Rto 655/2014.

7.1. REGLAMENTO 2020/1784: NOTIFICACIÓN Y TRASLADO ENTRE LOS ESTADOS MIEMBROS DE DOCUMENTOS JUDICIALES Y EXTRAJUDICIALES EN MATERIA CIVIL O MERCANTIL (VERSIÓN REFUNDIDA)

Entró en vigor recientemente, el 01/07/2022, y derogó el Reglamento 1393/2007, del mismo nombre. Presenta primacía frente a otros instrumentos internacionales destinados al mismo fin, por así determinarlo su art. 29 (nos referimos, por ejemplo, a los Convenios de La Haya de 1965 y 1954 sobre notificación de documentos judiciales y extrajudiciales), y se aplica en todos los Estados de la UE, incluido Dinamarca.

Este nuevo Reglamento, en tanto que derogó el anterior Reglamento 1393/2007, el cual, a su vez, había derogado al Reglamento 1348/2000, todos ellos de notificación y traslado de documentos, constituye una evidente prueba de la imparable evolución del Derecho Internacional Privado de la UE en los últimos 20 años, en los que, como se ve, la observación de determinadas disfunciones en los Reglamentos anteriores ha motivado al legislador de la UE a tal evolución normativa en esta materia, alcanzando la cifra de tres instrumentos sobre el mismo objeto en poco más de 20 años.

Tal y como se refiere en la exposición de motivos de este y de los otros Reglamentos UE, su objetivo es mantener y desarrollar el Espacio europeo de libertad, seguridad y justicia, siendo indispensable, para alcanzar tal fin, la adopción de medidas en el ámbito de la cooperación judicial en materia civil necesarias para el buen funcionamiento del mercado interior. Lo que implica la necesidad de seguir mejorando y agilizando la transmisión, la notificación y el traslado de documentos judiciales y extrajudiciales entre los Estados miembros. Siempre tratando de garantizar un elevado nivel de seguridad y protección en la transmisión de dichos documentos, salvaguardando así los derechos de los destinatarios y protegiendo la vida privada y los datos personales.

Nótese, en dicho sentido, que el devenir de todo procedimiento judicial transfronterizo comienza, precisamente, con la notificación del emplazamiento a la parte demandada, para que pueda contestar a la demanda en plazo y forma. Emplazamiento que, cuando ha de hacerse más allá de la frontera del tribunal del foro, debería mantener amplios niveles de eficacia y celeridad para conseguir ese buen fin de los procedimientos judiciales. Por lo que resulta siempre deseable un perfeccionamiento del sistema al objeto de obtener una simplificación y racionalización, contribuyendo así a la reducción de retrasos y costes.

La obtención de un alto grado de seguridad jurídica es inexcusable en un entorno como el de la UE, constituida como ente supranacional que abarca

27 Estados, en el que existen hoy día procedimientos muy expuestos, como el Monitorio europeo (Reglamento n.º 1896/2006), o el correspondiente a la ejecución del Título ejecutivo europeo (Reglamento 805/2004), en los que la precisión y eficacia del emplazamiento resultan primordiales. Adviértase, en dicho sentido, que la no oposición a la demanda da lugar, en ambos casos, a un certificado que constituye un Título ejecutivo europeo que impide ser cuestionado en el Estado de ejecución (más allá de la incompatibilidad con una resolución anterior —cosa juzgada—). Por lo que una eventual incorrección del emplazamiento generaría una indefensión doble, porque situaría al demandado/ejecutado, no solo en la necesidad de promover la nulidad del emplazamiento para revertir el vicio procesal, lo que ya constituye un esfuerzo contracorriente en un procedimiento en el que ya ha podido recaer sentencia o resolución final, sino que también le obligaría a instar dicha compleja nulidad en un Estado distinto del suyo, es decir, en el Estado de origen del procedimiento, sin ser competente para ello el Tribunal del Estado de ejecución de la resolución, en el que normalmente residirá el ejecutado.

Por ejemplo, si un ciudadano español residente en Palma de Mallorca es emplazado en un procedimiento monitorio europeo instado contra él ante la Corte civil de Versalles, Francia, y no comparece (tal vez porque no ha sido correctamente emplazado en Palma de Mallorca en la solicitud de auxilio judicial internacional remitida a España al efecto por el órgano judicial francés), el tribunal francés emitirá un certificado (el previsto en los anexos del Reglamento del procedimiento monitorio europeo, 1896/2006) que será ejecutivo ante los tribunales de Palma de Mallorca. De modo que el Juzgado de primera instancia de Palma (Estado de ejecución) no podrá analizar la eventual incorrección o nulidad del emplazamiento, cuya no contestación dio lugar al Título ejecutivo europeo francés, por lo que el Juzgado de Palma tendrá que ejecutarlo tal cual, siendo, en todo caso, el ciudadano español quien, si quiere detener la ejecución por un defecto de emplazamiento, tendría que acudir a Versalles a plantear la revisión o nulidad del título ante la Corte judicial francesa, nombrando allí representación y defensa procesal.

Este ejemplo nos da una idea de la relevancia de la corrección de un emplazamiento judicial transfronterizo dentro de la UE, y nos demuestra la trascendencia del buen uso del Reglamento que ahora no ocupa, núm. 2020/1784, de notificación y traslado en los Estados miembros de documentos judiciales y extrajudiciales en materia civil o mercantil.

Todo ello, a su vez, tenía que ser contextualizado en el nuevo Reglamento en una realidad tan singular como la actual, en la que, si se quiere lograr una efectiva simplificación y racionalización de los sistemas y procedimientos, se ha pasar, necesariamente, por la digitalización. Habiendo hecho un esfuerzo el legislador de la UE en dicha línea, en la medida en que, como se pretende en la exposición de motivos del Reglamento, la mejora de los sistemas «alentará a los particulares y a las empresas a realizar operaciones transfronterizas, incentivándose de este modo el comercio transfronterizo en la Unión y, por consiguiente, la operatividad del mercado interior».

Así las cosas, y como apuntábamos, debe convivir en el Reglamento entre la necesidad de velar por la garantía de eficacia en las notificaciones y emplazamientos y, a su vez, por la evitación de todo tipo de indefensión. Lo que resulta, en el caso de España, no solo competencia de los Letrados de la Administración de Justicia (LAJ; antes denominados Secretarios judiciales) y de los Jueces, sino también debería ser motivo de implicación de la parte actora, instante del procedimiento y quien, en caso de no llevarse a cabo correctamente el emplazamiento, será la principal perjudicada en el supuesto de promoverse y prosperar una nulidad de actuaciones en un posterior incidente de revisión. No olvidemos que, pese a que el emplazamiento afecta al orden público procesal, el principio de *justicia rogada* que informa el proceso civil, permite a la parte actora coadyuvar al buen fin del emplazamiento, tanto proponiendo lealmente todas las opciones de emplazamiento en las distintas direcciones disponibles del demandado, nacionales o extranjeras (conforme al principio de buena fe que informa el proceso civil), como también solicitando al juzgado la realización de indagaciones o llevando a cabo alegaciones propiciatorias del buen fin de esa trascendente fase procesal, clave para la evitación de la indefensión, proscrita tanto en el ámbito nacional como en el ámbito de la UE.

Como su nombre indica, no abarca el Reglamento la notificación ni el traslado de documentos judiciales y extrajudiciales en otros ámbitos distintos al civil y mercantil: por ejemplo, en materia fiscal, aduanera o administrativa (tal y como refiere el considerando 4 de su exposición de motivos y el art. 1 del Rto).

Siendo, **los cauces de transmisión** de la notificación de la documentación, los previstos en el Reglamento, los cuales se pasan seguidamente a nombrar —de modo simplificado—:

- Directa entre organismos transmisores y receptores.
- Vía diplomática o consular; y vía agentes diplomáticos o consulares (ver comunicaciones de España al art. 33 Rto).
- Por servicios postales.
- Notificación y traslado electrónicos (ver comunicaciones de España).
- Notificación o traslado directos, por medio de personas competentes del Estado miembro de la notificación; por ejemplo, los *huissiers de justice* de Francia (ver comunicaciones de España).
- Con intervención del Órgano Central (Autoridad Central).

Siendo, las **principales novedades del Reglamento** al respecto, las que seguidamente se nombrarán:

- El anterior Reglamento **no se aplicaba si el domicilio del destinatario era desconocido**, pero el actual, combinando el art. 1.2 con el 7, exhorta al Estado requerido para que proporcione asistencia para indagar el domicilio en cuestión.

- Promociona la transmisión de los documentos a través de un **sistema informático descentralizado seguro y fiable** (considerando 10 de la exposición de motivos y art. 5.1 del Rto). Dicho sistema informático descentralizado se basará en una solución interoperable, como e-CODEX. Al respecto, se ha publicado el **nuevo Reglamento de ejecución 2022/423**, que establece las especificaciones técnicas para implementar el citado sistema informático.

Como en todos los Reglamentos, también en este el legislador de la UE exhorta a los Estados miembros para que emitan determinadas comunicaciones o declaraciones relacionadas con el propio Reglamento, y ello en orden a determinar los órganos competentes, o establecer pautas de actuación. En este caso, nos referimos al art. 33 del Reglamento, de modo que, antes de la entrada en vigor del mismo, los Estados tenían que comunicar dichas especificaciones.

Para consultar tales comunicaciones de los Estados, lo más práctico es acudir a Internet, y, en concreto, a la página del **Atlas judicial europeo civil**, donde, entrando en este Reglamento que nos ocupa y picando sobre la bandera del Estado cuyas comunicaciones queremos conocer, aparecerán estas en los distintos idiomas de la UE (en algunos casos y respecto de determinados Estados, las traducciones se retrasan algo en el tiempo). En el caso de España la página del Atlas tiene el *link* siguiente:

Portal Europeo de e-Justicia - Notificación y traslado de documentos (refundición) (europa.eu)

Consultando dicha dirección de Internet, en ella se nos informa de tales comunicaciones, en las que podremos comprobar que España viene a exponer lo siguiente:

1. Los organismos transmisores y receptores en España son los Letrados de la administración de justicia (en la recepción, a través del Servicio Común).
2. España cuenta con medios informáticos y telemáticos para llevar a cabo las notificaciones.
3. En relación con el art. 7 del Rto, relativo a la indagación del domicilio, España expone que incluso se practicarán de oficio por el órgano competente para la notificación (LAJ). Lo que es concordante con el art. 156 LEC.
4. Con relación los idiomas que acepta España para cumplimentar los formularios del Anexo I del Rto, hay cierta confusión:
5. Art. 3.4.d: español, portugués, inglés y francés.
6. Art. 8.2: español y portugués.
7. Art. 14.2: español (para la recepción del Formulario K)

8. El Órgano Central es la Subdirección General de Cooperación Jurídica Internacional, del Ministerio de Justicia.
9. Notificación por medio de Agentes diplomáticos o consulares (art. 20), solo se aceptan dentro de España para nacionales del Estado de origen (del consulado).
10. No admite la notificación electrónica a las personas destinatarias, ni siquiera con las prevenciones del art. 19.
11. No admite la notificación o traslado directos (los Procuradores solo podrán realizarlos por habilitación expresa del Letrado de la Administración de Justicia -LAJ).
12. En caso de incomparecencia del demandado, la suspensión del procedimiento podrá ser levantada por el Juez a los 6 meses, en las condiciones previstas en el art. 22 del Rto.

Obviamente, este Reglamento de notificaciones únicamente se aplica a las llevadas a cabo dentro de la UE, no siendo de aplicación en cuestiones transnacionales ajenas a la UE. Por ello, no sobra el hacer una reflexión respecto de cómo funciona la notificación de documentos fuera de la Unión europea. La cual será desarrollada en los epígrafes siguientes, presentando, a su vez, dos opciones: las llevadas a cabo respecto de terceros Estados ajenos a la UE, pero integrados en un convenio internacional (multilateral o bilateral) sobre notificación y traslado de documentos en materia civil y mercantil, y, por otro lado, aquellos Estados con los que no existe convenio ni tratado alguno.

7.1.A) NOTIFICACIÓN DE DOCUMENTOS Y PRÁCTICA DE PRUEBAS CON OTROS ESTADOS AJENOS A LA UE, VÍA CONVENIOS O TRATADOS INTERNACIONALES

La primera recomendación, para conocer la existencia o inexistencia de convenios o tratados, es acudir a la página del Prontuario judicial internacional en materia civil del Consejo General del Poder Judicial —CGPJ—, cuya dirección es la siguiente:

http://www.prontuario.org/portal/site/prontuario

En él, procederemos a identificar el Estado en el que hay que llevar a cabo la notificación, de modo que, picando sobre el Estado y sobre el epígrafe de notificaciones, el Prontuario nos indicará si hay o no un convenio o tratado internacional con dicho Estado en tal materia. Cabe destacar, por ejemplo, los siguientes convenios:

- **Convenio de La Haya de 1965 sobre notificación y traslado de documentos** judiciales y extrajudiciales en materia civil o comercial.

- Convenio de **La Haya de 01/03/1954 sobre procedimiento civil.**
- **Convención Interamericana de Panamá de 30/01/1975** sobre exhortos o cartas rogatorias.
- Eventuales convenios bilaterales, por ejemplo, con Marruecos: Convenio de cooperación judicial en materia civil, mercantil y administrativa entre el Reino de España y el Reino de Marruecos, firmado en Madrid el 30/05/1997, en el que, entre otros aspectos, se regulan las notificaciones de documentos.

7.1.B) NOTIFICACIÓN DE DOCUMENTOS JUDICIALES O EXTRAJUDICIALES CON OTROS ESTADOS AJENOS A LA UE CON LOS QUE NO HAY UN CONVENIO O TRATADO INTERNACIONAL: LA LEY 29/2015 DE COOPERACIÓN JURÍDICA INTERNACIONAL EN MATERIA CIVIL

En tales casos, en los que no hallaremos en el Prontuario convenio alguno que vincule a dicho Estado con España, el órgano español deberá aplicar el **régimen general de la Ley 29/2015**, de 30 de julio, de Cooperación jurídica internacional en materia civil (LCJIMC), que prevé el modo de llevar a cabo las notificaciones y emplazamientos transnacionales con terceros Estados.

Destáquese que, en todos los casos —no solo dentro de la UE—, es primordial velar por la buena realización de un emplazamiento, puesto que, aunque del mismo no se pueda derivar (como ocurre con los ya citados Reglamentos de la UE) un título ejecutivo internacional, lo cierto es que, un emplazamiento irregular, sin las suficientes garantías, puede dar lugar a que, después, la sentencia o resolución judicial dictada en el Estado de origen no se pueda reconocer y ejecutar en el Estado de ejecución, ante el que sí podrá invocar tal defecto la parte ejecutada (o incluso podrá apreciarlo el Tribunal de oficio o a instancia del Ministerio Fiscal, que interviene en España en el exequátur ordinario de reconocimiento y ejecución de sentencias civiles —ver el art. 54.8 de la citada Ley 29/2015 LCJIMC—). Bien entendido que, la ausencia de corrección en el emplazamiento, podrá dar lugar a un motivo de oposición a todo exequátur general.

No en vano, sobre la necesaria corrección del emplazamiento, la jurisprudencia del TS y la emanada del Tribunal Constitucional advierte a menudo, como es el caso de la **sentencia del TC núm. 26/2020, de fecha 24/02/2020 (Pte. Sra. Balaguer Callejón):**

> «El Tribunal Constitucional dispone de una abundante jurisprudencia, cuyo hito inicial se remonta a la STC 9/1981, de 31 de marzo, que vincula el adecuado respeto

del art. 24.1 CE , en la dimensión relativa al disfrute de una tutela judicial efectiva sin indefensión, al correcto emplazamiento o citación de los interesados en un procedimiento, porque solo el adecuado emplazamiento asegura la presencia de la parte ante el órgano judicial para la defensa de sus propios intereses, en caso de que decida personarse. Se ha declarado que "el derecho a la tutela judicial efectiva sin indefensión (art. 24.1 CE) garantiza a todos los que puedan resultar afectados por la decisión que se dicte en un proceso judicial el derecho a conocer su existencia, a fin de que tengan la posibilidad de intervenir en él, ser oídos, y ejercer la defensa de sus derechos e intereses legítimos, y en este sentido es reiterada la doctrina constitucional sobre la importancia de los actos de comunicación para la efectividad del derecho a la tutela judicial efectiva sin indefensión (art. 24.1 CE)" (STC 180/2015, de 7 de septiembre, FJ 4, y jurisprudencia allí citada)».

7.1.C) LA PROTECCIÓN POR LOS TRIBUNALES ORDINARIOS DEL DERECHO DE DEFENSA DE LA PERSONA DEMANDADA, FRENTE POSIBLES VICIOS DEL EMPLAZAMIENTO PRACTICADO EN EL ESTADO DE ORIGEN

Para ilustrar esta idea de la necesidad de que se haya llevado a cabo correctamente la notificación del emplazamiento en un Estado extranjero, y ello en orden a que luego pueda ser ejecutada una sentencia dictada por el Estado de origen (ejecución que muchas veces habrá de ser solicitada en el Estado donde se emplazó incorrectamente, por ser este el del domicilio o residencia habitual del demandado), nos sirve como ejemplo un caso reciente que fue resuelto por la sentencia del Tribunal Supremo de fecha 14/03/2022, que seguidamente transcribiremos, anticipando que, en dicho supuesto, la situación transnacional era con Colombia.

No obstante, cabe antes recordar que, ante un exequátur general de reconocimiento y ejecución en España, por la vía de la Ley 29/2015 de Cooperación jurídica internacional en materia civil (LCJIMC), de una resolución extranjera (se trataría, en dicho supuesto, de un caso no comprendido en los Reglamentos UE ni en convenios o tratados internacionales), procedimiento en el que normalmente se acumularan la demanda de reconocimiento y la de ejecución de la sentencia extranjera (pese a tal acumulación, no se procederá a la ejecución hasta que se haya producido el previo reconocimiento mediante el exequátur), en el que hubiera sido declarado en rebeldía el demandado en el Estado de origen (Estado del foro, en el que se conoció del procedimiento), la parte instante del exequátur, siendo España el Estado de ejecución, deberá acompañar la documental de la entrega de la cédula de emplazamiento o documento equivalente, siendo la Jurisprudencia española exigente en este punto en orden a salvaguardar siempre las garantías del demandado.

Recuérdese, en dicho sentido, que cabe que se plantee oposición por el demandado por los motivos del art. 46 de la tan citada Ley 29/2015 —LCJIMC—, que incluye los siguientes supuestos (en exposición simplificada y subrayando lo que afecta a lo analizado en este ejemplo):

- Resoluciones contrarias al orden público español.
- **Infracción derechos de defensa en el Estado de origen,**
- Falta de competencia del Estado de origen,
- Resolución inconciliable con una resolución previa eficaz en España,
- Litispendencia española previa.

De modo que, si a instancia del demandado —o de oficio— se considera que se han violentado los derechos de defensa en el Estado de origen por un defecto de emplazamiento, no será reconocida la resolución cuyo exequátur se pretende, y, obviamente, si no hay reconocimiento de la resolución extranjera, no podrá haber ejecución de la misma.

a) La sentencia del Tribunal Supremo, n.º 202/2022, de fecha 14/03/2022, resolviendo un recurso extraordinario infracción procesal (Pte. Sr. Seoane Spiegelberg).

Como hemos anticipado, cabe referir, en esa línea garantista, la antedicha sentencia del Tribunal Supremo, que, si bien fue dictada en relación con un proceso de familia, sirve para ilustrar sobre la doctrina del Alto Tribunal al respecto. De ella podemos destacar los siguientes aspectos:

- Se solicitaba el reconocimiento en España de una sentencia dictada en Colombia en la que se atribuyó la patria potestad exclusiva del hijo a la madre, con la correspondiente privación al padre.
- El procedimiento se siguió en rebeldía por el tribunal del Estado de origen, pues el padre no pudo ser localizado y se le emplazó por edictos.
- Inadmitida la solicitud de exequátur, tanto por el Juzgado como por la Audiencia Provincial, el Tribunal Supremo consideró que la inadmisión de la demanda de exequátur estaba bien acordada al no haberse aportado, pese al requerimiento efectuado, los documentos acreditativos del emplazamiento del padre; sin que fuera suficiente la publicidad edictal, la cual se había llevado a cabo en periódicos del Estado de origen.

El escenario de dicha resolución del Tribunal supremo era un recurso que se fundamentaba en la infracción del referido art. 46 de la Ley 29/2015 (LCJIMC), que, en su apartado 1 b), establece que las resoluciones judiciales extranjeras firmes no se reconocerán cuando se hubieran dictado con manifiesta infracción de los derechos de defensa de cualquiera de las partes, precisando que: «Si la resolución se hubiera dictado en rebeldía, se entiende que concurre una manifiesta infracción de los derechos de defensa si no se entregó al demandado cédula de emplazamiento o documento equivalente de forma regular y con tiempo suficiente para que pudiera defenderse». A tal efecto, y como se ha indicado, el 54.4b de dicha LCJIMC establece que la demanda de exequátur deberá ir acompañada, si la resolución se dictó en rebeldía, del documento que acredite **«la entrega o notificación de la cédula de emplazamiento o el documento equivalente»**. De modo que, el Tribunal Supremo, tras recordar la doctrina del Tribunal Constitucional sobre la importancia de los actos de comunicación para la efectividad del derecho a la tutela judicial efectiva sin provocación de indefensión, analizó la doctrina sobre **la rebeldía «voluntaria» y la rebeldía «involuntaria»**, exponiendo lo que se transcribirá (los destacados en cursiva son siempre añadidos):

«Esta Sala ha diferenciado, a los efectos de reconocimiento de la resolución extranjera, las diferentes causas a que obedece la incomparecencia de la parte demandada al proceso, distinguiendo los casos en que debidamente citada y emplazada —es decir, regularmente, conforme a la ley rectora del procedimiento, y en tiempo útil para defenderse—, no comparece voluntariamente, ya sea porque no reconoce la competencia del Juez de origen, ya sea porque no le conviene, o, simplemente, porque deja transcurrir los plazos para la personación, de aquellos otros, por el contrario, en los que la falta de personación en el proceso para el oportuno ejercicio del derecho de defensa se debe al desconocimiento de su existencia.***Es, precisamente, esta última clase de rebeldía involuntaria la que opera como un obstáculo para el reconocimiento de la sentencia extranjera; mientras que, en la primera de ellas (rebeldía voluntaria), el reconocimiento es plenamente viable.***

En el sentido expuesto nos hemos manifestado en los autos de esta Sala de 28-10-97, 23-12-97, 17-2-98, 7-4-98, 2-2-99, 22-6-99, 7-9-99, 28-9-99,16-5-2000, 3-10-2000, 23-1-2001, 27-3-2001, 10-4-2001, 24-4-2001, 18-9-2001, 30-10- 2001, 6-11-2001, 29-1-2002, 30-4-2002, 14-5-2002, 18-6-2002, 25-6-2002, 2-7-2002, 17-9-2002, 20-10-2002, 5-11-2002, 11-2-2003, 11-3-2003, 20-5-2003, 1-3-2005 y 7-12-2005, citados en los autos de 9 de mayo de 2006, en recurso 213/2002 y 30 de mayo de 2006, en recurso 644/2003, o más recientemente en la sentencia 625/2015, de 26 de noviembre).

En aplicación de la doctrina expuesta no impide el reconocimiento de la resolución extranjera en el caso de rebeldía voluntaria, así la sentencia 845/2006, de 5 de septiembre, proclamó que:

"La Sentencia se dictó en rebeldía, pero la ausencia de la demandada, después de notificada, obedeció a su propia conveniencia y no puede, en ningún caso, fundar un supuesto de indefensión, que consiste, según la jurisprudencia constitucional, en la privación o limitación no imputable al justiciable de cualesquiera medios legítimos de defensa de la propia posición dentro del proceso (entre otras, Sentencias del Tribunal Constitucional 101/2001 y 143/2001".

Tampoco conforman óbices para el reconocimiento de la resolución las situaciones de rebeldía que no sólo son consentidas por el propio demandado, "sino además articuladas desde su mala fe procesal en el curso del procedimiento" (sentencia 599/2016, de 6 de octubre). Otras situaciones, que no impiden el reconocimiento por tal causa se producen cuando es el propio demandado rebelde el que insta el cumplimiento de la sentencia (auto de 10 de julio de 1982); o su reconocimiento (auto 22 de diciembre de 1983) o se allana a lo solicitado por la contraparte (auto de 21 de octubre de 1982).

La expresión normativa de que sea entregada la "cédula de emplazamiento o documento equivalente de forma regular y con tiempo suficiente para que pudiera defenderse", ya figura de tal forma recogida en el art. 27.2 del Convenio de Bruselas sobre la competencia judicial y la ejecución de resoluciones judiciales en materia civil y mercantil de 27 de septiembre de 1968, así como en el Convenio de Lugano de 16 de septiembre de 1988. Fue interpretada por la STJUE de 13 de julio de 1995, C-474/93, Hengst Import BV, en el sentido de que con ella se quiere dar a entender que se "se designa el acto o los actos cuya entrega o notificación al demandado, efectuada de forma regular y con tiempo suficiente, coloca a éste en condiciones de invocar sus derechos antes de que se dicte en el Estado de origen una sentencia ejecutoria". Aunque se trata de convenios no aplicables al presente caso, que versa sobre el reconocimiento de una sentencia dictada por un tribunal colombiano, constituyen antecedentes normativos del art. 46 de la Ley 29/2015 y sirven para justificar la razón de su exigencia. Pues bien, en el presente caso, la inadmisión de la demanda está bien acordada, al no haberse aportado, pese al requerimiento efectuado, los documentos acreditativos de la puesta en conocimiento del demandado de la existencia del proceso en que se dictó la sentencia cuyo reconocimiento se postula. No es suficiente que se acredite que para el emplazamiento del demandado se libró despacho al cónsul de Colombia en Toledo, si no constan las concretas gestiones efectuadas para su localización o la concreta forma en que se intentó su emplazamiento, sin que sea suficiente la publicidad edictal en periódicos de Colombia, cuando el demandado carece de punto de conexión conocido con tal país, al ser nacional español, y darse como lugar de residencia España.

Como dijimos en la sentencia 1316/2017, de 4 de diciembre:

"Tampoco los documentos aportados por la parte solicitante con el mismo fin sirven para ello, pues un detenido examen de su contenido permite apreciar que ninguno de ellos contiene una indicación inequívoca de los actos objeto de notificación, ni de los documentos que habían de ser entregados a los demandados; y si se admite que los actos de comunicación realizados, bien a través de comisión rogatoria, bien por vía consular o postal, y siempre y en todo caso al amparo del Convenio XIV de La Haya, de 15 de noviembre de 1965, venían referidos a las actuaciones judiciales que tenían por objeto poner en conocimiento de los demandados el origen y objeto del proceso, así como su emplazamiento, se ha de convenir entonces que los documentos aportados por la parte promovente en ningún caso sirven para justificar la recepción por los demandados de la demanda o de documento equivalente con tiempo suficiente para que pudieran defenderse, pues en todos los casos figura como fecha de recepción una muy posterior a la de 26 de noviembre de 1991, día en el que había de tener lugar la audiencia ante el Tribunal de Gran Instancia de París para la que fueron citados las partes".

Por todo ello, este motivo de casación no puede ser estimado».

7.2. EL REGLAMENTO 2020/1783: PARA LA COOPERACIÓN ENTRE LOS ÓRGANOS JURISDICCIONALES DE LA UE EN LA OBTENCIÓN DE PRUEBAS EN MATERIA CIVIL O MERCANTIL (VERSIÓN REFUNDIDA)

Este Reglamento, al igual que el anterior, entró en vigor recientemente, el 01/07/2022, y derogó el Reglamento 1206/2001, del mismo nombre, aplicándose en todos los Estados de la UE con exclusión de Dinamarca (considerando 38 del Rto), de modo que, con este país, a pesar de estar dentro de la UE, se aplica el Convenio de La Haya de 1970 sobre obtención de pruebas en el extranjero en materia civil y comercial, y el Convenio de La Haya de 1954 sobre procedimiento civil, mientras que, con el resto de los Estados de la UE, el art. 29 establece la primacía del Reglamento frente a otros instrumentos.

Como en el caso del anterior, el Reglamento derogó también a su predecesor (Reglamento 1206/2001 —en materia de pruebas solo hubo un Reglamento anterior que precedió al actual—), lo que vuelve a ser una evidencia de la imparable evolución del Derecho Internacional Privado de la UE en los últimos 20 años. Pretendiendo siempre, el legislador de la UE, la mejora frente a determinadas disfunciones en los Reglamentos anteriores, así como la adaptación a las nuevas tecnologías de comunicación.

Según refiere, como siempre, la exposición de motivos, su objetivo es mantener y desarrollar el Espacio europeo de libertad, seguridad y justicia en orden a garantizar la libre circulación de personas, y, con ello, el buen funcionamiento del mercado interior (considerando 2 del Rto). Para lo cual es indispensable la cooperación judicial en materia civil y mercantil, tratando del Reglamento de mejorar y agilizar la práctica de pruebas entre los órganos jurisdiccionales de los distintos Estados miembros, al objeto de aumentar la eficacia y la celeridad de los procedimientos mediante la simplificación y racionalización de los mecanismos de cooperación transfronterizos, contribuyendo al mismo tiempo a reducir los retrasos y los costes soportados por los particulares y las empresas.

En definitiva, se pretende proporcionar un mayor grado de seguridad jurídica y una simplificación, aceleración y digitalización de los procedimientos, lo que alentará a los particulares y a las empresas a realizar operaciones transfronterizas, incentivándose de este modo el comercio y la operatividad del mercado interior (considerando 3 del Rto).

Nótese, en dicho sentido, que el Espacio europeo de justicia está indefectiblemente vinculado al primer objetivo de la CEE, ente supranacional que, si bien hoy día alcanza cada vez más cotas en el ámbito de lo político y social, siendo denominada Unión Europea, afloran siempre las bases que constituyeron su origen: la incentivación del comercio transfronterizo y la consolidación del mercado interior.

El deseo de legislador UE es que las solicitudes de obtención de pruebas se ejecuten con rapidez (noventa días), de modo que, en otro caso, el órgano jurisdiccional requerido deberá poner en conocimiento del órgano jurisdiccional requirente, las razones que impiden que la solicitud sea ejecutada con dicha rapidez. Lo cual va acompañado de la referencia categórica, contenida en el considerando 16 del Rto, relativa a que las circunstancias en las que es posible denegar la ejecución de una solicitud de obtención de pruebas han de circunscribirse «a situaciones excepcionales estrictamente delimitadas».

Sobre lo que deben ser consideradas *situaciones excepcionales*, nos marca la pauta el formulario «J» anexo al Reglamento, el cual establece, en relación con el artículo 17 del Reglamento, las circunstancias que justificarían la imposibilidad de ejecutar la solicitud de obtención de pruebas en el plazo de 90 días a partir de su recepción, exponiendo los motivos siguientes:

> «5.1. Está en curso la determinación de la dirección de la persona a la que se debe tomar declaración o interrogar:
>
> 5.2. Está en curso la citación de la persona a la que se debe tomar declaración o interrogar:
>
> 5.3. La persona no compareció a declarar o para ser interrogada pese a haber recibido la citación:
>
> 5.4. La respuesta a la solicitud se envió el... [fecha]. Se adjunta la respuesta:
>
> 5.5. No se ha recibido la provisión de fondos o adelanto solicitado el... [fecha]:
>
> 5.6. Otros (se ruega especificar): ....
>
> 6. Se calcula que la ejecución de la solicitud se efectuará a más tardar el... (indíquese una fecha aproximada)».

Se ha trascrito lo indicado por el formulario en dicho punto, en orden a ilustrar la idea, expuesta a lo largo de esta monografía, relativa a que los formularios no son únicamente plantillas a rellenar, sino que encauzan la interpretación de los Reglamentos del que son anexos o complemento, de modo que, a menudo, constataremos que una eventual dificultad en la interpretación de un Reglamento podemos salvarla acudiendo al pasaje correspondiente del formulario, donde veremos el modo en que el legislador de la UE quiere encauzar la interpretación del instrumento en cuestión. Lo que constituye una suerte de interpretación auténtica del Reglamento, propiciada por su propio autor a través del complemento de los formularios.

Como siempre ocurre con los Reglamentos, este también termina recalando en la *lex fori* (considerando 17) para determinar el modo de se debe ejecutar una solicitud de obtención de pruebas, por ser norma general que es el Derecho nacional es el que informa el modo de articular las cuestiones procesales y el de practicar las pruebas, lo que, en el caso del Derecho español, está determinado en la LEC.

En cualquier caso, se garantiza en el Reglamento el derecho de presencia y contradicción de las partes, o sus representantes, durante la obtención de pruebas en el Estado de ejecución, si así lo prevé el Derecho del Estado miembro del órgano jurisdiccional requirente; lo que permitirá seguir el procedimiento de manera comparable al supuesto en que la prueba se hubiera obtenido en el Estado miembro del órgano jurisdiccional de origen (órgano requirente). Sin perjuicio de que debe corresponder al órgano jurisdiccional requerido el determinar, de conformidad con su Derecho nacional, las condiciones en las que puedan participar (considerando 18).

El Reglamento actual mantiene el mismo cauce de transmisión del anterior: transmisión directa entre los órganos jurisdiccionales, pudiendo ser auxiliados por el Órgano Central (art. 3 y 4), habiendo nombrado España, tal y como consta en las comunicaciones remitidas (art. 31 en relación con el art. 4 del Rto), como órgano central la Subdirección General de Cooperación Jurídica Internacional del Ministerio de Justicia (tal y como se puede ver en la página del Atlas judicial europeo civil, entrando a este Reglamento y picando sobre la bandera española).

Portal Europeo de e-Justicia - Obtención de pruebas (refundición) (europa.eu)

En cuanto a las **principales novedades del Reglamento**, cabe referir que estas discurren, esencialmente, por la vía de las nuevas tecnologías, pudiendo destacar las siguientes:

- **En el considerando n.º 7 se potencia la utilización de cualquier tecnología moderna de comunicaciones** para asegurar la rapidez en la transmisión de solicitudes y comunicaciones entre Estados miembros a efectos de la obtención de pruebas.
- El art. 7 concreta que: Las solicitudes y las comunicaciones se transmitirán a través de un **sistema informático descentralizado seguro y fiable**, respetando los derechos y libertades fundamentales, dicho sistema informático descentralizado se basará en una solución interoperable, como e-CODEX. 2.
- **El marco jurídico del Reglamento 910/2014, relativo a la identificación electrónica y los servicios de confianza** para las transacciones electrónicas en el mercado interior, será de aplicación a tales solicitudes y comunicaciones.
- **En el considerando n.º 21 se potencia la videoconferencia** como medio relevante simplificar y acelerar la obtención de pruebas (declaración de parte, interrogatorio de testigos o audiencia de un menor).
- El art. 12.4. establece que el órgano jurisdiccional requirente podrá solicitar al órgano jurisdiccional requerido que utilice la videoconferencia y la teleconferencia. Y el órgano jurisdiccional requerido la utilizará, a no ser que esa utilización sea incompatible con el Derecho

nacional o no pueda utilizarla por dificultades prácticas (lo que hará constar con el **formulario H**-art. 12.4-3.º).

- Para realizar las peticiones se utilizarán los formularios siguientes:

1. **Formulario «L»**: solicitud de obtención de prueba directa (art. 19), ver apartado 12 del formulario;
2. **Formulario «N»**: sobre información de aspectos técnicos asociados a la realización de una videoconferencia o a la utilización de otra tecnología de telecomunicaciones (en relación con el artículo 20.2).

Como información de apoyo, el artículo 23 determina que la Comisión elaborará y actualizará periódicamente un manual con la información facilitada por los Estados miembros con arreglo al artículo 31 y a los acuerdos en vigor, de conformidad con el artículo 29, apartado 3. Y lo hará accesible electrónicamente, en especial a través de la Red Judicial Europea en materia civil y mercantil y en el Portal Europeo de e-Justicia. Se recomienda, por lo tanto, visitar la página del Portal Europeo de Justicia:

Portal Europeo de e-Justicia - Videoconferencias (europa.eu)

Como se ha venido exponiendo en otros Reglamentos, para obtener información de las comunicaciones de los Estados, en este caso respecto del art. 31 del Reglamento, lo más práctico es acudir a Internet, y, en concreto, a la página del Atlas judicial europeo civil, en el que, picando sobre la bandera del Estado cuyas comunicaciones queremos conocer, aparecerán estas en los distintos idiomas de la UE (en algunos casos y respecto de determinados Estados, las traducciones se retrasan algo en el tiempo). En el caso de España, si picamos sobre la bandera española, nos situamos en el link siguiente:

Portal Europeo de e-Justicia - Obtención de pruebas (refundición) (europa.eu)

Y, en esta dirección, podremos comprobar las declaraciones de España, que, en esencia, se pueden resumir en las siguientes:

- Autoridad requirente: **juez o magistrado** que practica la prueba (art. 3).
- Autoridad requerida: **Decanatos** o Servicios comunes procesales.
- **Órgano Central**: Subdirección General de Cooperación Jurídica Internacional, del Ministerio de Justicia.
- **Idiomas**: España acepta el español y el portugués para las solicitudes y comunicaciones (art. 6)
- Medios de transmisión aceptados: los Juzgados cuentan con **medios informáticos y telemáticos** para la recepción de solicitudes (art. 7)
- Solicitudes de prueba directa del Formulario «L» (art. 19): se proveerá sobre las mismas por los jueces o magistrados competentes en el lugar en el que deba practicarse la prueba.

7.2.A) SOBRE LA PRÁCTICA DE PRUEBAS CON OTROS ESTADOS VÍA CONVENIOS O TRATADOS INTERNACIONALES

Para obtener información sobre la práctica de la prueba en eventuales convenios o tratados internacionales, se deberá acudir a la página Web del Prontuario de auxilio judicial internacional en materia civil, página del CGPJ abierta al público:

http://www.prontuario.org/portal/site/prontuario

En dicha página, identificaremos el Estado con el que tenemos la cuestión transnacional. En ella hallaremos, por ejemplo y entre otros, los siguientes convenios internacionales en la materia.

- Convenio de La Haya de 1970 sobre obtención de pruebas en el extranjero en materia civil y comercial.
- Convenio de La Haya de 01/03/1954 sobre procedimiento civil.
- Convención Interamericana de Panamá de 30/01/1975 sobre exhortos o cartas rogatorias.

7.2.B) SOBRE LA PRÁCTICA DE PRUEBAS CON ESTADOS CON LOS QUE NO HAY CONVENIOS O TRATADOS INTERNACIONALES

Con relación a la práctica de pruebas con otros Estados ajenos a la UE y con los que no hay convenio o tratado internacional bilateral ni multilateral, **el régimen general es el previsto en la Ley 29/2015, de 30 de julio, de cooperación jurídica internacional en materia civil (LCJIMC)**, cuyo artículo 5, relativo a su ámbito de aplicación, establece que se aplica a los actos de cooperación jurídica internacional, en particular a los actos de comunicación y traslado de documentos judiciales y extrajudiciales, tales como notificaciones, citaciones y requerimientos, así como a las comisiones rogatorias que tengan por objeto los actos relativos a la obtención y práctica de pruebas. Siendo, el artículo 29 de dicha Ley, el que determina las modalidades de práctica y obtención de pruebas, abarcando la Ley ambos casos: la práctica y obtención de pruebas en el extranjero para que surtan efecto en un procedimiento judicial seguido en España, o la práctica de pruebas en España para que surtan efecto en un proceso extranjero.

En el régimen general de aplicación de la citada LCJIMC, la práctica de la prueba se debe acomodar a las siguientes particularidades:

- Debe tener relación directa con un proceso vigente o un proceso futuro (art. 29.2).

- Si la prueba que se pretende realizar en España se refiere a un proceso futuro, es necesario que dicha prueba anticipada sea admisible con arreglo a la legislación española (art. 29.3).
- La prueba que se practique en España debe acomodase a la forma, garantías y normativa de la *lex fori* (es decir, LEC y concordantes).
- La solicitud debe contener las especificaciones siguientes:
  - Descripción de las diligencias a practicar;
  - Indicación de si se solicita conforme a un procedimiento previsto en la legislación del Estado de origen, con las aclaraciones necesarias;
  - Indicación de si se solicita el uso de medios tecnológicos de comunicación;
  - La solicitud de las partes interesadas, representantes o algún funcionario del Estado requirente, para asistir (art. 30).
  - Respecto del detalle de las diligencias cuya práctica se solicita, habrán de concretarse las que correspondan a la prueba de interrogatorio de parte, testifical o prueba documental (art. 31)
- Para denegar la práctica de la prueba debe concurrir alguno de los motivos de denegación establecidos en el artículo 14. En cualquier caso, la prueba no se practicará cuando la persona designada justifique su negativa en una exención o una prohibición de declarar o de aportar documentos, establecida o reconocida por la ley española o por la ley del Estado requirente (art. 32.2).
- Motivación de la denegación. Deberá devolverse la comisión al Estado requirente, con expresión de los motivos de denegación (art. 32.3).

7.2.C) EL CONTROVERTIDO TEMA DE LA PRUEBA DEL DERECHO EXTRANJERO: EL DERECHO EXTRANJERO COMO UN HECHO QUE MERECE PRUEBA A INSTANCIA DE PARTE, Y SUS MATICES

Esta Ley 29/2015 (LCJIMC) regula, en su artículo 33, tal cuestión, complementando de este modo lo dispuesto en la LEC. Precisa, dicho precepto legal, lo que se transcribirá (destacados en cursiva siempre añadidos):

> «1. La prueba del contenido y vigencia del Derecho extranjero se someterá a las normas de la Ley de Enjuiciamiento Civil y demás disposiciones aplicables en la materia.
>
> ***2. Los órganos jurisdiccionales españoles determinarán el valor probatorio de la prueba practicada para acreditar el contenido y vigencia del Derecho extranjero de acuerdo con las reglas de la sana crítica.***

> *3. **Con carácter excepcional,*** en aquellos supuestos en los que no haya podido acreditarse ***por las partes*** el contenido y vigencia del Derecho extranjero, ***podrá aplicarse el Derecho español.***
>
> 4. Ningún informe o dictamen, nacional o internacional, sobre Derecho extranjero, tendrá carácter vinculante para los órganos jurisdiccionales españoles».

Siguiendo lo subrayado, vemos que el número 3 del citado precepto recalca que son las partes las que han tenido que acreditar el Derecho extranjero, de modo que si estas no lo han acreditado **podrá** aplicarse el Derecho español.

La primera correlación que vemos en dicho precepto es que, si bien son las partes las que han tenido que acreditar el Derecho extranjero, la posibilidad de no aplicar el Derecho extranjero y, por lo tanto, de aplicar de oficio el Derecho español, ha de ser excepcional. De donde se induce el deseo del legislador nacional referido a que, sin perjuicio de que la aportación de la prueba corresponde a las partes, el órgano judicial coadyuve para dicha obtención, porque del precepto se deriva que lo deseable es que sea el Derecho extranjero, aplicable al caso, el que efectivamente se aplique, y no el Derecho español.

Tal conclusión es coherente con la redacción que presenta el artículo 281 de la LEC, que nos recuerda que el Derecho extranjero tiene una consideración análoga a los hechos que se aportan al proceso, puesto que, tras afirmar en su número «1» (destacados en cursiva añadidos) que: «La prueba tendrá como objeto **los hechos** que guarden relación con la tutela judicial que se pretenda obtener en el proceso», añade que:

> «2. También serán objeto de prueba la costumbre ***y el derecho extranjero.*** La prueba de la costumbre no será necesaria si las partes estuviesen conformes en su existencia y contenido y sus normas no afectasen al orden público. ***El derecho extranjero deberá ser probado en lo que respecta a su contenido y vigencia, pudiendo valerse el tribunal de cuantos medios de averiguación estime necesarios para su aplicación».***

Precepto del que, como vemos en el destacado en cursiva, cabe deducir que, ciertamente y sin perjuicio de que la aportación de la prueba corresponda a las partes (de modo similar a los hechos o realidad fáctica que hay que aportar al proceso), el deseo del legislador es el de fomentar la colaboración del órgano judicial para el buen fin de la obtención de la prueba del Derecho extranjero, pudiéndose valer el Tribunal «de cuantos medios de averiguación estime necesarios».

Adviértase que la tan citada Ley 29/2015, LCJIMC, en los artículos siguientes al 33, regulan de modo amplio lo relativo a la información del Derecho extranjero, precisando:

> Art. 34: «La información del Derecho extranjero podrá referirse, al texto, vigencia y contenido de la legislación, a su sentido y alcance, a la jurisprudencia, al

> marco procedimental y de la organización judicial, y a cualquier otra información jurídica relevante».
>
> Art. 35: «1. Sin perjuicio de la posibilidad de comunicaciones judiciales directas, los órganos judiciales, y los notarios y registradores, podrán elevar las solicitudes de información de Derecho extranjero mediante oficio a la autoridad central española para ser utilizadas en un proceso judicial español o por una autoridad española en el marco de sus competencias. .../...».

En concordancia con dichos preceptos, también el artículo 8 de la Ley 29/2015 LCJIMC atribuye a la Autoridad central española —Ministerio de Justicia—, entre sus funciones, la de prestar auxilio y colaboración a las autoridades judiciales en este campo. Véase el art. 8 «e», que determina que corresponde a la autoridad central española:

> «e) Proporcionar información sobre Derecho español cuando proceda con arreglo a lo previsto en el artículo 36, así como información sobre Derecho extranjero, conforme a lo dispuesto en los artículos 34 y 35.

Llegados a este punto, deberemos interpretar que el modo de integrar el citado art. 35 (que permite a los órganos judiciales, notarios y registradores, elevar las solicitudes de información de Derecho extranjero a la Autoridad central española) con los antes referidos artículos 33 de la Ley 29/2015 y 281 de la LEC, es entendiendo que deberá ser la parte quien proponga la práctica de la prueba, y, en atención a las circunstancias, el órgano judicial podrá elevar las solicitudes de información de Derecho extranjero, mediante oficio, a la Autoridad central española —Ministerio de Justicia—, que las hará llegar a la Autoridad competente del Estado requerido, bien por la vía consular o diplomática, bien a través de su Autoridad central si existiere y estuviere previsto en su ordenamiento. Sin perjuicio de que la Autoridad central española facilite, en su caso, las comunicaciones judiciales directas entre órganos jurisdiccionales españoles y extranjeros (art. 35 de la LCJIMC). Todo ello, bien entendido que dicho precepto, art. 35, no es un *numerus clausus* que impida al juez valerse de otros instrumentos de averiguación del Derecho extranjero, más allá de la remisión de oficios a la Autoridad central.

Recuérdese, por otro lado, que, en materia civil y mercantil de la UE, la norma de conflicto para determinar la Ley aplicable al fondo son los ya referidos Reglamentos Roma I y Roma II. Dichos Reglamentos, como se ha venido explicando, tienen un carácter universal, de modo que, con arreglo a sus normas uniformes de conflicto de leyes, se puede designar como ley aplicable la de un Estado miembro de la UE, o la de un Estado ajeno a la Unión Europea. Este principio de aplicación universal persigue dar una uniformidad de respuesta, en todos los casos de conflicto de leyes transnacionales, ya sea con países de la UE o con terceros países, y, por lo tanto, presenta como bien jurídico protegido el de la evitación de respuestas dispares.

7.2.C.1) EL CRITERIO DEL TRIBUNAL SUPREMO AL RESPECTO

Recapitulando en lo expuesto, una vez determinada la norma de conflicto (Reglamentos Roma I o II sobre Ley aplicable), y, a través de ella, la ley nacional sustantivamente aplicable para resolver las cuestiones contractuales o extracontractuales de fondo (*lex causae*), **volvemos al controvertido debate de la carga de la prueba del Derecho extranjero**, que, como hemos visto, es atribuida a las partes en cuanto a su contenido y vigencia (art. 33 LCJIMC y 281.2 LEC), sin perjuicio de que el tribunal pueda valerse de cuantos medios de averiguación estime necesarios para su aplicación.

Criterio legislativo que, como hemos ido apuntando, presenta una compleja interpretación que nos viene facilitada por la Jurisprudencia del Tribunal Supremo, de la que cabe mencionar las sentencias núm. 198/2015, de fecha 17/04/2015 (Pte. Sr. Saraza Jimena), la núm. 287/2015, de fecha 20/05/2015 (Pte. Sr. Orduña Moreno), y la **núm. 578/2021, dictada en fecha 27/07/2021 (Pte. Sr. Díaz Fraile),** la cual es especialmente ilustrativa, puesto que recopila las anteriores y nos vuelve a recordar una serie de aspectos esenciales que reflejaremos en los puntos siguientes:

- Lo que debe ser objeto de prueba es el contenido y vigencia del Derecho sustantivo extranjero a aplicar (*lex causae*), no las normas de conflicto del Derecho español (que pertenecen a su *lex fori* y pueden ser de origen nacional o derivadas del Derecho de la UE o de Conveníos internacionales), las cuales deben ser aplicadas de oficio.
- Nos evidencia también el carácter universal del Reglamento Roma I en un asunto transfronterizo ajeno a la UE, y su vinculación con Bruselas I-bis.
- Y, en cuanto a la alegación y prueba del Derecho extranjero, tras recordar que el art. 281.2 LEC establece la necesidad de que este sea probado en su contenido y vigencia, añade, en relación con la interpretación de ese precepto, **una remisión a la sentencia 198/2015, de 20 de mayo**. A saber (destacados en cursiva añadidos):

> «i) El tribunal español debe aplicar de oficio las normas de conflicto del Derecho español (art. 12.6 del Código Civil), que pueden ser de origen interno, comunitario o convencional internacional. La calificación para determinar la norma de conflicto aplicable se hará siempre con arreglo a la ley española (art. 12.1 del Código Civil).
>
> "ii) Como consecuencia lógica de que los jueces españoles no tienen obligación de conocer el Derecho extranjero, se ha exigido históricamente la prueba del mismo, de forma que en este extremo el Derecho recibe un tratamiento similar al que reciben los hechos, pues debe ser objeto de alegación y prueba, siendo necesario acreditar no sólo la exacta entidad del Derecho vigente, sino también su alcance y autorizada interpretación. Por

ello, el segundo párrafo del artículo 281.2 de la Ley de Enjuiciamiento Civil exige la prueba de "su contenido y vigencia", si bien, de acuerdo con el principio de adquisición, la Ley de Enjuiciamiento Civil no pone la prueba a cargo de "la persona que invoque el derecho extranjero".

"iii) Si de acuerdo con la norma de conflicto española es aplicable el Derecho extranjero, la exigencia de prueba del mismo no transforma el Derecho extranjero, en cuanto conjunto de reglas para la solución de conflictos, en un simple hecho. Esto trae consigo varias consecuencias. ***La primera, que la infracción del Derecho extranjero aplicable para resolver las cuestiones objeto del proceso es apta para fundar un recurso de casación. La segunda, que es la que aquí nos interesa, que el tribunal no queda constreñido, como en la prueba de hechos en los litigios sobre derechos disponibles, a estar al resultado de las pruebas propuestas por las partes, sino que puede valerse de cuantos medios de averiguación estime necesarios para su aplicación. Así lo permite el último inciso final del art. 281.2 de la Ley de Enjuiciamiento Civil, que supone una flexibilización de las limitaciones, derivadas del principio de aportación de parte que rige en los litigios sobre derechos disponibles, que para el tribunal supondría que el Derecho extranjero fuera tratado, a todos los efectos, como un hecho. Por ejemplo, le permite admitir prueba sobre el Derecho extranjero propuesta en segunda instancia o incluso en el recurso de casación, como hemos afirmado en la sentencia núm. 528/2014, de 14 de octubre.***

"Ahora bien, esta posibilidad no supone que el recurso pueda convertirse en un nuevo juicio, en el que se modifique el objeto del proceso. La prueba del Derecho extranjero, incluso en apelación y casación, es posible cuando ha sido alegado en el momento procesal oportuno, que de ordinario es la demanda o la contestación a la demanda, y cuando sirve para fundar las consecuencias jurídicas que la parte intenta anudar a hechos y pretensiones oportunamente introducidas en el proceso, posibilitando que el tribunal aplique con más seguridad el Derecho extranjero que fue oportunamente alegado. ***No es admisible que mediante la aportación de prueba sobre el Derecho extranjero en los recursos, se alteren los términos en que el debate ha sido fijado en la demanda, contestación y audiencia previa.***

"iv) ***El empleo de los medios de averiguación del Derecho extranjero es una facultad, pero no una obligación del tribunal.*** No puede alegarse como infringido el art. 281.2 de la Ley de Enjuiciamiento Civil porque el tribunal no haya hecho averiguaciones sobre el Derecho extranjero.

"v) ***La consecuencia de la falta de prueba del Derecho extranjero no es la desestimación de la demanda, o la desestimación de la pretensión de la parte que lo invoca, sino la aplicación del Derecho español.*** Así lo ha declarado reiteradamente esta Sala, en las sentencias citadas, y así lo ha declarado el Tribunal Constitucional en su sentencia 155/2001, de 2 de julio, como exigencia derivada del derecho a la tutela judicial efectiva que establece el art. 24 de la Constitución"».

Nuevamente, de dichas ilustrativas sentencias, podemos extraer otras conclusiones especialmente significativas de cara a la presente exposición, a saber:

- El Derecho extranjero no es un simple hecho y, como consecuencia de ello, la infracción del Derecho extranjero es apta para fundar un recurso de casación.
- Existe cierta flexibilidad en este ámbito, permitiendo al tribunal coadyuvar a la búsqueda de la prueba, pudiendo valerse de cuantos medios de averiguación estime necesarios para su aplicación. No obstante, todo ello no desplaza el principio rogatorio, del que se deriva que la prueba la ha tenido que proponer la parte.
- El empleo de los medios de averiguación del Derecho extranjero no es, según concluye el TS, una obligación, sino una facultad del tribunal español. Por lo que no puede alegarse la infracción del art. 281.2 de la LEC por el hecho de que el tribunal no haya realizado tales averiguaciones.
- Según se desprenden del art. 33 de la Ley 29/2015, la consecuencia de la falta de prueba del Derecho extranjero no es la desestimación de las pretensiones de la parte, sino la aplicación del Derecho español.
  - De donde se infiere —como ya fue apuntado antes— que la interpretación correcta del art. 33.3 de la LCJIMC cuando dice que, con carácter excepcional, en aquellos supuestos en los que no haya podido acreditarse por las partes el contenido y vigencia del Derecho extranjero, «podrá aplicarse el Derecho español», dicho **podrá** no debe considerarse propiamente como opcional, sino como evidencia de que la aplicación del Derecho español está permitida cuando no se prueba el Derecho extranjero, y ello pese a que la normas de conflictos de leyes determinaban la aplicación al fondo del asunto de un Derecho extranjero (véase sentencia del Tribunal Constitucional n.º 155/2001, de 2 de julio, que alcanza similar conclusión como exigencia derivada del derecho a la tutela judicial efectiva).
- En definitiva, el Derecho llamado por las normas de conflicto, por ejemplo, las derivadas de los Reglamentos Roma I y Roma II, o las derivadas de convenios internacionales o, residualmente, del Código Civil, a menudo no llega a ser aplicado por falta de aportación a los autos de la prueba del mismo. Ello provoca, *de facto*, la final **nacionalización** de litigios que eran transfronterizos.

7.3. EL REGLAMENTO 655/2014: LA ORDEN EUROPEA DE RETENCIÓN DE CUENTAS A FIN DE SIMPLIFICAR EL COBRO TRANSFRONTERIZO DE DEUDAS EN MATERIA CIVIL Y MERCANTIL

Este Reglamento, que adquirió su plena entrada en vigor el día 18 de enero de 2017, presenta como principal novedad la de constituir una cierta excepción al principio de soberanía nacional, dado que permite al Juez de la UE practicar, más allá de sus fronteras y dentro de la Unión, una **retención cautelar transfronteriza sobre una cuenta corriente que, si bien no es propiamente un embargo, constituye una medida coactiva directa que tendrá ejecutar el Juez del Estado de ejecución, o la Autoridad designada al efecto en dicho Estado.**

Tiene lugar, de esta manera, un importante paso en el objetivo de la UE de desarrollar el Espacio europeo de justicia, mediante este Reglamento transversal, facilitador del cobro por la posibilidad de intervención de sumas pecuniarias en cuentas corrientes del deudor. Constituyéndose, además, como una **medida que no requiere de una previa sentencia firme, sino que se puede acordar, a instancia del actor, como medida cautelar inaudita parte demandada** (sin oír a la contraparte) y en cualquier momento procesal, es decir, como incidente anterior al procedimiento principal (debiendo interponer este en el plazo indicado en el Reglamento), durante el curso del proceso o incluso tras la sentencia firme (en este caso, no operará propiamente como medida cautelar sino como medida de agilización y garantía de la ejecución). Siempre sobre cantidades correspondientes a cuentas corrientes del deudor, de modo que su objetivo —como es habitual en la vocación del legislador UE— pretende favorecer una mayor efectividad del cobro de las deudas en la UE, garantizando el buen fin de un litigio durante el ínterin de su desarrollo.

Tienen legitimación activa para solicitar la Orden europea de retención los acreedores domiciliados en un Estado de la UE, salvo Dinamarca, que no participa tampoco del presente instrumento (considerandos 48 a 50 del Rto). Su ámbito de aplicación, determinado en el artículo 2, incluye las materias civiles y mercantiles comunitarias, a salvo siempre las tradicionalmente excluidas del marco civil y mercantil de la UE.

Adviértase que, según este precepto, el Reglamento se aplicará «a las deudas pecuniarias en materia civil y mercantil en asuntos transfronterizos, con independencia de la naturaleza del órgano jurisdiccional de que se trate». Dejando fuera, como se ha dicho, las tradicionales materias ajenas al ámbito civil y mercantil: materia fiscal, aduanera o administrativa, así como la responsabilidad del Estado por acciones u omisiones en el ejercicio de su autoridad (*acta iure imperii*). Estando también excluidas las materias siguientes:

> «a) los derechos de propiedad derivados del régimen matrimonial o de una relación a la que la ley aplicable atribuya efectos comparables al matrimonio;
>
> b) los testamentos y sucesiones, incluidas las obligaciones de alimentos por causa de muerte;
>
> c) los créditos frente a un deudor respecto del cual se hayan iniciado procedimientos de insolvencia, procedimientos de liquidación de sociedades u otras personas jurídicas insolventes, procedimientos cuyo objeto sea alcanzar un acuerdo judicial o un convenio de acreedores, u otros procedimientos análogos;
>
> d) la seguridad social;
>
> e) el arbitraje.

3. El presente Reglamento no se aplicará a las cuentas bancarias que, con arreglo al Derecho del Estado miembro en que se tenga la cuenta, gocen de inmunidad frente al embargo, ni a las cuentas mantenidas en relación con el funcionamiento de cualquier sistema acorde con la definición del artículo 2, letra a), de la Directiva 98/26/CE del Parlamento Europeo y del Consejo (1).

4. El presente Reglamento no se aplicará a las cuentas bancarias de los bancos centrales ni a las cuentas mantenidas en ellos, cuando actúen en su calidad de autoridades monetarias».

No obstante, en este Reglamento se prevén excepciones al concepto *civil y mercantil*, pues se incluyen también los créditos derivados de la obligación de alimentos, salvo los que lo fueran por causa de muerte (en cuyo caso se regulan en el Reglamento 650/12, de Sucesiones, ver su art. 1.2. «e»), en contraste con el hecho de que los alimentos están excluidos de Bruselas I-bis (se excluyeron del anterior Rto 44/01, Bruselas I, tras la entrada en vigor del Reglamento específico de Alimentos, Rto 4/2009) y, por lo tanto, están técnicamente fuera del concepto *civil y mercantil*. Evidenciando que el organigrama al respecto de la UE presenta la posibilidad de eventuales excepciones.

Debemos interpretar, en dicho sentido, que esa inclusión de los alimentos en el Reglamento de la Orden europea da fe de su carácter transversal y singularmente instrumental, que es el que nos ha hecho catalogarlo como un **buque de apoyo transversal,** pues coadyuvará, no solo con Bruselas I-bis, sino también con otros Reglamentos de la UE (por ejemplo, el de Alimentos, el Rto del Título ejecutivo europeo o el del Procedimiento de escasa cuantía) en los casos en los que se solicite una retención cautelar de activos bancarios por el acreedor de un crédito al objeto de garantizar su final cobro, siempre que la materia no quede fuera del Reglamento de la Orden de retención de cuentas según la redacción de su art. 2.

Todo ello, bien entendido que la inclusión de los alimentos, pese a no entrar estos en el actual concepto civil y mercantil de la UE, tiene su razón de ser en tratar de favorecer el cobro de tales créditos por corresponder, precisamente, a un ámbito singularmente merecedor de la evitación de dilaciones dado su carácter de prestación asistencial básica (ver considerando 18.2 de la exposición de motivos, art. 2 del Rto y formulario I en su punto 5.5).

La relación de este con los otros Reglamentos de la UE viene determinada en su art. 48, destacando en su apartado «a» determinas exclusiones de aplicación de algunos artículos del Reglamento de notificación y traslado de documentos, que, no obstante, será aplicable en lo no excluido (obsérvese que, si bien se remite el citado art. 48 al anterior Rto 1393/2007, sin embargo, como quiera que fue derogado el 1 de julio de 2022 por el nuevo Rto 2020/1784 de notificación y traslado de documentos, tal remisión se entiende hecha a este último, como se deriva del art. 36 de este, el cual determina que las referencias al Reglamento derogado se entenderán hechas al nuevo Reglamento, con arreglo a la tabla de correspondencias del anexo III).

7.3.A) LOS FORMULARIOS

El Reglamento que nos ocupa, al igual que los demás, utiliza la técnica de los formularios en orden a agilizar su uso y unificar su interpretación, los cuales, no obstante, no aparecen tampoco en este caso como adjuntos al final del Reglamento, sino que fueron aprobados por otro Reglamento distinto: el **Reglamento 2016/1823, por el que se establecen los formularios mencionados en el Reglamento 655/2014 de la Orden europea de retención de cuentas.**

El **listado** de tales formularios alcanza el número de nueve, los cuales se pueden resumir con las especificaciones siguientes:

I.- **Solicitud** de la Orden europea de retención de cuentas. La tiene que cumplimentar por el acreedor.

II.- **Orden europea** de retención de cuentas. Se cumplimenta por el Juzgado u organismo emisor de la Orden en el Estado de origen.

III.- **Revocación** de la orden. A cumplimentar igualmente por el Juzgado u organismo emisor del Estado de origen, en el caso de que, tras la expedición de la Orden en un supuesto en que fuera solicitada con carácter previo a la demanda principal, el acreedor no hubiera interpuesto esta en plazo.

IV.- **Declaración de retención de fondos.** Lo tiene que cumplimentar el Banco cuanto ha practicado la retención de fondos.

V.- **Solicitud de liberar cantidades retenidas en exceso.** A cumplimentar por el acreedor al constatar una retención excesiva.

VI.- **Acuses de recibo.** Los expedirá el Juez o la Autoridad que ha recibido una determinada documentación (art. 29.2 Rto)

VII.- **Solicitud de recurso.** A instancia del acreedor o del deudor.

VIII.- **Transmisión de la decisión sobre el recurso** al Estado de ejecución (así este Estado tendrá constancia del resultado del recurso: por ejemplo, conocerá de una eventual reducción de la retención, de modo que podrá adoptar las medidas al respecto).

IX.- Solicitud de **recurso contra una resolución sobre la impugnación.**

Lo más relevante de este Reglamento, como hemos anticipado, es que constituye una medida coactiva directa que, emitida a través del citado formulario II por el Juez del Estado de origen, la tendrá que ejecutar el Juez del Estado de ejecución (o la Autoridad designada al efecto en dicho Estado), siendo vinculante y ejecutiva para el este. Destacando los siguientes aspectos prácticos:

- Constituye una **nueva modalidad de Título ejecutivo europeo** (si bien, en este caso solo a título de retención), pues si se solicita su ejecución en otro Estado de la UE (salvo Dinamarca), sucede lo siguiente:
  - El juez o la autoridad designada por dicho Estado de ejecución tiene que cumplir la orden sin necesidad de declarar su fuerza ejecutiva y sin procedimiento alguno (art. 22 Rto).

- Además, tiene que actuar diligentemente **sin demora** (art. 23.2 Rto)

- Presenta una evidente **sencillez** para la solicitud, ya que se realiza a través del formulario I, de fácil empleo.
- La Orden se expedirá por el órgano jurisdiccional del Estado de origen mediante el formulario del Anexo II, una vez cumplimentado por el actor dicho formulario del Anexo I.
- La transmisión de la Orden se puede realizar de oficio, tras la emisión del formulario del Anexo II por el órgano judicial, o por el acreedor. El art. 23.3 Rto se remite, para tal transmisión, al órgano que dicta la Orden o al acreedor: «..., en función de a quién corresponda la responsabilidad de incoar el procedimiento de ejecución de acuerdo con la ley del Estado miembro de origen». Lo que presenta cierta ambigüedad, pero se deberá reflejar, en su caso, en el punto 13 del formulario del Anexo II.
- **Las formas de transmisión** serán las previstas en el art. 29 Rto, que establece de modo genérico *por cualquier medio adecuado*, precepto al que se remite el art. 23.3, constituyéndose así una regulación específica que supone una excepción a la aplicación del Reglamento de notificación y traslado de documentos.
- La Orden constituye una **medida cautelar inaudita parte demandada** (considerando 4 y art. 11 del Rto), es decir, sin audiencia previa de la contraparte. Siendo, sus requisitos, esencialmente concordantes con los del Derecho español):
  - El *fumus boni iuris* del art. 7.2 Rto. No obstante, se considerará este como ya concurrente si se pide la Orden después de la obtención de la resolución ejecutiva en el Estado de origen, al derivarse de ella la mejor apariencia del buen derecho.
  - El *periculum in mora* del art. 7.1 Rto, donde se hace constar que el acreedor ha de presentar pruebas suficientes de que existe la necesidad urgente de una medida cautelar, por concurrir un riesgo real de que, sin dicha medida, la ejecución ulterior del crédito se verá impedida o resultará considerablemente más difícil.
  - Al igual que en nuestra LEC, el Reglamento requiere, como hemos visto, de la acreditación del *periculum in mora*, pero no exige —como sí hace la LEC— que cuando se solicita la Orden (lo que puede hacerse en cualquier momento durante el curso del proceso ex art. 5.a) haya que justificar por qué no se solicitó antes o desde un principio. Cabe recordar, en dicho sentido, que en la LEC el art. 728.1 párr. 2.° exige dicha justificación. Por lo tanto, tal requisito no se puede exigir a la parte acreedora en el caso del Reglamento: lo que nos sirve para ilustrar nuevamente la idea de que el Derecho interno no tiene que dificultar o incorporar trabas no previstas en el propio Reglamento, por mucho que estuvieran presentes en el Derecho interno y que aquel se remita a este como cauce para instrumentalizar el buen fin de la medida, como ahora veremos.

7.3.B) EL PROCEDIMIENTO EN EL ESTADO DE ORIGEN

Este procedimiento se deriva del art. 46 del Reglamento, que se remite, como siempre, al derecho procesal nacional (*lex fori)* para las cuestiones no específicamente reguladas en el Reglamento. Es habitual esta remisión, por lo que la aplicación de los Reglamentos acaba desembocando en el Ley nacional para su efectividad práctica: de donde se infiere la insistencia que venimos haciendo en lo relativo a que la Ley nacional, en la que recala el Reglamento, ha de ser interpretada a favor del buen fin del Reglamento (la Ley nacional hay que interpretarla bajo el prisma del Reglamento, y no al revés —como se exponía en la antes transcrita sentencia de la Sección 3.ª de la Audiencia Provincial de Palma n.º 529/2020, de fecha 30/12/2020—).

Por lo que, en el caso de España, se tiene que hacer uso del procedimiento de la LEC más próximo, y, como tal, debemos considerar el de las medidas cautelares *inaudita parte demandada* del art. 733.2 de la LEC y concordantes. Sin perjuicio siempre, como se ha expuesto, de tener que respetar las especificaciones propias del Reglamento. Así, cabe destacar que este presenta mayor agilidad procesal que la LEC. Ya hemos visto lo relativo a la no necesidad de justificar por qué, eventualmente, no se instó la Orden en un momento anterior del proceso. Pero, asimismo, podemos referir los aspectos siguientes:

- **Posibilidad de solicitud en fase de ejecución.** Además de poderse pedir la Orden antes de la demanda principal, interponiendo esta después en el plazo de los 30 días siguientes (arts. 5.a y 10.1 del Rto; lo que es similar al Derecho nacional), también se puede solicitar después de obtener la resolución condenatoria en el Estado de origen (art. 5.b y 6.3). Por lo tanto, con esto el Reglamento ya transciende de lo que es una medida cautelar y abarca lo que sería una medida propiciatoria de la ejecución. Porque, ciertamente, la Orden facilitará siempre una ejecución transfronteriza al no existir otro instrumento equiparable, dentro o fuera de los Estados UE, que permita a un juez nacional retener una cuenta más allá de sus fronteras.
- **La dispensa de caución en determinados casos**. Por ejemplo, si la Orden se solicita cuando ya hay una sentencia condenatoria al pago de una determinada suma, en tal supuesto no procede imponer la caución como condición para emitir la Orden. Pero, además, hay otros casos en que no será preceptiva la caución, como aquel en que, estando las alegaciones del acreedor bien fundadas, se justifique que este no tiene medios suficientes para prestar una caución. Por ejemplo, cuando el crédito se deriva de una obligación de alimentos o del pago de sueldos o salarios (lo que nos conecta nuevamente con el crédito derivado del contrato de trabajo, incluido en el *concepto autónomo civil y mercantil* de la UE), o bien cuando la cuantía del crédito

es tal que no es probable que la Orden cause daño o perjuicio alguno al deudor; por ejemplo, en caso de una pequeña deuda comercial (véase, en dicho sentido, el considerando 18.2 de la exposición de motivos y el art. 12 párrafo 2 del Rto; así como el formulario I, punto 11, en el cual se pueden exponer las razones por las cuales se pide la dispensa).

- **Respecto del IBAN y número de la cuenta en la que practicar la retención**. Si se conoce por el acreedor esa información, se incorporará al formulario I (punto 6 del formulario y art. 8.2 del Rto). Solo conociendo el número de cuenta del deudor, se emitirá por el Juzgado la Orden europea de retención a través del formulario II (considerando 20 del Rto).

  - **Si no se conoce el número de cuenta**, se puede pedir una previa investigación de cuentas del deudor, y, en este caso, se abriría un incidente de investigación por el órgano judicial del Estado de origen, el cual será previo a la emisión de la Orden, estando previsto en el Rto que se solicite, por dicho Juzgado, la referida información a la Autoridad designada en el Estado de ejecución (art. 50.1.«b» del Rto).
  - El acreedor deberá, para ello, motivar las razones por las que considera que el deudor tiene una o varias cuentas en tal Estado (art. 14 y 8.2 apartado «f» del Rto y formulario I punto 7).
  - Para conocer cuál es la Autoridad informadora nombrada en el Estado de destino (ver art. 50.1.«b» del Rto), se deberá consultar el Atlas judicial europeo civil, entrando al Reglamento de la Orden europea y, ya dentro de este, pinchando sobre la bandera del Estado de destino. Así, por ejemplo, veremos que en Francia aparecerán los *huissiers de justice* como autoridad designada para tal fin; estando el *huissier* autorizado para consultar el archivo FICOBA en Francia (expediente en el que se centralizan todas la cuentas bancarias y análogas de las que es titular una persona en el territorio francés).
  - Una vez conocida la Autoridad designada como *autoridad de información*, se le dirigirá directamente la solicitud de investigación de cuentas, y, en cuanto al medio de hacerlo, los arts. 14. 1 y 3 del Rto remiten a su art. 29 para la transmisión, refiriendo este que se hará por un *medio adecuado* (hemos visto que España no descarta el correo electrónico), no existiendo un formulario en el Rto para este envío. No obstante, la Red Judicial Europea elaboró un *formulario adicional*, no obligatorio, cuyo objetivo es cubrir la ausencia de un formulario oficial para solicitar a la autoridad del Estado de ejecución la información sobre una cuenta corriente. Este *formulario adicional* puede encontrarse en la página del Atlas judicial europeo civil, entrando al Rto de la Orden europea de retención y, dentro de esta página, picando sobre el *link* de los formularios.

- Si España fuera el Estado de ejecución de la Orden, el organismo designado para reclamar la información de las cuentas es la Subdirección de Cooperación Jurídica Internacional del Ministerio de Justicia (ver comunicaciones de España a dicho art. 50.1.«b»; donde se ha facilitado un correo electrónico y un teléfono de contacto).

7.3.C) EL CÓMPUTO DE LOS PLAZOS

Es interesante recordar que, tanto en este como en algunos otros Reglamentos de la UE, se deriva de sus exposiciones de motivos que el régimen de cómputo de los plazos no excluirá los días inhábiles. Lo que, en este caso, viene determinado en el considerando 38: «A fin de calcular los plazos previstos en el presente Reglamento, debe aplicarse lo dispuesto en el Reglamento (CEE, Euratom) n.° 1182/71 del Consejo». Reglamento que regula la determinación de las normas aplicables a plazos, fechas y términos, el cual, entre otras cosas, establece en el art. 3.3:

> «Los plazos comprenderán los días feriados, los domingos y los sábados, salvo si éstos quedan expresamente excluidos o si los plazos se expresan en días hábiles».

Por lo tanto, salvo que el propio Reglamento de la Orden europea de retención de cuentas determine lo contrario (por ejemplo, lo previsto en sus artículos 25 o 18 cuando hablan de días hábiles), en el cómputo de los plazos el este Reglamento no se excluirán los días inhábiles.

7.3.D) RÉGIMEN DE COMPETENCIAS DE LOS JUZGADOS ESPAÑOLES

Con relación a los Juzgados competentes en España, tanto en la posición de Estado de origen de la Orden (posición activa), como en el la posición de Estado de ejecución de la Orden (posición pasiva), tenemos que tener presentes las comunicaciones de España a la Comisión (ex artículo 50 del Rto, las cuales aparecen en el Atlas judicial europeo civil, entrando en este Rto y picando sobre la bandea de España), así como la Disposición Final Vigésima séptima de la LEC, sobre Medidas para facilitar la aplicación en España del Reglamento. Pudiendo destacar los aspectos siguientes.

Casos en que España es el Estado de emisión de la Orden (posición activa). Tal cuestión la resolvemos acudiendo al considerando 13 y al art. 6, apartados 1 y 3 del Reglamento, donde ya se establece la norma específica de competencia judicial internacional —sin preguntar al respecto a los Estados miembros— a favor de **los órganos jurisdiccionales a los que corresponde conocer o hayan conocido del fondo. No obstante, se precisa que, si el deudor es un consumidor (art. 6.2), únicamente serán competentes**

los órganos jurisdiccionales del Estado miembro en que esté domiciliado el deudor (adviértase que este precepto está en relación con los que regulan las competencias proteccionistas privilegiadas para consumidores en el Rto 1215/12, Bruselas I-bis —arts. 17 y ss.—, especialmente el 18.2).

Por lo tanto, cuando es un Juzgado civil, mercantil o de familia el que conoce de la causa, será cualquiera de estos competente para emitir la Orden, y ello por ministerio del propio Reglamento.

Cabe destacar, en orden a evitar malentendidos en relación con el art. 6.4 del Rto, precepto respecto del cual se solicitaba información a los Estados en el art. 50 del Rto, **que dicho artículo 6.4 va referido únicamente a los documentos públicos con fuerza ejecutiva** (por ejemplo, documentos notariales), y es para este supuesto específico para el que el Estado español ha concretado, en sus comunicaciones al artículo 50.1.«a», que los órganos jurisdiccionales competentes para dictar la orden europea de retención de cuentas son: «Los Juzgados de Primera Instancia», y ello con el régimen de competencias territoriales del art. 545.3 LEC. En este mismo sentido se ha pronunciado la Disposición Final 27.ª.1 de la LEC, relativa a las «Medidas para facilitar la aplicación en España del Reglamento (UE) n.º 655 del Parlamento Europeo y del Consejo, de 15 de mayo de 2014, por el que se establece el procedimiento relativo a la orden europea de retención de cuentas a fin de simplificar el cobro transfronterizo de deudas en materia civil y mercantil».

No está excluida la posibilidad de dirigir una solicitud de emisión de la Orden a los tribunales de apelación o casación, pues puede ser solicitada antes de instar el procedimiento, durante el curso del mismo (sin concretar la instancia, por lo que cabe su solicitud en segunda o posterior instancia), y tras la resolución que ponga término al proceso.

También cabe, como ya hemos apuntado, solicitar la Orden europea de retención a Juzgados de lo social, y ello en base al que el concepto civil y mercantil del art. 1 y 20 del Reglamento Bruselas I-bis, abarca el contrato individual de trabajo. Materia que, por otro lado, no solo no ha sido descartada en el art. 2 del Reglamento 655/14 de la Orden europea, sino que el considerando 18 de su exposición de motivos hace una llamamiento implícito a la misma, incluso eximiéndola de caución, cuando en el párrafo 2.º expone que, de manera excepcional, el órgano jurisdiccional debe eximir o aminorar la caución dadas las circunstancias concretas del caso, precisando que dichas circunstancias podrían existir, por ejemplo, en casos en los que «... el crédito se deriva de una obligación de alimentos o del pago de sueldos o salarios, ...». Debiéndose entender que, entre estos últimos, estarán incluidos por lo tanto los derivados del contrato de trabajo.

Del mismo modo, el considerando 12 del Reglamento expresa que la Orden de retención debe poderse solicitar para asegurar acciones en materia *delictual* o *cuasidelictual*, así como de acciones civiles por daños y perjuicios o de restitución basadas en un acto que dé lugar a un proceso penal. Por lo que es posible instar la emisión de una Orden de retención a los Juzgados de instrucción, penales o de ejecutorias penales, para el aseguramiento de créditos derivados de «acciones civiles por daños y perjuicios o de restitución basadas en un acto que dé lugar a un proceso penal» (además del considerando 12 del Reglamento de la Orden europea, la materia en cuestión está también incluida en los arts. 7.3 y 64 del Reglamento Bruselas I-bis).

Casos en que España es el Estado de recepción de la Orden (posición pasiva). España ocupará la posición correspondiente a la del Estado de ejecución o recepción de la Orden, cuando esta vaya dirigida a retener sumas de cuentas corrientes sitas en nuestro país, habiendo sido la Orden emitida por el juez de otro Estado de la UE. Y, en tal caso, el competente para la recepción y cumplimiento de la orden es el Juzgado de Primera Instancia del lugar donde se mantenga la cuenta bancaria, y, si hubiera cuentas en distintos lugares, el de cualquiera de ellas, por así determinarse en las comunicaciones de España al art. 50.1.«f» del Reglamento (ver Atlas judicial europeo o Disposición Final Vigésima séptima de la LEC, relativa a las Medidas para facilitar la aplicación en España del Reglamento).

Así las cosas, podemos interpretar que España unifica la competencia en un solo tipo de juzgado y en un único receptor (Juzgado de primera instancia del lugar), lo cual resulta práctico si tenemos en cuenta que, al recibir una Orden de retención proveniente de otro Estado de la UE, no siempre será sencillo conocer cuál es el orden jurisdiccional de origen, porque no existe un paralelismo de tales materias (civiles, penales, o sociales) en los derechos internos de los distintos Estados miembros UE. En cualquier caso, dicha conclusión hay que relativizarla a partir del auto, ya citado en esta monografía, de la Sala de Conflictos del Tribunal Supremo, núm. 17/2019, de fecha 16/10/2019.

7.3.E) ANÁLISIS DEL DESENLACE FINAL DE LAS CANTIDADES RETENIDAS POR UNA ORDEN EUROPEA DE RETENCIÓN DE CUENTAS

Una vez dictada, por el juez del Estado de origen, una sentencia ejecutiva en el pleito del que derivó la Orden europea de retención de cuentas, se podría pensar que la conclusión lógica sería que se cupiera cursar, por el juez del Estado de origen o Estado de emisión de la Orden (por ejemplo, España), una petición de transferencia pecuniaria desde el Estado de ejecución (por ejemplo, Francia), de las cantidades retenidas en la cuenta corriente del BNP de Versalles. Pero ello no es posible por los motivos que se expondrán en los puntos siguientes:

- **La «retención» no es un «embargo»**, y el Reglamento habla de retención, no de embargo. Es ciertamente una actuación transfronteriza vinculante y avanzada, pero es una mera retención. De modo que no se rompe la dualidad tradicional: Estado de origen vs. Estado de ejecución.

- Como quiera que **la duración de la retención**, según expone el art. 20 «c» del Rto, es: «...hasta que surta efecto una medida destinada a ejecutar la resolución judicial», se debe interpretar que se mantiene la Orden hasta que tenga lugar la ejecución de la resolución del Estado de origen (sentencia española) en el Estado de ejecución (Francia, tribunales de Versalles).
- Por lo tanto, el Estado de origen (España en nuestro ejemplo), tras dictar la sentencia ejecutiva, emitirá a instancia de la actora el certificado correspondiente (por ejemplo, el derivado del formulario del anexo I del Rto Bruselas I-bis; pero podría serlo también, por ejemplo, el del Rto del Título ejecutivo europeo si se tratase de un crédito no impugnado en España, o el del Rto de Alimentos), y, al solicitar la parte actora la ejecución de dicho certificado en Francia, podrá pedir allí, al juez francés, el embargo de la suma en su día retenida por el juez español.

Ese embargo no lo pudo hacer el juez español en atención al principio de soberanía, al que ya hemos hecho referencia, el cual le impide embargar bienes en Francia (solo puede retener cuentas corrientes), pero, en ejecución del certificado o título emanado del Reglamento Bruselas I-bis, por ejemplo, el juez francés, obviamente, sí podrá realizar dicho embargo en Francia al estar dentro de su ámbito de potestad jurisdiccional (art. 24.5 Rto del Rto Bruselas I-bis).

Como corolario de todo lo expuesto podemos concluir que, si bien la retención y el embargo son cosas distintas, ello no es óbice para que la Orden europea tenga proyección directa transfronteriza, y, una vez retenidas las cantidades, además de garantizar el cobro de la deuda mediante la ejecución (por ejemplo, ante los tribunales de Versalles), se propicia la negociación extrajudicial con el deudor. De modo que, si esta se alcanza, no tendrá que acudir el acreedor a los tribunales de Versalles para llevar a cabo la ejecución. Adviértase que, al ser consciente de la retención para el pago de su deuda y de que, en consecuencia, la sentencia condenatoria presenta una ejecución garantizada mediante el importe retenido, el deudor ya no va a poder disponer de esos fondos y está, lógicamente, llamado a realizar el pago al acreedor o promover un acuerdo con este.

8

LOS «BUQUES INDEPENDIENTES»: LOS DOS PROCESOS PROPIOS DE LA UNIÓN EUROPEA Y SU INTERRELACIÓN CON EL «BUQUE INSIGNIA» Y CON OTROS REGLAMENTOS UE

Hasta ahora hemos ido viendo que los Reglamentos estudiados establecen normas de Derecho Internacional Privado, es decir, constituyen esencialmente una normativa dirigida a la determinación del *foro* o tribunal competente, de entre los que están en liza en un litigio transfronterizo que afecta a la UE, por ser el mejor situado para conocer de tal pleito (Competencia); así como cuál es el *ius* o *lex causae* que dicho tribunal debe aplicar, determinándolo de entre las leyes que inciden en el marco normativo del citado litigio transfronterizo (Ley aplicable); y, finalmente, hemos comprobado también que los Reglamentos establecen el modo en que se ejecutará, en otro Estado de la UE, la sentencia dictada por dicho tribunal del *foro* (marco en el que comprobamos la evolución, dentro del Espacio europeo de justicia, desde el *exequátur simplificado* hasta los títulos ejecutivos europeos *–TEE).*

En todos esos Reglamentos analizados, una vez determinado el *foro* y el *ius*, decíamos que regía el principio *lex fori rige processum*, de modo que, en cada Estado, la norma procesal a seguir era siempre la propia ley procesal del foro. Así, en nuestro caso, la LEC venía determinando el iter o camino procedimental para resolver todo litigio. Por ejemplo, un juicio de reclamación de cantidad en el que una la empresa española domiciliada en Barcelona demandaba a la tan citada empresa francesa de Versalles, si el competente era el tribunal de Barcelona y la reclamación superaba la cuantía de 6.000 €, se seguiría por el trámite del llamado Procedimiento ordinario de la LEC.

Sin embargo, en este epígrafe «8» vamos a estudiar dos Reglamentos que ya no tienen como objetivo el establecimiento de foros competenciales o de normas de conflicto para determinar ley aplicable, puesto que **estos dos nuevos Reglamentos son los primeros procedimientos propios de la UE, constituyendo, en sí mismos, la norma procesal aplicable. De modo que la lex fori es ya la propia ley procesal de la Unión Europea descrita en tales Reglamentos para estos dos concretos procedimientos** (sin perjuicio de que, más allá de las previsiones procesales en ellos contenidas, la *lex fori* pueda complementarlos, como veremos).

Por tales razones, les hemos asignado la categoría de *buques independientes,* aunque están dentro de la *Armada Reglamentaria* de la UE.

Cambia, por lo tanto, el escenario procesal, evidenciando, por primera vez y a este nivel, el carácter supraestatal de la UE, donde podemos atisbar que, en un futuro, la primera verdadera codificación común en la materia civil y mercantil vendrá de la mano de Derecho procesal antes que del Derecho sustantivo; siendo previsible que se cree una especie de *Código procesal europeo.*

Pero, volviendo a la realidad actual, tratamos aquí dos Reglamentos de cuyo nombre, como ya viene siendo habitual, se deriva tal singularidad procesal de la UE:

- **Proceso Monitorio Europeo**: Reglamento 1896/2006.
- **Proceso Europeo de Escasa Cuantía**: Reglamento 861/2007.

Reglamentos estos que fueron posteriormente actualizados por el Reglamento 2015/2421, de 16 de diciembre de 2015, por el que se modificaron ambos Reglamentos.

Cabe destacar que tales Reglamentos, si bien determinan su propio orden procesal guiado por los **sucesivos formularios** presentes en sus anexos, sin embargo, en ambos casos se remiten, en cuanto a lo no previsto en los formularios, a la norma procesal interna del Estado del foro.

Así, el número 27 de la exposición de motivos del Rto del Proceso monitorio europeo determina que:

> «Sin perjuicio de las disposiciones del presente Reglamento, en particular las normas mínimas establecidas en el artículo 22, apartados 1 y 2, y el artículo 23, los procedimientos de ejecución del requerimiento europeo de pago deben seguir rigiéndose por el Derecho nacional».

Lo cual, a su vez, se advierte en el artículo 18, en relación a la ejecutividad, cuando su número 2 establece:

> «2. Sin perjuicio del apartado 1, los requisitos formales de ejecutividad se regirán por el Derecho del Estado miembro de origen».

Ocurriendo otro tanto en el artículo 21 de dicho Rto del Proceso monitorio UE cuando, en cuanto a la ejecución, establece que:

> «1. Sin perjuicio de las disposiciones del presente Reglamento, los procedimientos de ejecución se regirán por el Derecho del Estado miembro de ejecución».

Y, en el mismo sentido, el artículo 19 del Proceso europeo de escasa cuantía determina, en cuanto a la legislación procesal aplicable, que:

> «Sin perjuicio de las disposiciones del presente Reglamento, el proceso europeo de escasa cuantía se regirá por la legislación procesal del Estado miembro en el que se desarrolle el proceso».

De ahí la necesidad de que los Estados, entre ellos España, hayan realizado un esfuerzo de adaptación normativa. Y, en dicho sentido, por ejemplo, los apartados 11 y 14 de la **Disposición Final 23.ª de la LEC**, relativa a la acomodación de la normativa nacional al proceso monitorio europeo, establecen también la aplicación subsidiaria del derecho interno, tanto en fase declarativa del título como en fase de ejecución, al determinar que (destacado en cursiva añadido):

> «11. Las cuestiones procesales no previstas en el Reglamento (CE) n.º 1896/2006 para la expedición de un requerimiento europeo de pago se regirán por lo previsto en esta Ley para el proceso monitorio".
>
> "14. Sin perjuicio de lo que dispongan las normas contenidas en el Reglamento (CE) n.º 1896/2006, los procedimientos de ejecución en España de los requerimientos europeos de pago expedidos en otros Estados miembros se regirán por lo dispuesto en esta Ley.
>
> La tramitación de la denegación de la ejecución del requerimiento europeo de pago, así como la limitación de la ejecución, su suspensión o la constitución de Ley de garantía, se llevarán a cabo con arreglo a lo dispuesto en ***los artículos 556 y siguientes de esta Ley, y se resolverán mediante auto no susceptible de recurso».***

Haciendo lo propio la **Disposición Final 24.ª de la LEC** respecto del proceso europeo de escasa cuantía, en cuyo número «2» se remite al tramite previsto en el Reglamento y a los formularios que figuran en los anexos del mismo, pero concluye que:

> «Las cuestiones procesales no previstas en el Reglamento (CE) n.º 861/2007 se regirán por lo previsto en esta Ley para el juicio verbal».

Nos remitimos, por consiguiente, a las citadas Disposiciones finales 23.ª y 24.ª de la LEC, recordando al respecto que, como sabemos, es una constante que los Reglamentos recalen en la norma procesal nacional como cauce para cumplir sus objetivos, dado que todavía no existe ese invocado *Código procesal europeo*, de ahí la importancia de que, como hemos insistido, el órgano judicial nacional interprete sus normas procesales evitando que sirvan estas de obstáculo para el buen fin de los Reglamentos. Lo que exige de esa voluntad teleológica o finalista extraíble de las sentencias del TJUE, porque el diseño original de la norma interna y, en especial, su uso habitual por los tribunales nacionales, es doméstico, es decir, no es el de servir de cauce a un Reglamento de la UE. Pero, a partir de que un Reglamento se remite a la norma interna, esta tiene un nuevo objetivo que cumplir, el cual, además, es prioritario en atención a los principios de primacía y efecto directo propios de los Reglamentos de la UE, convirtiendo a estos también en norma interna preferente, por extensión y por la propia naturaleza supranacional de la UE.

8.1. LA COMPETENCIA JUDICIAL INTERNACIONAL EN AMBOS PROCESOS

El hecho de que ambos Reglamentos sean procesos europeos propiamente dichos, no les exime, obviamente, de tener que regularse por normas de competencia judicial internacional, al seguir abarcando un ámbito transfronterizo dentro del ente supraestatal de la UE. Y, en ambos casos, se nutren en materia de competencia, esencialmente, de las fuentes del que, por tal razón de principalidad, denominamos «Buque insignia»: Reglamento Bruselas I-bis.

Así, según establece el artículo 6 del Reglamento del **Proceso Monitorio UE: «la competencia judicial** se determinará con arreglo a las normas de Derecho comunitario aplicables en la materia, en particular el Reglamento (CE) n.º 44/2001», salvo que el deudor sea un consumidor, en cuyo caso «únicamente serán competentes los órganos jurisdiccionales del Estado miembro en el cual esté domiciliado el demandado, según la definición del artículo 59 del Reglamento (CE) n.º 44/2001». Apreciándose, en esta excepción, el proteccionismo que el legislador UE otorga al consumidor, no permitiendo extraer la competencia judicial internacional de un proceso de esta naturaleza del Estado en el cual reside el consumidor.

Prevención que entronca con lo ya expuesto en esta monografía sobre los riesgos de este tipo de procedimientos a la hora de realizar la notificación del requerimiento de pago y sus consecuencias, al derivar, también del proceso monitorio europeo, un Título ejecutivo europeo que no permitirá otra oposición distinta, en el Estado de ejecución, que la incompatibilidad (cosa juzgada) o el pago.

Adviértase, respecto de la remisión que el Reglamento del proceso monitorio europeo hace al derogado Reglamento 44/2001 (antiguo Bruselas I), que el artículo 80 del nuevo Reglamento Bruselas I-bis estableció la derogación de aquel, disponiendo el citado precepto que **las referencias al Reglamento derogado se entenderán hechas al nuevo Reglamento y con arreglo a la tabla de correspondencias que figura en el anexo III.**

En el mismo sentido, si bien el Reglamento del proceso europeo de escasa cuantía no hace mención directa a la competencia judicial internacional, debemos entenderla también determinada, como en los demás casos transfronterizos, por el Reglamento 1215/12, «Bruselas I-bis», que establece las reglas generales para determinar la competencia transnacional en materia civil y mercantil. Tal y como, de hecho, se deriva de la Disposición Final 24.ª de la LEC, remitiéndose a su predecesor, el Rto 44/2001, «Bruselas I».

Bien entendido que el Reglamento del proceso europeo de escasa cuantía, como afirma su artículo 2 tras la referida reforma operada por el Reglamento 2015/2421: «se aplicará a los asuntos transfronterizos tal como se definen en el artículo 3 en materia civil y mercantil, con independencia de la naturaleza del órgano jurisdiccional, cuando la cuantía de la demanda no exceda de 5.000 EUR en el momento en que el órgano jurisdiccional competente reciba el formulario de demanda, excluidos los intereses, gastos y costas». Dejando fuera, en particular, las materias habitualmente ajenas al ámbito civil y mercantil de la UE, es decir: materia fiscal, aduanera o administrativa, responsabilidad del Estado por acciones u omisiones en el ejercicio de su autoridad (*acta iure imperii*); quedando también fuera, a su vez en el art. 2.2, las demás materias en las que hay Reglamentos específicos, o que son ajenas al concepto *civil y mercantil* de la UE. Llamando la atención, no obstante, algunos aspectos particulares que el legislador UE ha dejado fuera, como el derecho laboral o los arrendamientos inmobiliarios, materias no descartadas de tal concepto *civil y mercantil* en Bruselas I-bis, pero que, por razones de política legislativa, quedan fuera del proceso europeo de escasa cuantía. Veamos, no obstante, la propia dicción el art. 2.2 del Reglamento, en el que se expone que este no se aplicará a los asuntos relativos a:

> «a) el estado y la capacidad jurídica de las personas físicas;
>
> b) los derechos de propiedad derivados de los regímenes matrimoniales o de los regímenes que regulen relaciones con efectos comparables al matrimonio según la ley aplicable a dichas relaciones;
>
> c) las obligaciones de alimentos derivadas de relaciones de familia, de parentesco, de matrimonio o de afinidad;
>
> d) los testamentos y sucesiones, incluidas las obligaciones de alimentos por causa de muerte;
>
> e) la quiebra, los procedimientos de liquidación de empresas o de otras personas jurídicas insolventes, los convenios entre quebrado y acreedores y demás procedimientos análogos;
>
> f) la seguridad social;
>
> g) el arbitraje;
>
> h) el Derecho laboral;
>
> i) los arrendamientos de bienes inmuebles, excepto las acciones sobre derechos pecuniarios, o
>
> j) las violaciones del derecho a la intimidad y de los derechos de la personalidad, incluida la difamación».

8.2. LA LEY APLICABLE EN AMBOS PROCESOS

Tal y como se infiere de lo hasta ahora expuesto, el propio proceso monitorio europeo y el proceso europeo de escasa cuantía constituyen la ley procesal respectivamente auto-aplicable, es decir, ocupan el lugar de la *lex fori* dentro del organigrama del ente supraestatal que constituye la UE. Bien entendido que, respecto del procedimiento monitorio, dada la naturaleza de este tipo de procedimiento, en el que se emite una nueva modalidad de Título ejecutivo europeo en caso de no oposición en plazo, no se llega a suscitar la aplicación de una *lex causae*, pues no se alcanza el debate de fondo. Sin perjuicio de que, de abrirse tal debate por existir oposición en el monitorio, se termine aplicando la *lex causae* informadora de la situación jurídico material de fondo al proceso declarativo suscitado por tal oposición.

Proceso declarativo que, a su vez, se regirá por la *lex fori* (por ejemplo, en España, un juicio ordinario de la LEC si la demanda monitoria europea supera los 6.000 € de cuantía, límite que, no obstante, asciende a 15.000 euros a partir de la reforma de la LEC operada por el Real Decreto-ley 6/2023, de 19 de diciembre, publicado en el BOE el miércoles 20 de diciembre de 2023, de modo que, por debajo de dicha cifra, será aplicable, en los juicios por razón de la cuantía, el juicio verbal de la LEC), dentro de la cual podrá incluirse, por extensión, el procedimiento europeo de escasa cuantía si la demanda monitoria europea, en la que se ha planteado la oposición, no supera los 5.000 € y el actor opta por tal procedimiento, en lugar del procedimiento interno —en nuestro caso el verbal—, al que también podría optar.

En dicho sentido, la actual redacción del artículo 17 del proceso monitorio europeo, relativo a los efectos de la presentación de un escrito de oposición en el procedimiento monitorio europeo, establece que, en caso de que se presente un escrito de oposición, el proceso continuará ante los órganos jurisdiccionales competentes del Estado miembro de origen, a menos que el demandante haya solicitado expresamente que, en dicho supuesto de oposición, se ponga fin al proceso. Siendo, las normas aplicables a tal proceso, las siguientes:

a) del proceso europeo de escasa cuantía, de ser aplicable, o

b) del correspondiente proceso civil nacional.

No obstante, cuando el demandante no haya indicado cuál de los procesos solicita que se aplique a su demanda, o no fuera pertinente el de escasa cuantía solicitado, en tales casos el procedimiento se trasladará al correspondiente proceso civil nacional.

8.3. CARACTERÍSTICAS DEL PROCESO MONITORIO EUROPEO

El principal objetivo de este proceso debemos considerarlo el de la simplificación de reclamaciones transfronterizas, entendiendo por asuntos transfronterizos los previstos en el art. 3 del Reglamento, es decir, aquellos en los que, al menos una de las partes, esté domiciliada o tenga su residencia habitual en un Estado miembro distinto de aquel al que pertenezca el órgano jurisdiccional ante el que se haya presentado la petición. Bien entendido que el domicilio se determinará con arreglo a lo dispuesto en los artículos 62 y 63 del Reglamento Bruselas I-bis (al haber sucedido este al Rto Bruselas I, al que se remite el citado art. 3).

Por otro lado, este procedimiento pretende la reducción de gastos y la supresión del exequátur (ex arts. 1, 3 y 19), materializando esto último, cuando no hay oposición, por la misma técnica que la derivada del Reglamento del TEE (805/04), es decir, estableciendo un formulario que, una vez firmado y sellado, se convierte en un TEE, frente al que, en el Estado de ejecución, solo se podrá invocar como motivo de oposición la incompatibilidad (ex art. 22, lo que hemos de entender como institución equivalente a la *cosa juzgada*), sin perjuicio de los habituales motivos de oposición internos del art. 556 y ss. de la LEC (es decir, como si fuera un título nacional: pago, transacción, caducidad etc.). De hecho, el pago también se cita en el art. 22.2 como motivo de oposición derivado del propio Reglamento, precisando, en el núm. 3 de dicho precepto, que el requerimiento europeo de pago no podrá en ningún caso ser objeto de revisión en cuanto al fondo en el Estado miembro de ejecución.

El ámbito de aplicación del Reglamento se enmarca en el concepto autónomo civil y mercantil (art. 2), dejando fuera las materias habituales, es decir: fiscal, aduanera o administrativa, y las ajenas a tal concepto por tener sus propios Reglamentos, como es el caso del régimen económico matrimonial, testamentos y sucesiones, quiebra, procedimientos de liquidación; así como en los casos en los que afecte a la Seguridad Social o a obligaciones extracontractuales.

Vemos, por lo tanto, que el procedimiento va dirigido al cobro de créditos vencidos, líquidos y exigibles en la fecha de presentación (art. 4), dejando fuera los créditos derivados de obligaciones extracontractuales (art. 2.2.d), a no ser que, en cuanto a estos últimos:

> «i) hayan sido objeto de un acuerdo entre las partes o haya habido un reconocimiento de deuda, o
> ii) se refieran a deudas líquidas derivadas de una comunidad de propietarios».

Supuestos ambos en los que sí cabrá el monitorio europeo para reclamar dichas partidas. Llamando la atención el hecho de que, a *contrario sensu,* parece derivarse de la redacción de dicho art. 2. 2. «d» del Rto del procedimiento monitorio europeo que las deudas derivadas de una comunidad de propietarios no resultarían calificables como obligaciones contractuales, sino como obligaciones extracontractuales, cuando, como hemos visto a lo largo de esta monografía, la jurisprudencia del TJUE situó las deudas comunitarias dentro del marco contractual del Reglamento Roma I, por entender que, pese a su naturaleza de obligación legal derivada de la aplicación de la norma específica correspondiente (en nuestro caso la Ley de Propiedad Horizontal), presentan un origen contractual al devenir directamente, como hecho inexorable, del contrato de compraventa del inmueble perteneciente a la comunidad de propietarios. Nos estamos refiriendo a la sentencia del Tribunal de Justicia UE (Sala Primera) de 8 de mayo de 2019, resolviendo una cuestión prejudicial que afectaba al Reglamento Bruselas I-bis en relación con la competencia en materia contractual y su extensión a un acuerdo de la junta general de propietarios de un inmueble, en orden al pago de cuotas anuales, y ello en concordancia con la Ley aplicable a las obligaciones contractuales, regulada en el Reglamento Roma I (593/2008), que, en su artículo 4, apartado 1, letra «b», establece la categoría de «contrato de prestación de servicios».

Respecto de lo que debemos que entender, en el presente Reglamento, como Estado miembro, nos previene la exposición de motivos en su número 32 y el propio artículo 2.3 del Reglamento, aclarando que «se entenderá por «Estado miembro» cualquier Estado miembro, con excepción de Dinamarca».

Tanto este *primer proceso europeo*, como el siguiente (el proceso europeo de escasa cuantía), tienen una sistemática ordenada por formularios, los cuales, como hemos venido diciendo, no son meras plantillas, sino que evidencian una interpretación auténtica al corresponder su emisión al propio legislador UE, estando dirigidos a abrir, en una misma línea uniforme y común, los caminos de la interpretación respectiva de cada uno de los dos Reglamentos. Así, en el procedimiento monitorio de la UE el Reglamento configuró los formularios siguientes:

- Formulario «A» o de Petición: Anexo I (art. 7), en el que se exigen unas determinadas informaciones al actor, tales como nombres y direcciones; principal; intereses y penalizaciones; costas; causa de pedir; circunstancias en que se fundamenta la deuda. Descripción de los medios de prueba. Apéndices de la petición: el primero con referencias bancarias y el segundo con la eventual oposición al traslado al proceso ordinario civil.
- Formulario B, relativo a facilitar, tras el examen por el órgano judicial, un complemento o rectificación (arts. 8, 9).
- Formulario C, de modificación de la petición a instancia del órgano judicial (art. 10).
- Formulario D, de desestimación de la petición por el órgano judicial (art. 11) por distintas razones: por incumplimiento de los requisitos; falta de respuesta a una solicitud del órgano jurisdiccional; petición manifiestamente infundada. El control del fundamento de la petición (ex art. 8 del Rto y n.° 16 de la exposición de motivos), contrasta con la no necesidad de que sea un juez quien la realiza (n.° 16 EM), y con el hecho de que la información facilitada por el demandante no es comprobada por el órgano judicial (art. 12.4.«a» del Rto) al tratarse de un procedimiento que podríamos calificar de *virtual*. De donde cabe inferir que se trata de un examen superficial, no exhaustivo, bastando una apariencia formal para la admisión a trámite de la demanda o requerimiento europeo de pago.

- Formulario E, para el caso de admisión a trámite y, por lo tanto, emisión del requerimiento europeo de pago (art. 12), se expedirá este formulario E junto a la copia del formulario de petición (sin los 2 apéndices). Todo lo cual se comunicará al interpelado informándole de las dos posibilidades: pago u oposición en plazo de 30 días.
- Formulario F, de oposición al requerimiento de pago (art. 16), no requiere motivación, basta la mera impugnación de la deuda, tal y como se deriva del art. 16.3 del Reglamento. Dicho art. 16 parece no descartar la posibilidad de que tal oposición, además de a través del Formulario F, se realice de otra manera; precisando el número 4 de dicho precepto, que: «El escrito de oposición se presentará en papel o por cualquier otro medio de comunicación, incluido el soporte electrónico, aceptado por el Estado miembro de origen y disponible en el órgano jurisdiccional de origen».
  - Sin embargo, la Disposición Final 23.ª de la LEC establece, en su núm. 7, que el demandado podrá presentar, en el plazo de treinta días desde la notificación del requerimiento, escrito de oposición «valiéndose del formulario F del anexo VI del Reglamento (CE) n.º 1896/2006 y con arreglo al artículo 16 del mismo». Sin referir, por lo tanto, la posibilidad de oposición por otros medios que, no obstante, al estar contemplados en el Reglamento no deberían descartarse en atención a la tantas veces referida necesidad de interpretar la Ley interna con arreglo al Reglamento, y no al revés.
- Cabe advertir, una vez más, que también en este Reglamento el **cómputo de los plazos** se hace en base al Reglamento de la CEE, Euratom, n.º 1182/71 de Consejo de 3.6.71 sobre normas aplicables a los plazos, fechas y términos, tal y como prevé el considerando 28, el cual indica que «Debe advertirse de ello al demandado e informársele de que se tendrán en cuenta los días feriados del Estado miembro en que esté situado el órgano jurisdiccional que expide el requerimiento europeo de pago».
  - En el mismo sentido se ha pronunciado la Disposición Final Vigésima tercera de la LEC, que prevé que: en la notificación del requerimiento se advertirá al demandado que el cómputo de los plazos se regirá por el Reglamento 1182/71 del Consejo, de 3 de junio de 1971, por el que se determinan las normas aplicables a los plazos, fechas y términos, sin que se excluyan los días inhábiles.
  - Se debe destacar, asimismo, que dicha modalidad de oposición al monitorio europeo, sin necesidad de motivación, resulta distinta de la prevista en nuestro monitorio interno en la LEC, donde se dispone, ex art. 815.1, que por el LAJ se requerirá al deudor para que «..., en el plazo de veinte días, pague al peticionario, acreditándolo ante el tribunal, o comparezca ante éste y alegue de forma fundada y motivada, en escrito de oposición, las razones por las que, a su entender, no debe, en todo o en parte, la cantidad reclamada».

Sobre las consecuencias de la oposición (ex art. 17), ya hemos hecho antes la referencia correspondiente a la continuación o no continuación del procedimiento (según sea la voluntad del acreedor), así como al trámite al seguir. Mientras que, las consecuencias de la no oposición, ex art. 18 del Rto, serán la verificación previa por el órgano judicial de la fecha de notificación y de la corrección de esta, y la declaración de ejecutividad del título con expedición del formulario G (ex art. 18), el cual, una vez sellado y firmado, se convierte en un TEE que goza, para su ejecución, de la supresión del exequátur en el Estado miembro de ejecución (art. 19).

Contexto en el que cabe destacar, al igual que hemos hecho hasta ahora y con relación a la notificación del requerimiento, la necesidad de extremar las precauciones para el buen fin del mismo en orden a evitar la indefensión del requerido de pago, ya que, por derivarse del proceso un TEE, las consecuencias en tal caso serían de especial gravedad. Y, en dicho sentido, el Reglamento establece que la notificación se hará conforme al Derecho del Estado miembro de origen (art. 13 y 14 del Reglamento), pero correspondiéndose con alguna de las formas de los artículos 13 y 14 del propio Reglamento (arts. 12.5, 13 y 14), el cual, por lo tanto, prevé dos filtros, el del Derecho interno del Estado miembro de origen y el del propio Reglamento. Y, en cuanto a este último, presenta dos modalidades: «a» con acuse de recibo, ex art. 13 del Rto, y «b», sin acuse de recibo —art. 14—. Pudiendo considerar esta última más incierta que la del Derecho interno.

Finalmente, el artículo 15, relativo a la notificación a un representante, establece que la notificación, con arreglo a los artículos 13 o 14, podrá realizarse asimismo a un representante del demandado. Podemos remitirnos aquí, en lo que a las notificaciones del requerimiento se refiere, a lo ya dicho en cuanto al emplazamiento en el epígrafe correspondiente al Reglamento 805/2004, del Título ejecutivo europeo, dado que, para que se puedan emitir ambos títulos (el Título ejecutivo europeo del Rto 805/04 y Título derivado del procedimiento monitorio, que también tiene, como veremos, la consideración de TEE), se han de respetar, en el emplazamiento o requerimiento de pago, las modalidades de notificación presentes en el propio Estado del foro, que conoce del procedimiento, las cuales, a su vez, tienen que cumplir, cuando menos, los mínimos previstos en los arts. 13 y 14 (artículos que vienen a coincidir en ambos Reglamentos; coincidiendo, asimismo, en el art. 15 en cuanto a la notificación por medio de un representante).

Por otro lado, y como también se apuntó en el TEE del Rto 805/04, si el requerimiento viaja a otro Estado de la UE, este Estado requerido elegirá alguna modalidad de notificación que, a su vez, no sea incompatible con las admitidas en el propio Estado miembro requerido (art. 11 del nuevo Reglamento 2020/1784, relativo a la notificación y traslado en los Estados miembros de documentos judiciales y extrajudiciales en materia civil o mercantil —versión refundida—).

Debiéndose tener presente que, en el caso del monitorio europeo (al igual que se exige en el emplazamiento para emitir después un TEE del Rto 805/04), no cabrá la notificación edictal del requerimiento de pago, no pudiendo seguir adelante el monitorio de la UE si no se puede llevar a cabo el requerimiento por alguna de las modalidades de sus artículos 13, 14 y 15.

Como hemos venido haciendo hincapié, debe destacarse la necesidad de que, en estos Reglamentos de los que cabe derivar un TEE, tiene que existir una suerte de control extra de legalidad en el Estado de origen, dado que, una vez emitido el título, el ejecutado no podrá invocar, en el Estado de ejecución (normalmente el de su domicilio, donde tiene los bienes —art. 24.5 del Rto Bruselas I-bis—) más que la incompatibilidad (cosa juzgada), sin perjuicio de que pueda, obviamente, justificar el pago, como ya se ha indicado, o los motivos de oposición internos de la lex fori del Estado de ejecución (en nuestro caso arts. 556 y ss LEC; dado que el despacho de ejecución se acomodará, ex art. 26 del Reglamento, al Derecho procesal nacional, es decir, todas las cuestiones procesales no tratadas expresamente en el Reglamento se regirán por el Derecho nacional), pero sin poder fiscalizar la llevanza del procedimiento en el Estado de origen.

Por lo tanto, no cabe contemplar la posibilidad de denegación de la ejecución, en el Estado de ejecución, por defectos cometidos en el procedimiento seguido ante el Estado de origen. Por ejemplo, si se ha incurrido en incorrecciones en materia de competencia o en la notificación del requerimiento; supuestos estos para los que el Reglamento prevé, para casos excepcionales, la revisión, pero siempre ante el tribunal del Estado de origen, tras los 30 días para oponerse (arts. 20 y 16 del Rto), y ello ante la concurrencia de las circunstancias siguientes:

- Por haber realizado la notificación del artículo 14 sin antelación suficiente;
- Porque el demandado no hubiere podido impugnar el crédito por fuerza mayor o circunstancias extraordinarias ajenas a su responsabilidad, siempre que actúe con prontitud.
- Por emisión manifiestamente errónea del requerimiento de pago.

Estableciéndose, en el número 3 de dicho artículo 20, que, si el órgano jurisdiccional rechaza la petición del demandado, seguirá en vigor el requerimiento europeo de pago, pero si el órgano jurisdiccional decide que la revisión está justificada por alguno de los motivos contemplados, entonces el requerimiento europeo de pago será declarado nulo y sin efecto.

8.3.A) EL PROCESO MONITORIO EUROPEO EN NUESTRA LEC

En el orden interno, y como se ha anticipado, es la Disposición Final Vigésima Tercera de la LEC, la relativa a las medidas para facilitar la aplicación en

España del Reglamento del proceso monitorio europeo, y otorga la competencia, en la fase que podemos considerar declarativa del litigio, al Juzgado de Primera Instancia de forma exclusiva y excluyente, siendo determinada, la competencia territorial, con arreglo a lo dispuesto en el Reglamento Bruselas I (44/2001; hoy Bruselas I-bis), y, en lo no previsto en él, con arreglo a la legislación procesal española.

Dicha DF 23.ª distribuye la competencia para proveer sobre los formularios entre el secretario judicial (hoy letrado de la Administración de justicia –LAJ), cuyo protagonismo en este proceso es claro, y el juez, destacando el hecho de que, según expone en su número «5», la desestimación de la petición de requerimiento europeo de pago se adoptará mediante auto, el cual no será susceptible de recurso; por lo que tal resolución no presenta una doble instancia.

Concluyendo, siempre la DF 23.ª, que, en el caso de que en el plazo de treinta días (**sin que se excluyan los días inhábiles**) no se haya formulado oposición o no se haya pagado la deuda, el LAJ pondrá fin al proceso monitorio declarando ejecutivo el requerimiento europeo de pago mediante decreto y en la forma prevista en el formulario G del anexo VII del Reglamento, de conformidad con lo dispuesto en el artículo 18 de este. El requerimiento europeo de pago se entregará al demandante debidamente testimoniado por el LAJ, bien sobre el original bien sobre la copia, haciendo constar esta circunstancia.

Por lo que respecta a la competencia en la fase de ejecución del título, es decir, en nuestro caso cuando España es el Estado de ejecución del TEE derivado de un monitorio, la DF 23.ª establece que la competencia para tal ejecución corresponde al Juzgado de Primera Instancia del domicilio del demandado.

8.4. CARACTERÍSTICAS DEL PROCESO EUROPEO DE ESCASA CUANTÍA

El Reglamento 861/2007 estableció el Proceso europeo de escasa cuantía, constituyendo así el segundo proceso de la UE, tras el monitorio, siendo, el que ahora nos ocupa, el primero propiamente declarativo y plenario de la UE, y, en él, mediante el establecimiento de normas uniformizadas para acreedores y deudores, se pretende simplificar los litigios transfronterizos de los tribunales de la Unión Europea (con exclusión de Dinamarca) en cuanto a reclamaciones pecuniarias pequeñas (inicialmente hasta los 2.000 €, y, tras la modificación de 2015, hasta los 5.000 € de cuantía litigiosa), siempre para pleitos **transfronterizos** (ex art. 3), entendiendo por tales aquellos en los que, al menos una de las partes, esté domiciliada o tenga su residencia habitual en un Estado miembro distinto del Estado miembro del foro, es decir, de aquél al que pertenezca el órgano jurisdiccional que conoce del asunto.

Busca, el presente procedimiento, reducir costes y simplificar el trámite, incluso en la fase de ejecución, puesto que el título derivado de una sentencia dictada en uno de estos procesos será ejecutivo en los demás Estados de la UE, constituyendo un nuevo TEE que, por lo tanto, no precisará de la modalidad de ejecución, más dificultosa, prevista en el Reglamento Bruselas I-bis.

Todo ello, bien entendido que se trata de un procedimiento opcional para la parte actora, es decir, no se excluye la aplicación, pese al carácter transfronterizo de un litigio, del procedimiento propio de cada ordenamiento nacional (juicio verbal en nuestro caso), si es este el que prefiere interponer la parte demandante.

Dicho incremento de cuantía, tuvo lugar mediante el **Reglamento 2015/2421**, por el que se modificaron tanto el Reglamento que nos ocupa (861/2007), como el Reglamento 1896/2006 por el que se establece un proceso monitorio europeo. Modificación que, además, fomentó el carácter escrito del procedimiento de escasa cuantía, así como el empleo de la videoconferencia, las notificaciones electrónicas, y aclaró cuestiones tales como la transacción o la revisión, a la par que previó la posibilidad de continuismo con un procedimiento procedente del monitorio europeo cuando hubiera existido oposición y la cuantía no superase la de 5.000 €.

Dentro del ámbito interno, la normativa complementaria la constituye, como siempre y sin perjuicio de las **comunicaciones de España** al artículo 25 del Reglamento (ver Atlas judicial europeo, picando sobre la bandera española), la **Disposición Final correspondiente, en este caso la Vigésimo Cuarta de la LEC**, relativa a las medidas para facilitar la aplicación en España del Reglamento. Disposición que se remite al procedimiento del juicio verbal de la LEC, respecto de las cuestiones procesales no previstas en el Reglamento, lo que concuerda con el art. 19 del propio Reglamento, que hace una remisión subsidiaria a la *lex fori.*

Con relación al **ámbito de aplicación material**, nuevamente nos remitimos al concepto *civil y mercantil*, mencionado en el art. 2 del Reglamento, estando, las materias excluidas del Reglamento, referidas en su art. 1, las cuales resultan coincidentes con las tradicionalmente excluidas en los Reglamentos Bruselas I y Bruselas I-bis, con algunas novedades, por ejemplo, excluye el **derecho laboral,** pese a que, con carácter general, sabemos que el crédito derivado del contrato de trabajo está dentro del concepto civil y mercantil de aquellos.

Abarcará tanto las demandas pecuniarias como las no pecuniarias: así, por ejemplo, podemos remitirnos a las obligaciones de hacer, contempladas en el formulario A, punto 7.2, siempre que la cuantía del litigio no exceda de esos 5.000 € y corresponda al ámbito civil y mercantil (dicho límite de cuantía es el valor de la demanda, excluidos los intereses, gastos y costas —ver art. 2—, reformado por el citado Reglamento 2015/2421).

Cabe destacar lo ya anticipado sobre el hecho de que, a partir del dictado de la sentencia condenatoria en este procedimiento, va a poderse expedir un **nuevo título ejecutivo europeo** al presentar esta, ex art. 20, o la transacción judicial (ex art. 23 bis: *mutatis mutandis* —tras la reforma—), una vez debidamente certificadas por medio del formulario IV anexo al Reglamento, un título ejecutivo en los demás Estados de la UE, que, por lo tanto, no precisará de un trámite de reconocimiento (art. 20 y punto 30 de la exposición de motivos).

Se da la circunstancia, por lo tanto y a diferencia del TEE dimanado del Reglamento 805/04 sobre el título ejecutivo europeo **para créditos no impugnados**, que, en el presente Reglamento, la sentencia, una vez sea ejecutiva en el Estado de origen, constituye un título ejecutivo europeo **incluso aunque hubiera existido oposición a la demanda en el procedimiento seguido en dicho Estado de origen**, contrastando así con lo que ocurre con los TEE derivados del citado Reglamento 805/04 y del Reglamento 1896/06, relativo este al procedimiento monitorio europeo, en los que no hubo oposición frente al crédito reclamado en autos.

Por lo tanto, como TEE que es, el certificado dimanado del anexo del Reglamento **presenta un único supuesto de denegación de la ejecución en el Estado de ejecución** (ex art. 22 Rto), y en ningún caso la sentencia puede ser objeto de revisión en cuanto al fondo en el Estado miembro de ejecución, donde solo se podrá invocar, como causa de denegación de la ejecución a instancia del ejecutado, la **incompatibilidad** (cosa juzgada), cuando concurran los requisitos previstos en el citado art. 22 del Reglamento.

En cuanto al momento de alegar tal motivo de oposición, debemos entender que, al remitirse a la *lex fori* en cuanto a lo no previsto en el Reglamento, la conclusión es que tal cuestión se deberá alegar en el plazo de 10 días para oponerse a la ejecución, una vez despachada esta, y ello en aplicación del art. 556 de la LEC. Bien entendido que el **despacho de ejecución se realizará de acuerdo con la legislación del Estado miembro de ejecución** (ex art. 21.1 párrafo 1.º Rto). Todo lo cual no impide que, además de dicho motivo de oposición reglamentario, se puedan oponer, frente al despacho de ejecución, los motivos de oposición internos de la LEC. Es decir, como si se tratara de una ejecución de una sentencia española, frente a la cual siempre se pueden oponer los previstos en el art. 556 y ss. LEC, esencialmente: el pago, la caducidad de la acción, el pacto o transacción pública, la falta de cumplimiento de las formalidades del título o falta de un pronunciamiento condenatorio contenido en él.

Por lo demás, asistimos a un procedimiento simplificado en el que se pretende la reducción de costes para el litigante, lo que se propicia mediante la **no preceptiva intervención de abogado, procurador u otro profesional del derecho** (art. 10), el empleo de medios técnicos —videoconferencia—, evitando traslados innecesarios. Todo lo cual conlleva, obviamente, un mayor compromiso por parte del órgano jurisdiccional (juez y letrado de la Administración de justicia) para tratar de conseguir el buen fin del procedimiento;

ordenando el Reglamento, en tal sentido, el deber de impulso e iniciativa procesal y el de proporcionar **amplia información a las partes** (arts. 4.3, 7.1.b y a, 9.a, 11, 12.1.2 y 14).

Esa simplificación y operatividad subyace también, no solo en el **carácter preferentemente escrito del procedimiento,** sino de la existencia de cuatro formularios escalonados, adjuntos en los anexos del Reglamento, los cuales ordenan un trámite procesal que, como hemos visto, puede ser instado por personas legas en Derecho. Tales formularios son:

- Formulario «A» (ANEXO I), empleado para instar la **demanda o la reconvención.**
- Formulario «B» (ANEXO II), empleado por el órgano jurisdiccional para instar una eventual **subsanación**.
- Formulario «C» (ANEXO III); empleado por el órgano jurisdiccional para explicar al demandado el modo de llevar a cabo la **contestación a la demanda**, y por el demandado para contestarla.
- Formulario «D» (ANEXO IV); empleado por el órgano jurisdiccional —a instancia de parte (art. 20.2)—, para emitir el **certificado para la ejecución** en la UE de la sentencia condenatoria (constituirá una nueva modalidad de Título ejecutivo europeo).

Por lo tanto, dichos formularios guiarán el procedimiento, el cual está regulado en los arts. 5 (parcialmente reformado) y 7 del Reglamento, siendo un procedimiento predominantemente escrito, con una vista potestativa para el órgano jurisdiccional. Y, como ya se ha expuesto, subsidiariamente de aplicará el articulado del juicio verbal de la LEC, al ser a la norma nacional a la que remite el art. 19 del Reglamento. Y, dentro de la norma nacional, se aplicará ese juicio verbal por así determinarlo la DF 24.ª de la LEC.

8.4.A) EL PROCESO EUROPEO DE ESCASA CUANTÍA EN NUESTRA LEC

Por lo demás, y si atendemos a la tan citada Disposición Final Vigésima cuarta de la LEC, relativa a las medidas para facilitar la aplicación en España del Reglamento del proceso europeo de escasa cuantía, vemos que se determina que, en la fase declarativa del litigio, **la competencia** corresponde al Juzgado de Primera Instancia o de lo Mercantil, en atención al objeto de la reclamación, y, en cuanto a la competencia territorial, se remite al Reglamento Bruselas I (44/2001), hoy Bruselas I-bis (1215/12); y, en lo no previsto, a la legislación procesal española.

Recuerda la DF 24.ª que, al igual que indica el Reglamento en su exposición de motivos, el cómputo de los plazos se regirá por el Reglamento 1182/71 del Consejo, de 3 de junio de 1971, por el que se determinan las normas aplicables a los plazos, fechas y términos, sin que se excluyan los días inhábiles.

Por otro lado, establece que las notificaciones efectuadas con ocasión de la tramitación de un proceso europeo de escasa cuantía, se llevarán a cabo con arreglo a lo dispuesto en la LEC, siempre que se trate de medios de comunicación previstos en el Reglamento de notificación y traslado de documentos (núm. 861/2007, hoy derogado por el nuevo Reglamento del mismo nombre, núm. 2020/1784, de 25 de noviembre de 2020), prioritariamente por medios informáticos o telemáticos y, en su defecto, por cualquier otro medio que también permita tener constancia de la entrega al demandado del acto de comunicación.

Prevé la DF 24.ª LEC, asimismo, que frente a la sentencia que ponga fin al proceso europeo de escasa cuantía podrá interponerse el recurso que corresponda de acuerdo con la LEC, precisándose en las comunicaciones de España al Reglamento (ver Atlas judicial europeo civil, picando sobre la bandera de España), que «No cabe recurso ordinario de apelación en los procesos de escasa cuantía en reclamaciones inferiores a 3.000 euros». Lo que viene a concordar la previsión del artículo 455.1 de la LEC, que considera no apelables las sentencias dictadas en los juicios verbales por razón de la cuantía cuando esta no supere los 3.000 euros.

Y, para la fase de ejecución en España de un título extranjero derivado de un procedimiento de escasa cuantía de la UE, la competencia la remite la DF 24.ª LEC al Juzgado de Primera Instancia del domicilio del demandado, el cual, asimismo, conocerá de la oposición a la ejecución, a instancia del demandado, así como la limitación de la ejecución, la constitución de garantía o la suspensión del procedimiento de ejecución a que se refieren los artículos 22 y 23 del Reglamento.

Remitiéndose también, la DF 24.ª, en cuanto a la tramitación de la denegación de la ejecución de la sentencia, así como la limitación de la ejecución, su suspensión o la constitución de garantía: «a lo dispuesto en los artículos 556 y siguientes de esta Ley, sin que en ningún caso la sentencia pueda ser objeto de revisión en cuanto al fondo, y se resolverán mediante auto no susceptible de recurso».

8.5. EL RECONOCIMIENTO Y LA EJECUCIÓN DE RESOLUCIONES DERIVADAS DE AMBOS PROCESOS

En materia de reconocimiento y ejecución, ambos Reglamentos beben de las mismas fuentes, es decir, de las del Título Ejecutivo Europeo del Rto 805/2004, o, en otras palabras, no se nutren de las fuentes del Rto Bruselas I-bis.

Así, como hemos venido explicando, las resoluciones derivadas del Proceso monitorio de la UE y del Proceso europeo de escasa cuantía, son también Títulos Ejecutivos de la UE, de modo que, al igual que el art. 21 del Rto del Título Ejecutivo europeo, el artículo 22 del Reglamento del proceso monitorio de la UE establece, en sede de denegación de ejecución, que el Estado miembro de ejecución denegará la ejecución si el requerimiento europeo de pago es incompatible con una resolución o requerimiento dictados con anterioridad que deban ser reconocidos en dicho Estado y que la incompatibilidad no haya podido alegarse durante el procedimiento judicial en el Estado miembro de origen.

Y, en el mismo sentido, el artículo 22 del Reglamento del procedimiento de escasa cuantía establece, para la denegación de la ejecución, que la sentencia dictada en el proceso europeo de escasa cuantía sea incompatible con una sentencia dictada con anterioridad en cualquier Estado miembro o en un tercer país, siempre que haya de ser reconocida en el Estado de ejecución, y no se haya alegado y no haya podido alegarse la incompatibilidad durante el procedimiento judicial en el Estado miembro en que se haya dictado la sentencia.

Adviértase, en dicho sentido y nuevamente, la necesidad de seguir adecuadamente el curso de ambos procesos en su fase previa o declarativa, al objeto de evitar, especialmente, incorrecciones en materia de competencia, de emplazamiento o de notificación del requerimiento, en orden a evitar la indefensión del deudor residente en un Estado distinto del Estado del tribunal del foro. Debe recordarse, al respecto, la normativa proteccionista que, en sede de consumidores, impide conocer del monitorio europeo a un tribunal distinto al del domicilio del deudor, disponiendo el artículo 6 del Rto del procedimiento monitorio, que, en cuanto a la competencia judicial, la remisión al régimen general del Reglamento Bruselas I (hoy Bruselas I-bis) se entiende sin perjuicio de que: «..., si el crédito se refiere a un contrato celebrado por una persona, el consumidor, para un fin que puede considerarse ajeno a su actividad profesional, y si el demandado es el consumidor, únicamente serán competentes los órganos jurisdiccionales del Estado miembro en el cual esté domiciliado el demandado, según la definición del artículo 59 del Reglamento (CE) n.º 44/2001».

Solo con dichas prevenciones se proveerá en concordancia con los principios de confianza y reconocimiento mutuo de resoluciones, que aparecen, tanto en la exposición de motivos del Reglamento 805/04, del Título ejecutivo europeo, como en las de los Reglamentos del Proceso monitorio de la UE y del Proceso de escasa cuantía (ver Rto 805/04: considerandos «3», «4» y «18»; Rto del Proceso monitorio europeo: considerando "4" y "27", y Rto de escasa cuantía: considerando «5»).

En consecuencia, para llevar a cabo la ejecución del título dimanante de ambos procedimientos, se procederá de modo análogo a cuando se tratara de una resolución ejecutiva dictada en el propio Estado de ejecución, es decir, sin exequátur o control de legalidad alguno, una vez que se haya presentado la documentación exigida en los Reglamentos. Siendo, la denegación de la ejecución en el Estado de ejecución, solo posible por la citada incompatibilidad (cosa juzgada), así como el pago o por los demás motivos de oposición previstos en la Ley nacional (arts. 556 y ss. LEC; como si de una ejecución de sentencia española se tratara).

De modo que, para obtener la suspensión o limitación de la ejecución en el Estado de ejecución, ex art. 23 del Reglamento del proceso monitorio europeo, deberá el demandado haber solicitado la revisión con arreglo al artículo 20, ante el órgano jurisdiccional competente del Estado miembro de origen.

Al igual que sucede con la ejecución del título derivado del Reglamento del procedimiento de escasa cuantía, en el que, también su artículo 23 prevé, para la suspensión o limitación de la ejecución por el órgano del Estado miembro de ejecución, que se hubiere impugnado una sentencia dictada en el proceso europeo de escasa cuantía o dicha impugnación fuere todavía posible, o se hubiere presentado una solicitud de revisión en el sentido del artículo 18, siempre ante el órgano jurisdiccional competente del Estado miembro de origen.

Como comentario final, cabe referir que existe cierta paradoja en el sistema de la UE en el seno del reconocimiento y ejecución de resoluciones civiles y mercantiles, puesto que el legislador europeo otorga una gran confianza a la certidumbre de las notificaciones, sobre las que basculan los títulos ejecutivos europeos (TEE) derivados de los Reglamentos 805/04 del Título ejecutivo europeo para créditos no impugnados y del Reglamento del Proceso Monitorio Europeo; en contraste con la menor confianza en las resoluciones judiciales de fondo en los procesos con contradicción, de los que (salvo en el caso del procedimiento europeo de escasa cuantía) no dimana un TEE, teniendo que seguir yendo, la parte actora, al procedimiento de ejecución previsto en el Reglamento Bruselas I-bis, con posibilidad de más motivos de oposición a la ejecución, en el Estado de ejecución, que en el caso del TEE, puesto que, en contraste con la *incompatibilidad* invocable en estos, en el caso del Reglamento Bruselas I-bis son todavía invocables, como motivos de oposición, los siguientes (art. 45 de Bruselas I-bis):

> «a) si el reconocimiento es manifiestamente contrario al orden público del Estado miembro requerido;
>
> b) cuando la resolución se haya dictado en rebeldía, si no se entregó al demandado cédula de emplazamiento o documento equivalente de forma tal y con tiempo suficiente para que pudiera defenderse, a menos que no haya recurrido contra dicha resolución cuando pudo hacerlo;
>
> c) si la resolución es inconciliable con una resolución dictada entre las mismas partes en el Estado miembro requerido;
>
> d) si la resolución es inconciliable con una resolución dictada con anterioridad en otro Estado miembro o un Estado tercero entre las mismas partes en un litigio que tenga el mismo objeto y la misma causa, cuando esta última resolución reúna las condiciones necesarias para su reconocimiento en el Estado miembro requerido, o
>
> e) en caso de conflicto de la resolución con lo dispuesto en:
>
> i) el capítulo II, secciones 3, 4 o 5, en el supuesto de que el demandado sea el tomador del seguro, el asegurado, un beneficiario del contrato de seguro, la persona perjudicada, el consumidor o el trabajador, o
>
> ii) el capítulo II, sección 6».

8.6. JURISPRUDENCIA DE INTERÉS RESPECTO DEL PROCESO MONITORIO DE LA UE

a.- La sentencia del Tribunal de Justicia de la UE (Sala Primera, resolviendo varias cuestiones acumuladas) de 19 de diciembre de 2019, en la que se sometía a la consideración de dicho Tribunal, mediante el procedimiento prejudicial y en relación con el Proceso monitorio europeo (Reglamento 1896/2006), la posibilidad de que el juez nacional solicite de oficio a la parte actora, *in limine litis* —al inicio del proceso—, la aportación de documentación complementaria que acredite la deuda, en orden a analizar las eventuales cláusulas abusivas en los contratos celebrados con consumidores.

En ella, el TJUE resolvió que el artículo 7, apartado 2, letras d) y e), del Reglamento del Proceso monitorio europeo, y los artículos 6, apartado 1, y 7, apartado 1, de la Directiva 93/13/CEE del Consejo, de 5 de abril de 1993, sobre las cláusulas abusivas en los contratos celebrados con consumidores, tal como han sido interpretados por el Tribunal de Justicia y a la luz del artículo 38 de la Carta de los Derechos Fundamentales de la Unión Europea, deben interpretarse en el sentido de que permiten que un «órgano jurisdiccional» pida al acreedor información complementaria relativa a las cláusulas contractuales que este invoca para acreditar la deuda de que se trate, con el fin de controlar de oficio el carácter eventualmente abusivo de esas cláusulas; y de que, en consecuencia, se oponen a una normativa nacional que declara inadmisible la documentación complementaria aportada a tal efecto.

De dicha resolución destacan los considerandos que se transcribirán seguidamente en letra cursiva, pudiendo hacer de ellos, *a priori*, las observaciones siguientes:

- En el considerando 45 apreciamos los fundamentos de la línea *proteccionista* que, en materia de consumidores, debe informar la interpretación del Tribunal de Justicia.
- En el considerando 48 destaca la relevancia que el TJUE concede a los formularios, en la línea de lo que hemos venido indicando sobre el protagonismo que estos presentan a la hora de interpretar los Reglamentos, no siendo meras plantillas sino una expresión de la voluntad del legislador en orden a unificar la interpretación y, a la par, complementar el texto normativo; por lo que podemos concluir que dicha interpretación es una modalidad de *interpretación auténtica*, es decir, proporcionada por el propio legislador.
- Asimismo, se aprecia en el considerando «51» el carácter *teleológico o finalista* del criterio interpretativo del TJUE, cuando advierte de que, una interpretación diferente a la adoptada, podría permitir a los acreedores, en perjuicio del consumidor, eludir las exigencias derivadas de la Directiva 93/13 y del artículo 38 de la Carta.

- Finalmente, cabe apreciar también, en esta ocasión en el considerando «52», una interpretación *no encorsetada*, sino *flexible* del Tribunal de Justicia a la hora de analizar si la actuación del órgano jurisdiccional nacional, al requerir al demandante para que aporte el contenido de los documentos en que basa su petición, es contraria al principio dispositivo, concluyendo que no lo es por no pretender alterar la petición sino controlar sus fundamentos.

Decía, en concreto, el Tribunal de Justicia de la UE en los pasajes que se han considerado más relevantes (los destacados en cursiva son siempre añadidos):

«45 Así pues, el Tribunal de Justicia ha considerado que un órgano jurisdiccional que conoce de una petición de proceso monitorio debe determinar si las modalidades del procedimiento de oposición que establece el Derecho nacional ***generan un riesgo no desdeñable de que los consumidores afectados no formulen la oposición requerida*** (véase, en este sentido, la sentencia de 13 de septiembre de 2018, Profi Credit Polska, C 176/17, EU:C:2018:711, apartado 61 y jurisprudencia citada).

46 Estas exigencias rigen igualmente cuando un "órgano jurisdiccional", según la definición del Reglamento n.º 1896/2006, recibe una petición de requerimiento europeo de pago, en el sentido de este Reglamento.

47 ***Por consiguiente, procede determinar si el Reglamento n.º 1896/2006 permite al órgano jurisdiccional ante el que se haya presentado una petición de requerimiento europeo de pago pedir al acreedor información complementaria sobre las cláusulas para acreditar la deuda, a efectos de examinar de oficio el carácter eventualmente abusivo de las cláusulas del contrato, con arreglo a las exigencias derivadas de los artículos 6, apartado 1, y 7, apartado 1, de la Directiva 93/13.***

48 A este respecto, cabe señalar que, si bien es cierto que el artículo 7, apartado 2, del Reglamento n.º 1896/2006 regula de manera exhaustiva los requisitos que debe cumplir la petición de requerimiento europeo de pago (sentencia de 13 de diciembre de 2012, Szyrocka, C 215/11, EU:C:2012:794, apartado 32), también lo es que el demandante debe utilizar el formulario A, que figura en el anexo I de este Reglamento, para presentar tal petición, de conformidad con el artículo 7, apartado 1, de dicho Reglamento. ***Pues bien, por un lado, del campo 10 del formulario A se desprende que el demandante tiene la posibilidad de indicar y describir el tipo de medios de prueba de que dispone, incluidas las pruebas documentales, y, por otro lado, del campo 11 de este formulario resulta que puede añadirse información complementaria a la requerida expresamente por los campos anteriores de dicho formulario, de modo que este posibilita que se aporte información adicional relativa a las cláusulas que se invocan para acreditar la deuda, en particular, reproduciendo todo el contrato o aportando una copia de este.***

49 ***Además, el artículo 9, apartado 1, del Reglamento n.º 1896/2006 establece que el órgano jurisdiccional ante el que se haya presentado dicha petición está facultado, valiéndose del formulario B, que figura en el anexo II de este Reglamento, para pedir al acreedor que complete o rectifique la información facilitada sobre la base del artículo 7 de dicho Reglamento.***

50 De ello se deduce que, en virtud de los artículos 7, apartado 1, y 9, apartado 1, del Reglamento n.º 1896/2006, el órgano jurisdiccional ante el que se haya presentado una petición de requerimiento europeo de pago ***debe poder pedir al acreedor información complementaria relativa a las cláusulas que este invoca para acreditar la deuda, como la reproducción de todo el contrato o la presentación de una copia de este, con el fin de poder examinar el carácter eventualmente abusivo de tales cláusulas,*** con arreglo a los artículos 6, apartado 1, y 7, apartado 1, de la Directiva 93/13 (véase, en este sentido, la sentencia de 6 de septiembre de 2018, Catlin Europe, C 21/17, EU:C:2018:675, apartados 44 y 50).

51 ***Una interpretación diferente del artículo 7, apartado 2, letras d) y e), del Reglamento n.º 1896/2006 podría permitir a los acreedores eludir las exigencias derivadas de la Directiva 93/13 y del artículo 38 de la Carta.***

52 Procede subrayar, además, que ***el hecho de que un órgano jurisdiccional nacional requiera al demandante que aporte el contenido del documento o de los documentos en los que basa su petición se integra simplemente en la materia probatoria del proceso, ya que ese requerimiento tiene por único objeto determinar si la petición es fundada, de modo que no vulnera el principio dispositivo*** (véase, por analogía, la sentencia de 7 de noviembre de 2019, Profi Credit Polska, C 419/18 y C 483/18, EU:C:2019:930, apartado 68).

53 Por consiguiente, el artículo 7, apartado 2, letras d) y e), del Reglamento n.º 1896/2006, en relación con los artículos 6, apartado 1, y 7, apartado 1, de la Directiva 93/13, tal como han sido interpretados por el Tribunal de Justicia y a la luz del artículo 38 de la Carta, se opone a una normativa nacional que declara inadmisible la documentación complementaria que se presente además del formulario A del anexo I del Reglamento n.º 1896/2006, como puede ser una copia del contrato de que se trate».

b) Auto de la Audiencia Provincial de Madrid, Secc. 10ª, núm. 50/2020, de 06/02/2020 (Pte. Sra. Fernández del Prado)

Esta resolución establece la competencia de los Juzgados españoles, y, en concreto, de los Juzgados de Alcalá de Henares, estimando un recurso de apelación contra el auto del Juzgado de primera instancia de Alcalá de Henares, en el cual se había inadmitido a trámite un Procedimiento monitorio europeo formulado contra un ciudadano francés, residente en Francia, siendo parte actora una comunidad de propietarios de dicha localidad española, en el que se reclamaba una deuda que tenía el demandado con la comunidad de propietarios, recordando la Sala que:

«El Reglamento (CE) 1896/2006 del Parlamento Europeo y del Consejo, de 12 de diciembre, por el que se establece proceso monitorio europeo, dispone en su art. 6.1 que "A efectos de la aplicación del presente Reglamento, la competencia judicial se determinará con arreglo a las normas de Derecho comunitario aplicables en materia, en particular el Reglamento (CE) n.º 44/2001", que ha sido modificado por el Reglamento 1215/2012 de 12 de diciembre de 2012.

Pues bien, ***el art. 7 del Reglamento 1215/2012 indica que "Una persona domiciliada en un Estado miembro podrá ser demandada en otro Estado***

> ***miembro 1 a) en materia contractual, ante el órgano jurisdiccional del lugar en el que se haya cumplido o deba cumplirse la obligación que sirva de base a la demanda";*** partiendo de dicho precepto, se formula el requerimiento en España, al ser el lugar de cumplimiento de la obligación. El Tribunal de Justicia de la Unión Europea se ha pronunciado sobre la cuestión que nos ocupa en sentencia de 8 de mayo de 2019 (asunto C-25/18), en los siguientes términos: "El artículo 7, punto 1, letra a), del Reglamento (UE) n.º 1215/2012 del Parlamento Europeo y del Consejo, de 12 de diciembre de 2012, relativo a la competencia judicial, el reconocimiento y la ejecución de resoluciones judiciales en materia civil y mercantil, debe ser interpretado en el sentido de que ha de considerarse que un litigio que tiene por objeto una obligación de pago derivada de un acuerdo de la junta general de propietarios de un inmueble en régimen de propiedad horizontal que carece de personalidad jurídica y que ha sido constituida especialmente por la ley para ejercer ciertos derechos, que ha sido aprobado por la mayoría de sus miembros pero que vincula a todos sus miembros, pertenece a la esfera de la "materia contractual", en el sentido de esta disposición. ***El artículo 4, apartado 1, letra B, del Reglamento (CE) n.º 593/2008 del Parlamento Europeo y del Consejo, de 17 de junio de 2008, sobre la ley aplicable a las obligaciones contractuales (Roma I), debe interpretarse en el sentido de que un litigio, como el planteado en el asunto principal, que tiene por objeto una obligación de pago resultante de un acuerdo de la junta general de propietarios de un inmueble en régimen de propiedad horizontal, relativo a los gastos de mantenimiento de los elementos comunes de ese inmueble, debe ser considerado un litigio referido a un contrato de prestación de servicios, en el sentido de esa disposición".*** Por ello, esta Sala concluye que son competentes los Juzgados españoles y, en concreto, los Juzgados de Alcalá de Henares».

Resolución que, en definitiva, ante la competencia alternativa derivada del juego de los artículos 5 y 7.1 del Reglamento Bruselas I-bis, basculante entre el domicilio del demandado (Francia) y el lugar de cumplimiento de la obligación (España), permite obviamente a la parte actora demandar en este último. Lo cual trae causa de la ya comentada sentencia del Tribunal de Justicia UE (Sala Primera) de 8 de mayo de 2019, resolviendo una cuestión prejudicial que afectaba al Reglamento Bruselas I-bis en relación con la competencia en materia contractual y su extensión a un acuerdo de la junta general de propietarios de un inmueble en orden al pago de cuotas anuales, y ello en concordancia con la Ley aplicable a las obligaciones contractuales, regulada en el Reglamento Roma I (593/2008), que, en su artículo 4, apartado 1, letra «b» establece la categoría de «contrato de prestación de servicios».

9

LA ACTUAL PRESENCIA DEL «EXEQUÁTUR SIMPLIFICADO» DE LA UE EN EL CONVENIO DE LUGANO DE 2007 Y EN LOS CUATRO «BUQUES AUTÓNOMOS» (REGLAMENTOS AUTÓNOMOS REFERIDOS EN EL EPÍGRAFE «6»)

Hemos podido contrastar en el punto «4» de este libro, relativo al Reglamento del Título ejecutivo europeo (al que calificábamos de *buque de apoyo indirecto al Buque insignia* en materia de reconocimiento y ejecución" (Rto 805/2004), el avanzado y valiente sistema de reconocimiento y ejecución del TEE derivado de este Reglamento, frente al sistema empleado en el propio Buque insignia (Bruselas I-bis), inmerso en más prevenciones y cautelas, pudiendo destacar, de dicha dualidad reglamentaria, las reflexiones siguientes:

- Respecto de dichas prevenciones o cautelas, el Rto «Bruselas I-bis» prevé, en el artículo 45, hasta 4 motivos de oposición al reconocimiento y ejecución del certificado derivado de sus formularios, lo que supone un cierto control de legalidad en el Estado de ejecución sobre la resolución dictada en el Estado de origen.
- Por su parte, el Rto del Título ejecutivo europeo (805/04) prevé, en su art. 21, un solo motivo de oposición, la *incompatibilidad* (cosa juzgada), puesto que exige una especie de *exequátur invertido* o *exequátur anticipado*, a realizar por el órgano jurisdiccional emisor del título en el propio Estado de origen.
- No obstante, hemos visto también que, en ambas modalidades, los dos Reglamentos remiten al procedimiento de ejecución nacional (en nuestro caso la LEC), pudiéndose agregar, en el mismo escrito de oposición a la ejecución, a los motivos de oposición derivados del correspondiente Reglamento, los motivos de oposición internos de

la LEC, como si de la ejecución de una sentencia nacional se tratara. Es decir, cabe oponer: el pago, la caducidad, etc. (art. 556 y ss. LEC). Así se deriva de los arts. 39 y 41.1, y 2 y del considerando 30 del Rto Bruselas I-bis y del art. 20.1 del Rto del Título ejecutivo europeo.

- Por ello, tampoco en el *Buque insignia* podemos hablar técnicamente de *exequátur simplificado* (aunque hay varios motivos de oposición) pues se comparten, en el mismo procedimiento de oposición a la ejecución, los motivos del Reglamento y los motivos internos de la LEC.

Frente a ello contrasta el hecho de que todavía persiste, en el Convenio de Lugano de 2007, el llamado *exequátur simplificado* de la UE, el cual le viene heredado del antiguo Reglamento 44/2001 «Bruselas I», predecesor del actual *Buque insignia* (Bruselas I-bis).

Adviértase, en dicho sentido, que el Convenio de Lugano de 2007 sobre Competencia judicial, el reconocimiento y la ejecución de resoluciones judiciales en materia civil y mercantil, es un Convenio que sustituyó al anterior Convenio de Lugano de 16.9.88, siendo Estados parte, además de los de la Unión Europea, incluida Dinamarca (desde el 1.1.2010), los Estados miembros de la Asociación europea de libre comercio: Noruega (desde el 1.1.2010), Suiza (desde el 1.1.2011) Islandia (desde el 1.5.2011).

Concurre, además, la circunstancia de que el sistema del referido *exequátur simplificado* del Convenio e Lugano, sigue siendo aplicado en todos los Reglamentos referidos en el epígrafe «6» de esta monografía, es decir, los que hemos dado en llamar *buques autónomos* (Reglamentos específicos y autosuficientes), los cuales seguidamente procedemos a relacionar:

- Reglamento de Alimentos: 4/2009.
- Reglamento de Sucesiones: 650/2012.
- Reglamento de Régimen económico matrimonial: 2016/1103.
- Reglamento de Parejas registradas: 2016/1104.

Pues bien, los referidos *buques autónomos o autosuficientes,* se regulan por ese de *exequátur simplificado* en materia de reconocimiento y ejecución, con una única excepción parcial, cual es la correspondiente al Reglamento de Alimentos, del que, si bien como norma general se deriva un Título ejecutivo europeo (TEE) al no poderse oponer frente al título, en el Estado de ejecución, sino la *incompatibilidad* (el art. 21 del Rto habla también de *prescripción*; estando presente, en cualquier caso, la extinción del derecho por el transcurso del tiempo, dentro de los motivos internos del art. 556 y ss. LEC, en el que se habla de *caducidad*); sin embargo, para los países que no han aceptado el Protocolo de la Haya de 2007 sobre Ley aplicable a los alimentos, es decir, para Dinamarca, se seguirá el *exequátur simplificado* equivalente a Lugano (sistema que hemos desarrollado pormenorizadamente en el epígrafe «6.1.F» de esta monografía, al analizar las «Reglas respecto de Estados que no han reconocido el Protocolo de La Haya de 2007 (Dinamarca)», así como en el epígrafe siguiente, «6.1.F.1», titulado como «Reflexiones sobre el trámite a seguir en el recurso frente al auto derivado del art. 30 del Reglamento, respecto de Dinamarca».

Al referirnos al caso de Dinamarca en dichos epígrafes, hemos podido ver cuáles son las peculiaridades del *exequátur simplificado* que también es aplicable al Convenio de Lugano, pues se trasladaron al Reglamento de Alimentos respecto de Dinamarca. No obstante, volvemos a reproducirlas, situándolas ahora con las citas correspondientes al articulado del Convenio de Lugano de 2007, heredero directo del antiguo Reglamento Bruselas I (44/2001):

- Debe existir un previo reconocimiento de la ejecutoriedad del Título extranjero, existiendo un plazo para oponerse (un mes), y, en caso de oposición, conoce directamente la Audiencia Provincial en una primera instancia (art. 43.5), no el Juzgado «a quo».
- Es decir, no es el sistema de despacho de ejecución propio de la LEC con los motivos de oposición del art. 556 y ss., y resolviendo en primera instancia el Juzgado *a quo,* como ocurre en Bruselas I-bis o en el Título ejecutivo europeo, pudiéndose interponer el recurso ordinario de apelación ante la Audiencia Provincial.
- El problema radica en que el artículo 41 del Convenio de Lugano establece que, una vez cumplidas las formalidades del art. 53 (relativas a la presentación de los correspondientes documentos ante el Juzgado): **«se otorgará inmediatamente la ejecución...»**, lo que provoca a menudo un auto de despacho de ejecución directo por el Juzgado de primera instancia.
- Pero ese despacho de ejecución directo es contradictorio con el art. 47.3 de Lugano, del que se deriva que, durante el plazo del recurso previsto en el apartado 5 del artículo 43 (recurso frente al auto dictado con arreglo al citado artículo 41), **«solamente se podrán adoptar medidas cautelares sobre los bienes de la parte contra la que se hubiera solicitado la ejecución»**. Lo que genera el riesgo de que, si existe oposición posterior y se alarga esta, se entreguen los bienes al acreedor antes de tiempo si se ha interpretado mal el art. 41.

Evidenciado, por lo tanto, el problema derivado de un despacho de ejecución precipitado y propiciado por la propia redacción del Convenio de Lugano, se propone, para evitar dicha disfunción, seguir los pasos siguientes para despachar un *exequátur simplificado* del Convenio de Lugano (bien entendido que este sistema que se pasa a proponer, resulta extensible a los cuatro Reglamentos antedichos y calificados como *buques autónomos,* que siguen la misma fórmula —se citarán después los artículos de estos que presentan correspondencia con el Convenio de Lugano—):

1. La interpretación recomendable para el citado artículo 41, conciliándolo con el 47, es que: donde dice "**otorgar la ejecución**" se debe entender **otorgar el reconocimiento de la ejecutividad o ejecutorie-**

dad al título extranjero presentado a exequátur (lo que, según algunas traducciones, es concordante con lo dispuesto en el artículo 41 en las versiones de otras lenguas de la UE). Por lo que no se puede proceder a la ejecución del patrimonio del demandado todavía, hasta que gane firmeza dicho auto de reconocimiento de la ejecutoriedad del título.

2. Sin perjuicio de ello, el demandante podrá solicitar —entretanto gana firmeza el auto del art. 41— la adopción de medidas provisionales o cautelares (medidas que se regirán por la legislación interna —LEC— dando lugar a la correspondiente pieza separada —art. 47 del Convenio—).
3. En consecuencia, **se posterga la apertura de la vía de apremio definitiva** al transcurso del plazo para recurrir el auto, o, en el caso de plantearse recurso, a la denegación del recurso por la Audiencia Provincial o por el Tribunal Supremo si se planteara posterior recurso de casación. De modo que, solo en el momento de la firmeza del auto del art. 41, se podrá implementar la ejecución propiamente dicha con apertura de la vía de apremio definitiva (en dicho sentido, véase, por ejemplo, auto núm. 107/21, de fecha 08/06/2021 de la Secc. 3.ª AP Palma, rollo de Sala 733/20, al que haremos referencia más adelante).
4. **Una vez que gane firmeza el auto del art. 41 del Convenio, el ejecutante deberá solicitar, ante el mismo Juzgado de Primera Instancia, la ejecución del auto firme de exequátur** del título extranjero, que ahora sí será plenamente ejecutivo en España, como si de título ejecutivo nacional se tratara al haber superado plenamente el control de legalidad que supone el *exequátur simplificado* impuesto por el Convenio de Lugano. Tras dicha petición, se dictará por el Juzgado nuevo auto, que ahora sí será de despacho de ejecución.
5. **Bien entendido que, frente a dicho nuevo auto despachando ejecución, se deberá admitir al ejecutado la posibilidad de oponerse por las causas internas previstas en el LEC** (artículos 556 y ss.), las cuales son invocables ante el Juez de primera instancia y no pudieron serlo ante la Audiencia Provincial en el trámite de impugnación del exequátur, al no estar contempladas en los artículos 34 y 35 del Convenio de Lugano, a los que se remite el art. 45 del mismo.

Sistema que, como se ha venido exponiendo, es compartido por los cuatro Reglamentos que hemos calificado como *buques autónomos*, en tanto en cuanto hicieron propio el sistema de Lugano, que a su vez deriva del sistema del Reglamento Bruselas I. Se pasan seguidamente a exponer los artículos en los que se viene a apreciar tal correspondencia.

- Reglamento de Alimentos: 4/2009:
  - **Sigue el sistema de Lugano para Dinamarca** (Estado que no han aceptado el Protocolo de la Haya de 2007 sobre Ley aplicable a los alimentos): arts. 23, 24, 30 y 36.3 Rto.

- **Sigue el sistema del Título ejecutivo europeo para el resto de los Estados de la UE**: arts. 17 y 21: ejecución con arreglo a la LEC, siendo los motivos de oposición del Rto la incompatibilidad (cosa juzgada) o la prescripción, además de los motivos propios de la LEC no incompatibles con el Rto, por ejemplo, el pago (art. 556 LEC).

  » Cabe hacer la precisión, respecto de este Reglamento, que el citado art. 21, en su número 2 párrafo último, precisa que (destacado en cursiva añadido): «Una resolución que tenga por efecto modificar una resolución anterior de obligación de alimentos debido a un cambio de circunstancias ***no se considerará una resolución incompatible*** en el sentido de lo dispuesto en el párrafo segundo». Lo cual debe entenderse partiendo de la base de que, en materia de alimentos, no se produce propiamente el efecto de cosa juzgada material, dado que un posterior cambio de circunstancias puede dar lugar siempre a una nueva resolución que extinga o adapte la obligación de alimentos a dicho cambio, por lo que el concepto de *incompatibilidad* (cosa juzgada) es más flexible en esta materia (al igual que en materia de responsabilidad parental, donde también se puede producir siempre un cambio de circunstancias).

– Reglamento de Sucesiones: 650/2012. Sigue el sistema de Lugano en los arts. 48 y 54.3.

– Reglamento de Régimen económico matrimonial: 2016/1103. Sigue el sistema de Lugano en los arts. 47 y 53.3.

– Reglamento de Cuestiones patrimoniales de parejas registradas: 2016/1104. Sigue el sistema de Lugano en los arts. 47 y 53.3.

9.1. RESOLUCIONES DE INTERÉS INTERPRETANDO EL *EXEQUÁTUR SIMPLIFICADO* DEL CONVENIO DE LUGANO DE 2007

a.- **El auto de la Audiencia Provincial de Palma de Mallorca, Sección 3.ª, núm. 107/2021, de fecha 08/06/2021** (Pte. Sr. Artola Fernández), nos sirve como ejemplo de la interpretación propuesta al Convenio de Lugano de 2007, al traer causa de un procedimiento seguido en primera instancia con las particularidades que se pasan a exponer:

– En el Juzgado de Primera Instancia, atendiendo a la interpretación literal del art. 41 del Convenio de Lugano («**se otorgará inmediatamente la ejecución...**»), se había dictado auto despachando ejecución sobre la base de una resolución Certificada de un Tribunal Suizo, derivándose del fallo de esta una obligación de pago de más de 700.000.- € de principal y más de 200.000 de intereses y costas.

- **Inmediatamente se otorgó el decreto de medidas de ejecución** y se abrió la vía de apremio.
- Recurrió el ejecutado haciendo uso del recurso previsto en Lugano (apartado 5 del artículo 43: ante la Audiencia Provincial en el plazo de un mes).
- Los motivos del recurso no prosperaron pues no concurría ninguno de los previstos para la oposición en el Convenio de Lugano (coincidente con los motivos de oposición tradicionales de Bruselas I).
- Pero a la hora de confirmar el auto de instancia, la Sala precisó que, hasta la firmeza de la resolución de la Sala, **solo cabía adoptar medidas cautelares** sobre los bienes de entidad interpelada, según prevé el art. 47.3 del Convenio de Lugano.
- Precisión que tenía su razón de ser en que el auto de la Sala no era firme, pues tal y como se hacía constar al pie del mismo, contra la resolución de la Sala «cabe interponer el recurso previsto en el ANEXO IV del Convenio de Lugano de 2007, en el que se hace constar: "*Los recursos que podrán interponerse en virtud del artículo 44 del Convenio son los siguientes: — en Bélgica, Grecia, España, Francia, Italia, Luxemburgo y en los Países Bajos, un recurso de casación*"».

Decía, el citado auto de la Audiencia Provincial de Palma de Mallorca, en lo que ahora interesa, lo siguiente:

> «Todo lo cual lleva a la Sala a desestimar las peticiones contenidas en el presente recurso. Bien entendido que, en concordancia con lo referido en el Fundamento jurídico cuarto sobre el trámite del "exequátur simplificado" del Reglamento 44/2001, trámite reproducido en el aquí aplicable Convenio de Lugano de 2007: conciliando el artículo 41 con el 47 del Convenio, mientras dura la presente fase de reconocimiento de la ejecutividad o ejecutoriedad del título extranjero presentado a exequátur, y en tanto en cuanto cabe recurso de casación contra la presente resolución, debe la Sala precisar que durante el eventual curso del mismo y, en cualquier caso, hasta la firmeza de la presente resolución, solo cabe adoptar las medidas cautelares derivadas del art. 47.3 del Convenio de Lugano, que establece que "Durante el plazo del recurso previsto en el artículo 43, apartado 5, contra el otorgamiento de la ejecución y hasta que se hubiere resuelto sobre el mismo, solamente se podrán adoptar medidas cautelares sobre los bienes de la parte contra la que se hubiere solicitado la ejecución».

b.- El auto de la Audiencia Provincial de Palma de Mallorca, Secc. 5.ª, recaído con el núm. 48 en el rollo de Sala n.º 132 /2023 en fecha tres de mayo de dos mil veintitrés (Pte. Sra. Besa Recasens).

De esta resolución cabe destacar que la misma trae causa de un recurso de apelación contra el auto del juzgado de primera instancia que denegaba el despacho de ejecución por entender que, con carácter previo a la ejecución, era preceptivo el exequátur conforme al procedimiento previsto por la Ley

29/2015 de Cooperación Jurídica Internacional en materia Civil. Cuando, la parte solicitante, en contra del criterio del juez «a quo», considera que debe aplicarse el Convenio relativo a la competencia judicial, el reconocimiento y la ejecución de resoluciones judiciales en materia civil y mercantil, conocido como Convenio de Lugano de 2007.

Exponiendo el auto que, dicho Convenio, del que tanto los países de la UE (entre ellos España) como Suiza son parte, recoge en su art. 33: «Las resoluciones dictadas en un Estado vinculado por el presente Convenio serán reconocidas en los demás Estados contratantes, sin que fuere necesario recurrir a procedimiento alguno". Pero, reconociendo la Audiencia Provincial que: "Es cierto, que en referido Convenio de Lugano de 2007, existe una cierta confusión entre la redacción del art. 41.1 y del art. 47.3 del Convenio, que debe salvarse en favor de este último, de manera que el término otorgará inmediatamente ejecución se debe entender como "otorgar el reconocimiento de la ejecutividad o ejecutoriedad del título extranjero", de manera que hasta que no gane firmeza dicho auto, no cabe despachar ejecución».

Todo ello, con cita del auto antes mencionado en el apartado «a» del presente epígrafe (auto de la Sección Tercera de la AP de Palma de Mallorca, de fecha 8 de junio de 2021), y exponiendo la referida Secc. 5.ª de la Audiencia Provincial, en el citado auto de tres de mayo de dos mil veintitrés, lo que se resumirá (destacados en cursiva siempre añadidos):

> «En el presente caso, nos encontramos ante un estadio anterior al expuesto por la sentencia de la Sección Tercera de esta Audiencia Provincial, y por tanto debe procederse a la revocación de la resolución, y remitirse al Juzgado, ***para que tras un examen formal de los requisitos del art. 53 del Convenio de Lugano (copia de la resolución traducida y certificado de ejecutividad del acto), se proceda a otorgar el reconocimiento de la ejecutividad del tituló, con traslado a la parte contraria a los efectos que pueda invocar con carácter restrictivo, alguno de los motivos de oposición previstas en el art. 34 y 35 del referido Convenio,*** y sin que dicha omisión pueda ser subsanada en esta alzada, dado que en caso contrario estaríamos vulnerando los derechos procesales de la parte contra la cual se pretende el reconocimiento y despacho de la ejecución, y privándole de un eventual recurso de apelación, e incluso de casación. Es por ello que debe procederse a la revocación de la resolución recurrida, para que pueda decidirse sobre el reconocimiento de la ejecutoriedad del título extranjero.
>
> ***El recurso de apelación presentado debe ser estimado, si bien no podrán adoptarse medidas ejecutivas concretas, en tanto la resolución de reconocimiento no sea definitiva y firme, sin perjuicio de la posibilidad de solicitar medidas cautelares.***
>
> En idéntico sentido, se expresa la resolución antes aludida de la Sección Tercera de la Ap de Baleares, de 8 de junio de 2021, con relación a dicho extremo: "Todo lo cual lleva a la Sala a desestimar las peticiones contenidas en el presente recurso. Bien entendido que, en concordancia con lo referido en el Fundamento jurídico cuarto sobre el trámite del "exequátur simplificado" del Reglamento 44/2001, trá-

mite reproducido en el aquí aplicable Convenio de Lugano de 2007: conciliando el artículo 41 con el 47 del Convenio, mientras dura la presente fase de reconocimiento de la ejecutividad o ejecutoriedad del título extranjero presentado a exequátur, y en tanto en cuanto cabe recurso de casación contra la presente resolución, debe la Sala precisar que durante el eventual curso del mismo y, en cualquier caso, hasta la firmeza de la presente resolución, solo cabe adoptar las medidas cautelares derivadas del art. 47.3 del Convenio de Lugano , que establece que "Durante el plazo del recurso previsto en el artículo 43, apartado 5, contra el otorgamiento de la ejecución y hasta que se hubiere resuelto sobre el mismo, solamente se podrán adoptar medidas cautelares sobre los bienes de la parte contra la que se hubiere solicitado la ejecución".

Es cierto, que en referido Convenio de Lugano de 2007, existe una cierta confusión entre la redacción del art. 41.1 y del art. 47.3 del Convenio, que debe salvarse en favor de éste último, de manera que el término otorgará inmediatamente ejecución se debe entender como "otorgar el reconocimiento de la ejecutividad o ejecutoriedad del título extranjero", de manera que hasta que no gane firmeza dicho auto, no cabe despachar ejecución».

9.2. REFLEXIONES SOBRE EL TRÁMITE A SEGUIR EN EL RECURSO FRENTE AL AUTO DE RECONOCIMIENTO DE EJECUTIVIDAD DEL *EXEQUÁTUR SIMPLIFICADO* DEL CONVENIO DE LUGANO Y DE LOS REGLAMENTOS AUTÓNOMOS («BUQUES AUTÓNOMOS»)

En el punto correspondiente al Reglamento de alimentos, y, en concreto, en el epígrafe referido con el número «6.1.F.1», hemos realizado una serie de reflexiones sobre el trámite a seguir en el recurso frente al auto de reconocimiento de ejecutoriedad del título extranjero (derivado del art. 30 de dicho Reglamento de alimentos, respecto de Dinamarca), dándose la circunstancia de que esas reflexiones son también extrapolables al Convenio de Lugano de 2007, así como a los cuatro Reglamentos que venimos comentando y que hemos denominado *buques autónomos.* Puesto que, tanto el Convenio de Lugano como esos Reglamentos, siguen el sistema del *exequátur simplificado* (en el caso del Rto de Alimentos, solo respecto de Dinamarca).

Por lo tanto, *mutatis mutandis*, tales reflexiones son aplicables a dicho Convenio y a dichos Reglamentos, por lo que pasaremos a referir, como ejemplo, el articulado correspondiente al recurso en el Convenio de Lugano.

Por otro lado, respecto del recurso previsto en el artículo 43 del Convenio, interpuesto frente al auto del art. 41, en el art. 43.3 únicamente se dice que se sustanciará por las normas que rigen el *procedimiento contradictorio,* y se establece el plazo de un mes para su interposición (ampliado hasta los dos meses si el demandado residiera fuera de España -art. 43.5), por ello, el citado recurso deberá ser acomodarlo a las normas de la Ley de Enjuiciamiento Civil, y, en dicho sentido, hay dos opciones:

- Recurso ordinario de apelación a interponer ante el Juzgado de Primera Instancia y a resolver ante la Audiencia Provincial (arts. 458 y ss. de la LEC, con práctica de prueba en su caso ex art. 460); solución habitualmente adoptada por la inercia del recurso ordinario del que conocen las Audiencias Provinciales, pero que tiene difícil encaje al no concordar los plazos ni las modalidades de prueba: previstas estas en el citado art. 460 LEC para supuestos en los que ha habido un procedimiento contradictorio en la primera instancia donde se pudo proponer prueba, lo que no es el caso.
- Planteamiento directo del recurso ante la Audiencia Provincial en el plazo previsto en el Convenio, con posterior reclamación por dicho órgano de los autos principales al Juzgado y seguimiento del trámite incidental (concordante con la previsión del Reglamento cuando habla de *procedimiento contradictorio*) previsto en el artículo 393.3 de la LEC, con posibilidad de práctica de prueba, en su caso, en la vista oral a la que se remite dicho precepto.

  • Frente a la inercia de la primera solución, es decir, el recurso de apelación tradicional —interpuesto ante el propio juzgado que dictó el auto reconociendo la ejecutoriedad del título—, cabe referir que ahora la tendencia puede ser la contraria, puesto que, a raíz de las modificaciones en el recurso de apelación por el RDL 6/2023, en la nueva redacción del art. 458 LEC (que entra en vigor en fecha 20 de marzo de 2024) se determina que la interposición del recurso de apelación se hará ante el órgano que deba conocer del mismo y no ante el que el juzgado que dictó la resolución recurrida. Y, asimismo, prevé que la oposición al recurso, que también se venía presentando ante el juzgado que dictó la resolución, a partir de la reforma se presentará igualmente ante el órgano que deba resolver el recurso de apelación. Por lo tanto, la opción de personación ante la Audiencia Provincial va a ser ahora la habitual, con la precisión de que el recurso del art. 43 del Convenio de Lugano, no presenta un plazo de interposición de 20 días (correspondiente a la apelación en el art. 458 LEC), sino de un mes a partir de la fecha de notificación, y, si la parte contra la que se solicitase la ejecución estuviere domiciliada en un Estado distinto de aquel en el que se hubiere otorgado la ejecución, el plazo será de dos meses.

10

EL RECONOCIMIENTO Y EJECUCIÓN DE UN TÍTULO EXTRANJERO FUERA DE LOS REGLAMENTOS DE LA UE Y DEL CONVENIO DE LUGANO

Según se expone en los 21 de la LOPJ y 36 de la LEC, así como en el artículo 2 de la Ley de 29/2015 de Cooperación jurídica internacional en materia civil (LCJIMC), la aplicación del *exequátur ordinario* resulta siempre subsidiaria, es decir, tienen siempre prioridad los Reglamentos de la UE, los Convenios y Tratados internacionales en los que España sea parte y las normas nacionales especiales en materia de cooperación jurídica internacional civil y mercantil.

Obviamente, más allá de Lugano existen una serie de convenios internacionales bilaterales y multilaterales en el ámbito del reconocimiento y ejecución de decisiones en materia civil y mercantil. Así, por ejemplo, España tiene convenios bilaterales que pueden ser localizados en la página del Prontuario civil: **http://www.prontuario.org/portal/site/prontuario**, tales como:

- El Convenio sobre asistencia judicial en materia civil y mercantil y reconocimiento y ejecución de resoluciones judiciales entre el Reino de España y la Republica de Túnez, de 24 de septiembre de 2001.
- El Convenio relativo a la asistencia judicial en el ámbito civil y mercantil entre el Reino de España y la República Islámica de Mauritania, de 12 de septiembre de 2006

Dichos convenios presentan distintas modalidades de reconocimiento y ejecución, debiendo atenernos a sus propios términos a la hora de proveer su trámite.

Por todo ello, antes de recurrir a la aplicación del *exequátur general* de la LCJIMC, se deberá consultar siempre la referida página del Prontuario civil, en orden a conocer la existencia de un eventual convenio o tratado que, de aparecer, desplazaría la aplicación del *exequátur general*. Dicha página del

Prontuario, en ocasiones, nos reconducirá a otras páginas, como la de la Conferencia de la Haya: **https://www.hcch.net/es/about** , de especial interés para conocer la situación actual de cada uno de sus convenios.

En definitiva, únicamente si no hay convenio ni tratado alguno aplicable, deberemos acudir al régimen del *exequátur general*, cuyas bases se expondrán en el epígrafe siguiente.

10.1. EL EXEQUÁTUR GENERAL DE LA LEY 29/2015, DE 30 DE JULIO, DE COOPERACIÓN JURÍDICA INTERNACIONAL EN MATERIA CIVIL

Como se ha venido exponiendo, la principal premisa de esta Ley es la **subsidiaridad de su aplicación** (art. 2, en concordancia con los artículos 21 LOPJ y 36 LEC), siendo prioritarios siempre otros instrumentos normativos, en caso de existir, tales como:

- Reglamentos de la UE.
- Convenios y tratados internacionales.
- Las normas especiales en materia de cooperación jurídica internacional; estando así referido en la propia Disposición adicional Primera de la LCJIMC (por ejemplo: los artículos 199 a 230 de la Ley 22/2003, de 9 de julio, Concursal; los artículos 25 a 31 de la Ley 54/2007, de 28 de diciembre, de Adopción Internacional; los artículos 94 a 100 de la Ley 20/2011, de 21 de julio, del Registro Civil; las normas de Derecho Internacional privado contenidas en la Ley de Jurisdicción Voluntaria, etc.).

Asimismo, cabe destacar el esfuerzo que, en ella, realiza el legislador nacional en orden a propiciar las que, en la UE, son calificadas como **buenas prácticas,** dirigidas a obtener el buen fin de la colaboración, coadyuvando a ello, no solo con declaraciones de intenciones: Principio general favorable a la colaboración (art. 3), sino también con la apreciación de institutos normativos proclives a la coordinación, flexibilidad y no dilación (propugnando, en la medida de lo posible —art. 4— y más allá de las comunicaciones vía Autoridades centrales, las comunicaciones directas judiciales y notariales, así como las notificaciones por correo certificado internacional con acuse de recibo).

Dicho esfuerzo se palpa, por ejemplo, en la figura de **la adaptación** al Derecho interno de figuras jurídicas no expresamente contempladas en nuestro ordenamiento, acomodándolas así a las existentes con efectos similares (véase, por ejemplo, arts. 44.4, 57, 61 de la LCJIMC). Así pues, por ejemplo, si la medida a reconocer no existe en el ordenamiento español, se adaptaría a la que, existiendo, tenga proyección similar, cabiendo recurso frente a dicha adaptación (art. 44.4).

Esta figura está también presente en los Reglamentos de la UE, por ejemplo, en el art. 54.1 del Rto Bruselas I-bis, que establece que: «1. Si una resolución contiene una medida o una orden que no es conocida en el ordenamiento jurídico del Estado miembro requerido, la medida o la orden se adaptará, en lo posible, a una medida u orden conocida en el ordenamiento jurídico de dicho Estado miembro que tenga efectos equivalentes y persiga una finalidad e intereses similares». E igualmente en el Rto 2016/1103, sobre Régimen económico matrimonial, cuyo artículo 29, titulado «Adaptación de los derechos reales», establece que:

> «Cuando una persona invoque un derecho real del que sea titular en virtud de la ley aplicable al régimen económico matrimonial y la ley del Estado miembro en el que se invoque el derecho no conozca el derecho real en cuestión, ese derecho deberá, en caso necesario y en la medida de lo posible, adaptarse al derecho equivalente más cercano del Derecho de ese Estado, teniendo en cuenta los objetivos y los intereses que persiga el derecho real específico y los efectos asociados al mismo».

También la prevé el art. 29 del Rto 2016/1104, sobre efectos patrimoniales de las uniones registradas, en el mismo artículo 29; o el art. 31 del Rto 650/2012, sobre sucesiones.

Volviendo al marco del derecho interno, cabe citar, para mostrar el instituto de la *adaptación*, el **auto de la Audiencia Provincial de Barcelona, Secc. 18.ª, n.º 294/2018, de fecha 14/05/2018** (Pte. Sra. Viñas Maestre), que, si bien pertenece al Derecho de familia, nos sirve para ilustrar sus objetivos. Se trataba de un supuesto de reconocimiento y ejecución de la resolución dictada por el Tribunal de Primera Instancia de Kaloum (Conaky República de Guinea) que acordaba la *delegación de la responsabilidad parental* de una menor, por parte de sus padres, a su tío y esposa, que eran los que instaban el expediente, en el que se solicitaba el reconocimiento, y, en base a lo dispuesto en el artículo 44.4 de la LCJIMC, la constitución de *la tutela*. Como quiera que es desconocida en nuestro ordenamiento *la delegación de la potestad parental* por ambos progenitores, la Sala entendió que debía adaptarse a una medida conocida que tenga efectos equivalentes y persiga una finalidad e intereses similares, como previene el citado artículo, pero no halló la solución en la tutela (reclamada en autos) pues la resolución extranjera no implicaba la privación de la potestad parental a los progenitores, sino delegación o atribución de las funciones propias de la potestad parental a los tíos de la menor. Viendo, no obstante, la Sala la solución y adaptación en la *suspensión de la patria potestad*. Afirmando el citado Tribunal:

> «La suspensión de la potestad parental implica la asunción por los familiares a quien se ha atribuido la guarda de todas las funciones propias de la potestad parental, incluida la de representación legal. Su contenido es análogo al de la tutela en tanto comprende todas las funciones de la misma. Y esta es la institución jurídica de nuestro ordenamiento jurídico a la que se adapta el contenido de la reso-

lución extranjera que se ha reconocido, ya que la delegación contenida en dicha resolución de los padres a los tíos paternos respecto a la hija menor se hace para que los tíos puedan ejercer la patria potestad sobre su hija en España, sin limitación de las funciones que la integran».

En todo ello, tanto a nivel de la LCJIMC como de los citados Reglamentos, vemos un paralelismo dirigido a propiciar el buen fin de la cooperación jurídica internacional, es decir, se persigue, como principio general, una actuación favorable de cooperación, tal y como se refleja en el propio título del art. 3 de la LCJIMC: «**Principio general favorable de cooperación**».

Este principio lo observamos, incluso, en la **desaparición de la exigencia de la reciprocidad** (art. 3.2, salvo situaciones recalcitrantes), dando así prioridad al interés particular frente al interés público (se entiende que, de seguir exigiendo la reciprocidad, se podría perjudicar a españoles residentes en Estados no colaboracionistas).

Llegados a este punto, cabe recordar que el concepto de exequátur, en el sentido tradicional que ahora nos ocupa, hace referencia al control de legalidad realizado por los tribunales o autoridades españolas cuando se les solicita el reconocimiento de una resolución, transacción o documento público ejecutivo del Estado de origen, para su posterior eficacia y su eventual ejecución en España.

El procedimiento de *exequátur general*, que se podrá pedir respecto de resoluciones firmes que tengan fuerza ejecutiva en el Estado de origen, permitirá **acumular**, a la petición de reconocimiento del título extranjero en cuestión, la consiguiente petición de la ejecución; bien entendido que, siempre, se habrá tenido que llevar a cabo el previo exequátur, pues solo superado este cabrá la ejecución del título extranjero (el exequátur lo habrá equiparado a un título nacional, ejecutable en España).

La regulación del procedimiento judicial de exequátur viene dada en el Capítulo IV de la LCJIMC, artículos 52 y ss., siendo comprobable de oficio la competencia, la cual corresponderá, ex art. 52.4, al Juzgado de primera instancia: del domicilio de la persona frente a quien se solicita el reconocimiento o la ejecución (art. 52); y, subsidiariamente, del lugar de ejecución. El Juzgado de lo mercantil, en su caso, será competente para conocer de las solicitudes de exequátur de las resoluciones que versen sobre materias de su competencia.

Los principales pasos del proceso de exequátur son los siguientes:

- Postulación y defensa: abogado y procurador (art. 54).
- Forma de la demanda: acomodada a las previsiones del juicio ordinario (art. 399 LEC).
- Legitimación pasiva: la demanda se dirige contra quien se quiere hacer valer la resolución extranjera.

- Como se ha dicho, se podrá acumular la demanda de reconocimiento a la de ejecución. Pese a tal acumulación, no se procederá a la ejecución hasta que se haya producido el previo reconocimiento mediante el exequátur.
- Se podrán solicitar, entre tanto, medidas cautelares (vía LEC).
- Documental: se acompañará el original o copia auténtica de la resolución extranjera debidamente legalizada, o bien apostillada en los países firmantes del Convenio de la Haya de 1961 sobre supresión de legalización de documentos extranjeros —apostilla— (art. 54.4. a).
- Si estaba en rebeldía el demandado: se acompañará documental de la entrega de la cédula de emplazamiento o documento equivalente, siendo exigente la jurisprudencia en este punto en orden a salvaguardar las garantías del demandado **(véase la reciente STS, núm. de resolución 202/2022, de fecha 14/03/2022 -Pte. Sr. Seoane Spiegelberg).**
- Se aportarán las traducciones (ex art. 144 LEC).
- Admisión a trámite por decreto del letrado de la Administración de justicia.
- Emplazamiento para contestar en 30 días.
- Traslado al juez en caso de dudas del letrado de la Administración de justicia (art. 54.6), con posible denegación a trámite por el juez en caso de:
  - Falta de jurisdicción o competencia,
  - Defectos formales de la demanda,
  - Documentación incompleta,
  - Falta de subsanación en plazo de defectos detectados.
- Oposición eventual del demandado por los motivos del art. 46, que incluye los siguientes supuestos:
  - Resoluciones contrarias al orden público español,
  - Infracción derechos de defensa en el Estado de origen,
  - Falta de competencia del Estado de origen,
  - Resolución inconciliable con una resolución previa eficaz en España,
  - Litispendencia española previa.
- Auto: formalizada la oposición o trascurrido el citado plazo sin plantearla, se dictará auto estimando o desestimando el exequátur.
- Ministerio Fiscal. Se deduce de la Ley que hay que dar traslado, tanto de la demanda como de la eventual oposición, al Fiscal pese a no pre-

verlo expresamente en la descripción del trámite, puesto que, finalmente, el núm. 8 del art. 54 dice que al Ministerio Fiscal se le dará traslado de todas las actuaciones.

- No prevé la Ley un traslado al actor para impugnar la oposición, ni tampoco la celebración de vista, sin embargo, los principios de audiencia, contradicción y defensa lo aconsejan.
- No prohíbe la Ley la posibilidad de apreciar la presencia de alguno de los motivos de oposición a instancia del Ministerio Fiscal o incluso de oficio.
- Recursos: cabe apelación ante la Audiencia Provincial, pudiendo el Juzgado suspender la ejecución o pedir caución.
- Frente al auto de la Audiencia se prevé que cabe el recurso extraordinario por infracción procesal y recurso de casación, no obstante, cabe referir lo siguiente:
    - El recurso ha de regirse por la Ley de Enjuiciamiento Civil en su redacción vigente, y la misma ya no contempla el recurso extraordinario por infracción procesal, sino únicamente el recurso de casación (véase, al respecto, la Disposición transitoria décima del Real Decreto-ley 5/2023, de 28 de junio, que establece la nueva regulación del recurso de casación civil y que excluye el recurso extraordinario por infracción procesal, reconduciendo lo que era su contenido al recurso de casación).
- Como se ha apuntado, es conveniente separar el auto de reconocimiento del Título extranjero, que pone fin al exequátur, y el auto de despacho o apertura de la ejecución de dicho Título (nuevo auto que despacha ejecución del Título extranjero reconocido). Auto de despacho ejecución que, además, conviene que sea dictado después de ese primer auto (incluso aunque se hayan acumulado ambas acciones ex art. 54, porque, como dice este precepto: *«no se procederá a la ejecución hasta que se haya dictado resolución decretando el exequátur»*). Y, asimismo, este segundo auto deberá tener presente el transcurso del plazo del recurso de apelación contra el primer auto de reconocimiento del título extranjero. En dicho sentido, el recurso previsto en el art. 55 LCJIMC establece que, si el auto recurrido fuera estimatorio del exequátur, el órgano jurisdiccional podrá suspender la ejecución o sujetar dicha ejecución a la prestación de la oportuna caución.
- Así, si no ha habido recurso frente al auto de reconocimiento, se podrá abrir la ejecución mediante auto de apertura de la ejecución (lo que nos situará ya en un supuesto equivalente a la ejecución de una resolución nacional), y solo entonces se podrán invocar por el ejecutado los motivos de oposición internos del art. 556 y ss. LEC (motivos distintos a los de oposición al exequátur), como si de una ejecución de una resolución nacional se tratara.

- En el caso de que sí se haya interpuesto un recurso de apelación frente al auto de reconocimiento del exequátur, entonces, si el actor pide la ejecución del exequátur, el juez decidirá si la suspende o si abre la ejecución pidiendo la caución referida en el art. 55.1 de la Ley 29/2015.
- Si abre la ejecución con caución, entonces también el ejecutado podrá alegar los motivos internos de oposición ex art. 556 y ss. de la LEC.

Para finalizar, recordaremos que la LCJIMC regula la **cooperación jurídica**, no solo judicial. Así, en el Título V de la Ley (relativo al reconocimiento y ejecución de resoluciones y de documentos públicos extranjeros, del exequátur y de las inscripciones en los registros públicos), además del exequátur ordinario que requiere intervención judicial, vemos otras actuaciones no judiciales, a saber (en dicción resumida):

- En el Capítulo V relativo a los documentos públicos extranjeros, se requiriere que sean ejecutables en el país de origen, que no resulten contrarios al orden público nacional y que presenten una eficacia similar a los expedidos por autoridades españolas. Permitiendo, el art. 57, a los notarios y funcionarios públicos españoles **adecuar**, cuando sea necesario para la correcta ejecución de documentos públicos extranjeros, al ordenamiento español las instituciones jurídicas desconocidas en España, sustituyéndolas por otras equivales de fines similares (art. 57).
- En el Capítulo VI, relativo a la inscripción en Registros públicos, se regula que se realizarán con arreglo al Derecho español, añadiendo que:
  - Las inscripciones de resoluciones judiciales extranjeras firmes, o de jurisdicción voluntaria que fueran definitivas, pueden realizarse por:
    - » Registradores de la propiedad.
    - » Registradores mercantiles.
    - » Registradores de registros de bienes muebles.
  - Es precisa la previa verificación de la regularidad de los documentos y la inexistencia de causa de denegación del reconocimiento con arreglo a esta Ley.
  - Es preciso, asimismo, la notificación al perjudicado, que podrá oponerse.
  - Si no se puede llevar a cabo la notificación se deberá acudir al exequátur judicial frente a la contraparte (afectada).
  - También se podrá acudir a este si se deniega la misma por el Registrador.

- Si se trata de inscripción de documentos públicos extranjeros por los Registradores, será posible si se han expedido por las autoridades extranjeras competentes en funciones equivalentes a las de las autoridades españolas y con los mismos efectos.
- Cabe impugnación de tales inscripciones.

11

BIBLIOGRAFÍA, DOCUMENTACIÓN Y ESTUDIOS PREVIOS

Atlas judicial europeo civil: Información contenida en el Atlas Judicial Europeo en materia civil y mercantil, de la Comisión Europea, y en sus Guías Prácticas para usuarios, sobre los distintos Reglamentos de la Unión Europea. Se recomienda consultar, para posibles modificaciones:

https://e-justice.europa.eu/content_european_judicial_atlas_in_civil_matters-321-es.do

Prontuario de auxilio judicial internacional: Información contenida en el Prontuario Judicial Civil (CGPJ), incluidas las Guías Prácticas elaboradas por la REJUE, sobre los Reglamentos de la Unión Europea. Se recomienda consultar, para posibles modificaciones:

http://www.prontuario.org/portal/site/prontuario

Conferencia de la Haya: Información sobre la situación actual de cada uno de sus convenios. Se recomienda consultar, para posibles modificaciones:

https://www.hcch.net/es/about

CENDOJ, Centro de documentación judicial (CGPJ).

CURIA: Tribunal de Justicia de la Unión Europea.

Publicaciones anteriores:

- Monografía: *Consideraciones procesales sobre el Reglamento europeo de escasa cuantía*. Elaborada para el Grupo de Investigación Wikipedia de Derecho Comunitario (GI-12104), Servicio de formación continua, programa de Formación de miembros de la Carrera Judicial (CGPJ). Publicada en la página del CGPJ en una Comunidad virtual de Derecho de la Unión Europea, para el acceso y consulta de miembros de la Carrera judicial. Autor: M. Álvaro Artola, marzo de 2012.

- Monografía: *El certificado de título ejecutivo europeo para créditos no impugnados, cuestiones procesales y adaptación a la normativa interna por la Disposición final 21.ª de la Ley de Enjuiciamiento Civil*. Elaborada para el Grupo de Investigación de la Wikipedia de Derecho Comunitario (GI-12104), Servicio de formación continua, programa de Formación de miembros de la Carrera Judicial (CGPJ). Publicada en la página del CGPJ en una Comunidad virtual de Derecho de la Unión Europea, para el acceso y consulta de miembros de la Carrera judicial. Autor: M. Álvaro Artola, marzo 2012.
- Tema 5: «Reconocimiento y ejecución de resoluciones». Colaboración para el Módulo de Formación de Jueces: *Derecho Procesal Civil Internacional: el elemento extranjero en el proceso civil español* FD17137 (ediciones años 2017 a 2023). Dirigido por el Magistrado Francisco de Paula Puig Blanes, en el marco de la actividad on-line de Formación a Distancia del CGPJ. Autor: M. Álvaro Artola.
- Ponencia: «El Reglamento "Bruselas I-bis", nuevo "Buque Insignia" de la "Armada Reglamentaria" de la Unión Europea en materia civil y mercantil». *Revista Jurídica de les Illes Balears*, editada por el «Institut d'Estudis Autonòmics» y la «Fundació per a la práctica jurídica»; número 13 correspondiente al año 2015. Autor: M. Álvaro Artola.
- Ponencia «Sr. Juez de Primera Instancia de Palma, solicito a favor de mi cliente el embargo (si puede ser) de la cuenta corriente que el demandado tiene domiciliada en una entidad bancaria de Berlín...». *Revista Jurídica de les Illes Balears*, editada por el «Institut d'Estudis Autonòmics» y la «Fundació per a la práctica jurídica»; número 16 correspondiente al año 2018. Autor: M. Álvaro Artola.
- Ponencia-colaboración: «El procedimiento europeo de escasa cuantía. Aspectos generales y procesales del Reglamento 861/2007». Páginas 111 y ss. de la publicación de la editorial Dykinson: *Ejecución de decisiones relativas a deudas monetarias en la Unión Europea. Experiencia española y adopción de decisiones informadas*, dirigida por Carmen Otero García-Castrillón, Catedrática de Derecho Internacional Privado de la Universidad Complutense de Madrid, en relación con el proyecto IC2BE. Autor: M. Álvaro Artola, año 2020.
- Ponencia-colaboración: «La orden europea de retención de cuentas y la simplificación del cobro transfronterizo del crédito empresarial en la UE, así como de otras deudas civiles, laborales y de responsabilidad civil derivada del delito», páginas 135 y ss. de la publicación de la editorial Dykinson: *Ejecución de decisiones relativas a deudas monetarias en la Unión Europea. Experiencia española y adopción de decisiones informadas.* Dirigida por Carmen Otero García-Castrillón, Catedrática de Derecho Internacional Privado de la Universidad Complutense de Madrid, en relación con el proyecto IC2BE. Autor M. Álvaro Artola, año 2020.

- Ponencia-colaboración: «Los Reglamentos de la UE 593/2008 (Roma I) y 1215/12 (Bruselas I-bis) y el día a día de la práctica jurisdiccional». Páginas 17 y ss. de la publicación de la editorial Tirant lo Blanch, año 2021: *Nuevos escenarios del Derecho internacional privado de la contratación*; Directores: Pilar Jiménez Blanco y Ángel Espiniella Menéndez. Autor M. Álvaro Artola, año 2021.
- Tema 9: «Ley 29/2015 de cooperación jurídica internacional en materia civil. Aplicación en materias de derecho de familia. El Convenio de Lugano». Perteneciente a la *Guía Didáctica en materia de Derecho de Familia Internacional*, Curso virtual FD23154, formación Jueces (CGPJ), ediciones 2022 y 2023. Directora Académica: Emelina Santana Páez, Magistrada. Directora Técnica: Raquel Castillejo Manzanares, Catedrática.

Cód. 100

Made in United States
North Haven, CT
04 November 2026

21719576R00113